Força da Luz

A única esperança para o Oriente Médio

IRMÃO ANDRÉ

e

AL JANSSEN

Força da Luz

A única esperança para o Oriente Médio

Tradução

Onofre Muniz

Vida

Vida

Editora Vida
Rua Conde de Sarzedas, 246 -- Liberdade
CEP 01512-070 São Paulo, SP
Tel.: 0 xx 11 2618 7000
Fax: 0 xx 11 2618 7030
www.editoravida.com.br

Coordenação editorial: Solange Monaco
Edição: Lenita Maria Rimoli Esteves
Revisão: Jurandy Bravo
Diagramação: Sonia Peticov
Capa: Cláudio Souto

Título do original: *Light force*,
edição publicada pela
Open Doors International,
(Santa Ana, Califórnia, EUA)

1. edição: **2005**
1ª reimpressão: 2006
2ª reimpressão: set. 2009
3ª reimpressão: mar. 2013
4ª reimpressão: maio 2014

Dados Internacionais de Catalogação na Publicação (CIP)
(Câmara Brasileira do Livro, SP, Brasil)

Andrew, Brother
Força da luz / Brother Andrew e Al Janssen; traduzido por Onofre Muniz.
– São Paulo : Editora Vida, 2005.

Título original: *Light Force.*
Bibliografia
ISBN 85-7367-893-3
ISBN 978-85-7367-893-2

1. Cristianismo - Oriente Médio 2. Oriente Médio - História da Igreja
3. Paz - Aspectos religiosos - Cristianismo I. Janssen, Al. II. Título.

05-4649 CDD 261.8730956

Índice para catálogo sistemático:

1. Oriente Médio: Missões: Cristianismo e paz: Teologia social 261.8730956

Sumário

Parte 4 — A segunda intifada: a revolta religiosa

Introdução

O livro que você tem em mãos será, por muitos, considerado controvertido. Isso pode acontecer mesmo dentro da Missão Portas Abertas, ministério fundado por Irmão André em 1955 quando ele viajou para a Polônia e viu as lutas da Igreja sob o regime comunista.

Para quem não conhece a Portas Abertas, nós existimos para fortalecer e equipar a Igreja que sofre ou enfrenta restrições e perseguição em razão da fé em Jesus Cristo. Fazemos isso provendo Bíblias e livros diversos para os cristãos perseguidos que, de outra forma, não teriam como consegui-los. Em 2003 entregamos quase quatro milhões de Bíblias, Bíblias para Crianças, Bíblias de estudo e outros livros bíblicos para igrejas na Ásia, América Latina, África e por todo o mundo muçulmano. Além disso, treinamos 22 mil pastores e líderes eclesiásticos para que possam dirigir melhor suas congregações e ficar firmes na fé em meio à perseguição e à discriminação.

No fim da década de 1960, quando a notoriedade do livro mais vendido do Irmão André, *God's Smuggler [O contrabandista de Deus]*[1], o impedia de voltar à União Soviética e ao Leste Europeu, um dos lugares que ele sentiu-se inclinado a visitar foi o Oriente Médio. O que ele viu deixou-o incomodado. Ele começou a falar cada vez mais a respeito da região e, particularmente, sobre o aumento do fanatismo muçulmano, que tem tido um impacto dramático sobre a Igreja na região. Ele sentiu ser imperioso fazer tudo o que pudesse para fortalecer a Igreja para que ela fosse uma luz em meio ao interminável conflito.

Numa atitude ainda mais radical, Irmão André começou a levar para os inimigos de Israel o evangelho de Jesus Cristo. Às vezes ele fez isso com palavras, outras vezes mostrando o amor e compaixão cristã. Nesse processo, ele questionou o modo de pensar da igreja local.

Quando fui nomeado presidente da Portas Abertas em 1995, Irmão André ficou liberado para concentrar-se nessa região. Este livro descreve sua peregrinação. Não busca ser político ou tomar partido, embora dê bastante atenção ao sofrimento da comunidade de cristãos que fica cada vez menor entre a população palestina.

É importante observar que cristãos compromissados discordam em muitas questões teológicas, como falar em línguas, segurança da salvação ou profecia. As questões referentes a Israel e à disputa pelo território podem ser das mais polêmicas. Temos enfrentado isso dentro da Portas Abertas e em nossa equipe há pessoas que defendem pontos de vista opostos. Ainda assim, amamo-nos uns aos outros e trabalhamos juntos porque respondemos todos a um chamado mais elevado para a Igreja de Jesus Cristo.

Que este livro possa levar o corpo de Cristo em todo o mundo a compadecer-se desta problemática região e a orar mais por ela. Quanto mais se aproxima o retorno de Jesus Cristo, mais precisamos ficar unidos. Tanto os judeus que crêem no Messias como seus irmãos e irmãs, árabes e palestinos que vivem ali, precisam de nossas orações e apoio. Que este livro possa conduzir para aquela que acredito ser a única esperança de paz para o Oriente Médio – fazer brilhar a luz de Cristo nas trevas deste terrível conflito.

JOHAN COMPANJEN,
Presidente Internacional da Portas Abertas

PARTE

UM

FORTALEÇA O QUE RESTA

Um esqueleto de aço retorcido ainda fumega no meio de uma rua de Jerusalém. As sirenes gritam. Espectadores choram. O repórter informa que mais um homem-bomba atingiu um ônibus lotado.

Quantas vezes temos visto imagens de terror como essa? Será que já ficamos imunes a tais notícias? Isso vem acontecendo há anos contudo, sabemos que não é o fim. Haverá retaliação. Pessoas vão morrer. Haverá outro ataque. Mais pessoas vão morrer.

Será que esse ciclo de violência nunca terá fim?

E o que isso significa para nós?

CAPÍTULO

UM

O HORROR

Jerusalém, 4 de setembro de 1997

Karen Alan tinha encerrado suas tarefas e estava voltando para o escritório onde trabalhava, no segundo andar de um edifício na rua Ben Yehuda. O calçadão era repleto de cafés e lojas. Residentes de Jerusalém e turistas passeavam pela rua de paralelepípedos ou ficavam sentados junto às mesas ao ar livre, tomando café e observando o movimento das pessoas. Para os visitantes estrangeiros, aquele era um dos destinos preferidos após terem visto a Cidade Antiga, que ficava a pouco mais de um quilômetro a leste, na rodovia para Jaffa. Ali os turistas iam fazer suas compras de menorás, mezuzás e quipás bordados ou, para os gostos mais exigentes, joalheria, arte e cerâmica judaica original.

Naquela parte movimentada de Jerusalém Ocidental estava a Faculdade Rei dos Reis[1]. Karen tinha começado a trabalhar lá como editora e tradutora havia menos de um mês. Ela subiu as escadas às pressas depois do almoço, ansiosa para voltar ao trabalho.

Assim que Karen entrou no escritório e colocou a bolsa sobre a escrivaninha, uma explosão quase a derrubou no chão. Ela agarrou-se à mesa para se equilibrar. Quase instantaneamente houve uma segunda explosão e logo em seguida, uma terceira ainda mais forte abalou o edifício.

Os ouvidos de Karen ficaram zumbindo por uns momentos. Ela preparou-se para outra explosão e então ouviu os colegas de escritório gritando. *Ó meu Deus, isto não pode estar acontecendo*, pensou. Correu com outras pessoas para um escritório cuja janela dava para a rua. Tentando ansiosamente ver o que havia acontecido, pôde ouvir gritos e gemidos vindos da rua. A cena era aterradora. Corpos conscientes e inconscientes, todos cobertos de sangue, espalhavam-se pela rua e pelas calçadas. Uma das vítimas lutava para ficar em pé e cambaleava às cegas, o sangue saindo de um corte na cabeça e descendo sobre os olhos. Algumas testemunhas permaneciam imóveis; outras corriam desesperadas.

A mente de Karen mal podia processar toda a informação sensorial. Seus olhos se moveram em direção ao ponto onde ela pôde ver as pernas ensangüentadas de um dos suicidas. Seu tronco havia sido arrancado com a explosão. Ela ficou atenta aos sons. Os alarmes dos carros e das lojas tocavam. Um telefone celular chamava, sem resposta. Sirenes anunciavam a chegada de ambulâncias e da polícia. Poeira e o cheiro de explosivos e de carne queimada irritavam seu nariz e provocavam-lhe lágrimas. Paramédicos faziam a primeira triagem até que mais ajuda chegasse. Pessoas davam ordens. A polícia começou a afastar a multidão.

De repente, Karen lembrou-se da amiga Shiri, que deveria ter retornado ao escritório vizinho. Onde estaria ela? Voltou para sua escrivaninha e digitou o número do celular da amiga, mas não teve resposta. Impulsivamente, desceu correndo as escadas e abriu caminho em meio aos espectadores horrorizados que estavam no saguão da entrada principal, mas um policial a deteve. Um corpo jazia logo à frente da porta. "Ninguém pode sair", disse ele.

Num impulso Karen subiu as escadas de volta ao seu escritório. Digitou novamente o número da amiga, mas não teve resposta. Tentando raciocinar, sentiu um temor que quase a sufocava. Tudo o que ela conseguia era orar, pedindo pela segurança da amiga: *Senhor, que Shiri não seja um daqueles corpos caídos na rua.*

Todos do escritório haviam se aglomerado nas janelas para ver a cena macabra. Ativistas de direita que haviam acabado de chegar postaram-se perto da fileira de policiais e começaram a gritar: "Morte aos árabes!" Ela notou que todas as janelas ao redor do centro comercial estavam estilhaçadas, com exceção das de seu escritório. *Quantas pessoas*, pensou ela, *terão se ferido com os estilhaços de vidro?*

Karen percebeu que estava tremendo. Obviamente não podia trabalhar, mas precisava fazer alguma coisa. Ligava insistentemente para o número do celular da amiga. E nada de resposta. *Onde ficam os hospitais mais próximos?* Ela agarrou uma lista telefônica e começou a discar para hospitais. Nenhum deles tinha o registro de entrada de sua amiga. Mais uma olhada pela janela e ela começou a pensar o pior: *O que vou fazer se um daqueles corpos queimados for o corpo dela? Estou preparada para a pior notícia? De forma alguma!* Ela sentiu o pânico aumentando dentro de si e usou de todas as suas forças para reprimi-lo.

Harderwijk, Holanda

Depois de assistir às notícias da noite, dirigi-me para o escritório, orando pelas vítimas de mais um ataque terrorista em Israel. Lembrei-me de que para cada pessoa morta, havia pais, irmãos e amigos chorando. Para cada pessoa ferida, havia uma família reunida em torno de uma cama de hospital chorando e orando. Para os que tinham testemunhado a cena, havia pesadelos e o temor que parece nunca ter fim. As pessoas em Israel estão abaladas com os horrores que as têm atingido nos últimos anos.

Eu viajei durante anos para o Oriente Médio, visitando igrejas no Líbano, Israel, Cisjordânia e Gaza e sempre que ouvia falar a respeito de outro ataque, ficava pensando se cristãos não tinham sido vítimas. Os cristãos não estão imunes a tais horrores, claro. A igreja não pode evitar os perigos da sociedade em que existe, mas eu queria saber como os cristãos estavam enfrentando o trauma físico e emocional.

Lembrei-me de outro terrível incidente, ocorrido em agosto de 1968, quando a Tchecoslováquia foi invadida pelo exército soviético. Pensei em como a invasão poderia afetar a igreja, por isso lotei minha *van* Citroën de Bíblias e literatura cristã em russo e dirigi o dia todo da Holanda para a fronteira tcheca. Lá encontrei uma longa fila de carros que saíam do país. Milhares de pessoas estavam fugindo do exército soviético. Eu era a única pessoa que estava entrando na Tchecoslováquia. Apesar de eu não ter visto, o guarda da fronteira permitiu minha entrada no país e, no domingo seguinte, preguei em Praga[2].

Eu estava prestes a completar setenta anos de idade. As pessoas sugeriam que me aposentasse. Viajar para zonas de combate era coisa para jovens. Mas como podia aposentar-me quando meus irmãos e irmãs estavam sofrendo e havia uma possibilidade de eu ajudar? Muitos queriam correr do conflito em Israel. Eu queria correr *para* ele.

Jerusalém

Já era noite quando Karen chegou em casa e mergulhou nos braços dos pais. Na sala de estar, a TV dava as notícias. Durante alguns minutos ela viu as reportagens, incapaz de acreditar que tinha estado lá e escapara por pouco com vida. Os fatos martelavam sua consciência. Três bombas haviam explodido no aglomerado calçadão em Jerusalém ocidental. Pelo menos sete pessoas tinham morrido e 192 estavam feridas, principalmente devido a milhares de pregos empacotados nos explosivos. As reportagens concordavam em que aquele tinha sido um ataque particularmente cruel.

Alguns minutos depois o telefone tocou. Seu pai atendeu, entregando-lhe em seguida o fone.

— É Shiri.

— Graças a Deus!

Foi tudo o que Karen pôde dizer por uns instantes. Entre lágrimas, finalmente disse:

— Tive muito medo de que você estivesse lá...

— Eu estava na agência do correio, bem perto dali — explicou Shiri — Não tentei voltar para o escritório; voltei logo para casa.

Foi uma conversa breve. Que alívio e alegria saber que sua amiga estava salva! Mas então Karen sentiu-se fraca. Desligou a TV e afundou-se numa poltrona supermacia. *Como posso ficar alegre quando tantos outros estão de luto?* O choque inicial do horror estava passando, e agora os sentimentos e perguntas começavam a surgir. Ela expressou alguns de seus pensamentos para os pais:

— Como aqueles homens puderam ser levados por tamanho ódio? E por quê?

Ela olhou nos olhos da mãe.

— Apenas dois minutos antes e eu estaria naquele calçadão. Por que Deus me poupou?

Mal dormiu naquela noite. Na tentativa de tirar da mente aquelas imagens horríveis, concentrava-se em qualquer versículo bíblico que pudesse lembrar. Recitou Efésios 6.12: "Pois a nossa luta não é contra seres humanos". Naquele dia ela vira vítimas reais de carne e sangue na guerra aparentemente interminável entre palestinos e israelitas. Com corpos reais ali sobre os paralelepípedos, era difícil pensar que aquilo fosse acima de tudo uma batalha espiritual. Mas sua fé lhe dizia que aquilo era uma guerra em que ela não poderia lutar fisicamente. Ela teria de permitir que Deus lutasse. Sua participação era orar, amar e aceitar todos, exatamente como Deus fizera com ela. Acreditava nisso?

Karen pensou em como amava seu país. Nascida e criada em Jerusalém, sentia-se privilegiada por viver em Israel e completamente à vontade na sociedade judaica. O que a fazia diferente da maioria dos cidadãos era sua família cristã. As pessoas com quem convivia pertenciam predominantemente à cultura judaica, adotando no entanto a doutrina secular.

Seus pais haviam-lhe ensinado a aceitar a todos e, apesar de morar em Israel, ela com freqüência ia a Belém e interagia com palestinos. Isso a motivara a fazer cursos de árabe no colégio e depois passar um ano estudando a língua Jordânia. Além disso participara, seis meses antes, de um encontro no deserto com o objetivo de construir o estreitamento de ligações entre judeus messiânicos[3] e cristãos palestinos. Esse encontro fora patrocinado pelo *Musalaha*, uma organização que promove a reconciliação bíblica. Karen gostou da oportunidade de praticar a língua árabe e desenvolveu novos relacionamentos com palestinos. Claro que nem todos eram cheios de ódio; seus amigos árabes eram compassivos e abertos ao "outro lado". Os eventos daquele dia não podiam enfraquecer sua fé ou prejudicar seus relacionamentos. Não permitiria isso!

Novamente ela perguntou:

— Por que, Senhor, me poupaste?

Tentou aquietar sua mente, mas a oração continuou:

— Não teria sido melhor se tivesses levado a mim, em vez de uma pessoa que não te conhecia?

Nas horas da madrugada, as lágrimas fluíram-lhe livremente. Karen sabia que não havia respostas para suas perguntas.

— Senhor, por favor, permite-me ver esta situação com teus olhos.

De alguma forma ela e os cristãos ao seu redor, na igreja e na Faculdade Teológica, tinham de ser exemplos vivos da graça de Deus para com o ser humano. Não seria fácil mas, na realidade, havia outra escolha?

Harderwijk, Holanda

Uma pergunta em particular me incomodava depois de cada ataque suicida, uma pergunta que eu vinha fazendo havia anos: *Alguém falou de Jesus àquele jovem que explodiu o próprio corpo?* Quem estava indo falar aos terroristas? Alguém estava preparado para confrontá-los e dar-lhes uma razão para viver que fosse maior do que a motivação deles para morrer? Como eles podem saber a respeito do Príncipe da Paz se ninguém lhes for falar?

Mas os muçulmanos fundamentalistas, comprometidos com a destruição de Israel, estão de fato dispostos a ouvir o evangelho?

Como podemos saber se não formos, se não tentarmos?

CAPÍTULO

DOIS

UM TERRORISTA NADA MALUCO

Gaza, 9 de junho de 2001

A cidade de Gaza era um lugar melancólico. Em todas as direções, podiam-se ver prédios de concreto cinza, a maioria sem nenhum acabamento ou requinte arquitetônico. Meio milhão de pessoas comprimiam-se em apartamentos e a maioria das famílias só conseguia se expandir acrescentando mais um andar. Mas a pobreza extrema, causada por quase 70% de desemprego, revelava a estrutura de andares inacabados em cima de muitas casas.

Com exceção das principais vias públicas, muitas das ruas eram de chão batido. Carroças e táxis apressados levantavam uma cortina de pó que cobria os sapatos das pessoas por onde elas andassem. Não havia praticamente parques, quase nenhuma árvore ou *playground*. Meninos, descalços ou com tênis surrados, brincavam nas ruas. De vez em quando havia uma pequena roda gigante enferrujada numa estrada secundária. Normalmente um irmão mais velho ou tio a fazia girar com as mãos enquanto duas ou às vezes mais crianças ocupavam cada um dos três assentos de madeira na frágil estrutura.

Há anos que muitos residentes vêm chamando a Faixa de Gaza de a maior prisão do mundo. Desde o começo da segunda intifada[1] em setembro de 2000, praticamente ninguém teve permissão para sair.

A Casa Marna, imponente e antiga mansão, era um repousante retiro da poeira onipresente, bem como da pobreza e da amargura da população. Uma suave brisa matinal soprava do mar Mediterrâneo, a apenas alguns quarteirões a oeste, fazendo roçar os ramos das palmeiras dentro do complexo cercado por muros. Estreitos de terra avançavam sinuosos em meio a um jardim cheio de flores desabrochadas. Um pássaro bicava ruidosamente a região superior de uma das árvores, depois voou por cima de nós com uma noz no bico. Além da nossa pequena equipe, havia somente um outro grupo no imponente hotel – uma equipe da *British Broadcasting Corporation* (BBC). O jipe deles, blindado, pintado de azul e branco e claramente identificado como pertencente à imprensa, estava estacionado na entrada.

Uma imensa e antiga alfarrobeira fazia sombra sobre o pátio onde aguardávamos o encontro com Abdul, um represen*tante* da Jihad Islâmica. Ele chegou pontualmente às 7 horas andando com passos decididos pela calçada de tijolos e usando uma túnica totalmente branca e sandálias, sem meias. Seus cabelos grisalhos estavam rareando no alto da cabeça. A maior parte de sua barba hirsuta era branca. Rugas profundas moldavam os olhos negros. Quando nos cumprimentamos, aqueles olhos fixaram intensamente os meus como se tentassem perscrutar minha alma. Apresentei-o a meus amigos – Al, um escritor americano, e um pastor de Belém que servia como nosso intérprete.

– Obrigado por ter vindo – eu disse enquanto nos sentávamos nas cadeiras de plástico do pátio. Abdul acenou com a cabeça para indicar que eu devia dizer logo minhas intenções.

– Quero marcar uma entrevista com o seu chefe – eu disse –, referindo-me ao xeque Abdullah Shami, líder da Jihad Islâmica em Gaza. Mencionei um amigo mútuo que tinha ligações com o Hamas.

– Conheço vários líderes do Hamas e temos conversado abertamente sobre o islamismo e o cristianismo. Eu esperava poder estabelecer um diálogo semelhante com a Jihad Islâmica.

– Quem o senhor conhece no Hamas? – Abdul perguntou.

– Encontrei-me com o xeque Yassin [fundador e líder espiritual do Hamas], o dr. Abdulaziz Rantisi, Mahmoud Zahar e muitos outros.

– O que o senhor quer discutir? – seu olhar penetrante era inflexível.

– Eu represento cristãos na Holanda e no Ocidente. Quero ter uma troca de perspectivas sobre a fé – islamismo e cristianismo. Gostaria também de conhecer os pensamentos dele sobre a situação palestina e o futuro para a paz.

Abdul pensou durante um momento, depois enfiou a mão na túnica e tirou um telefone celular. Digitou rapidamente um número e falou durante alguns minutos.

Enquanto esperávamos, eu pensava nos riscos envolvidos num encontro com o xeque al-Shami. Dei-me conta de que a Jihad Islâmica, tal como o

Hamas, era inimiga mortal de Israel. Eu sabia muito bem dos atos terríveis pelos quais eles assumiam a responsabilidade. Eu tinha sido acusado mais de uma vez de ser anti-Israel por ter feito amizade com seus inimigos terroristas. Minha defesa era simples: "A melhor forma que tenho de ajudar Israel é levar seus inimigos a Jesus Cristo". Meu propósito era apresentar-lhes o Príncipe da Paz, o único que podia curar o ódio no coração deles.

Como eles poderiam conhecer Jesus Cristo se alguém em quem ele habita não fosse até eles? Talvez por meio de minhas ações eu pudesse, ainda que de forma reduzida, aproximar os pólos opostos do abismo que divide Israel e os palestinos, cristãos e muçulmanos.

E então? Haveria possibilidade de o líder da Jihad Islâmica encontrar-se comigo? Abdul desligou o telefone celular e anunciou:

– Ele pode encontrar-se com o senhor amanhã à tarde. Eu o apanho às 3 horas.

– Muito obrigado. Meus dois amigos podem ir também?

– Claro. – Abdul pareceu relaxar, com sua missão oficial cumprida. Recostou-se, puxou um maço de cigarros, tirou um e o bateu na mesa que havia entre nós e disse:

– Agora eu gostaria de fazer algumas perguntas.

– Que tipo de perguntas? – indaguei.

– Sobre o cristianismo e a Bíblia – respondeu. – Eu passei 19 anos na prisão. Fui detido pela primeira vez em 1971. Fui libertado em 1985 numa troca de prisioneiros. Fui preso novamente em 1988 e várias outras vezes, desde então. Quando se passa tanto tempo na prisão, tem-se muito tempo para pensar.

Eu me perguntei se Abdul tinha estado preso por atividades terroristas, ou estivera em detenção administrativa, como eu sabia ter acontecido com milhares de palestinos. De qualquer forma, os prisioneiros tinham pouca atividade física, o que, a não ser que se determinassem a usar o tempo de forma produtiva, dava oportunidade para o ódio inflamar e crescer.

Abdul inclinou-se para frente e disse:

– O senhor falou sobre o futuro da paz. A solução é o islamismo! Cheguei a essa conclusão na prisão. – Inclinou-se para trás, acendeu o cigarro e acrescentou: – Eu li a Bíblia na prisão. Li também o Alcorão e foi então que decidi me tornar muçulmano.

– Então ainda não era muçulmano? – Culturalmente, eu era muçulmano; não intelectualmente. Contudo, tenho perguntas a respeito da Bíblia e do cristianismo e talvez o senhor possa respondê-las.

Abri minhas mãos sobre a mesa, convidando-o a perguntar o que quisesse.

A princípio ele não fez pergunta alguma; ao contrário, começou um apaixonado discurso:

– Muitas pessoas não entendem a Jihad Islâmica. Nós não somos nada do que a mídia diz a nosso respeito. Estamos enfrentando algo muito semelhante ao que Jesus enfrentou.

Eu devo ter demonstrado surpresa, porque ele acrescentou rapidamente:

– É isso mesmo! Nós reverenciamos Jesus. Ele foi um grande profeta. Mas os judeus não o ouviram. Jesus simbolizou para nós nossas lutas. Quando eu li o *Injil*[2], me identifiquei com Jesus. O meu problema é com o Antigo Testamento. Por exemplo, no livro de Josué, como Deus pôde ordenar aos judeus que entrassem em Jericó e matassem a todos, incluindo mulheres, crianças e todos os animais? E no entanto nós somos condenados se alguém do nosso povo, lutando pela terra que nos foi *tirada*, mata alguns civis. O senhor pode me explicar a diferença?

Meus amigos e eu estávamos surpresos com a intensidade das palavras de Abdul. Tentando expressar uma calma que na verdade eu não sentia, procurei responder sua pergunta:

– Você precisa entender o contexto – expliquei, escolhendo cuidadosamente as palavras. – As pessoas que viviam na terra naquela época adoravam ídolos e sacrificavam crianças, entre seus muitos atos maus. Deus lhes concedeu 400 anos para mudarem seus procedimentos. Quando eles não o fizeram, ele, sendo Deus, tinha o direito de exterminá-los e substituí-los por pessoas de sua escolha.

– Mas não é essa a situação hoje – disse Abdul – Nós não somos pagãos.

– Você tem razão quanto a esta não ser a mesma situação. As ordens que Deus deu a Josué foram únicas.

Abdul amassou o resto de seu cigarro e acendeu outro.

– Talvez o senhor possa explicar isto para mim. Por que os sionistas cristãos apóiam Israel tão firmemente? Eu gostaria de entender.

– Você me faz perguntas difíceis! – Eu ri e, pela primeira vez, Abdul sorriu por um instante.

– Primeiro deixe-me dizer que nem todos os cristãos são sionistas. Para muitos, há dois fatores preponderantes. Um é a culpa. – E nesse ponto expliquei rapidamente como, em sua maior parte, a igreja do Ocidente não se levantou para protestar contra o assassinato de judeus durante o Holocausto. – Depois da guerra, muitos cristãos acreditaram que era necessário dar aos judeus um lugar que fosse deles mesmos, para que eles não ficassem mais à mercê de um tirano cruel como Hitler.

– O segundo fator está relacionado à teologia. Há muitos cristãos que acreditam que Deus está preparando o mundo para o fim dos tempos e que a nação de Israel é o cumprimento de muitas profecias. Eles concluem que, se não apoiarem Israel, estarão resistindo aos planos de Deus.

– Ouvi dizer que os dois últimos capítulos do livro de Zacarias estão sendo cumpridos hoje em dia. O senhor acredita nisso?

Obviamente Abdul havia lido os profetas menores.

– Agora você me pede para explicar uma das passagens mais difíceis da Bíblia. Aqueles capítulos dizem respeito, de fato, aos últimos dias. Acreditamos que Jesus governará toda a terra, como diz Zacarias 14.9. Não preciso lembrar você de que os muçulmanos crêem nisso também. Mas quanto a esses versos fazerem referência à situação atual de Israel, bem, os cristãos não concordam sobre isso.

Abdul analisou minhas palavras. Por um momento, quase senti estar num estudo bíblico com um ávido e sério estudante universitário. O interesse daquele homem pela Bíblia pareceu verdadeiro. Finalmente, ele disse:

– Eu não acredito que o profeta esteja falando sobre *este* Israel. – Então ele acrescentou um comentário: – Se eu acreditasse no Antigo Testamento, teria sido um colono.

Eu estava surpreso pela paixão de suas declarações – semelhante ao fervor que encontrei em muitos colonos judeus na Cisjordânia e em Gaza. Abdul levantou-se, preparando-se para ir embora.

– O senhor sabe que tudo o que queremos é paz!

Levantei-me com ele e perguntei:

– Você realmente acredita que os métodos da Jihad Islâmica irão produzir paz?

Abdul encolheu os ombros.

– *Inshallah.* Com a ajuda de Alá.

Era uma típica reação árabe, invocar o nome de Deus quando não se quer, de fato, dar uma resposta à pergunta.

Ignorei a resposta e disse:

– Tenho um presente para você. – E tirei um livro de minha bolsa. – Eu acredito que existe esperança de paz verdadeira, mas ela não se encontra em métodos terroristas. A paz verdadeira é encontrada por meio da pessoa de

Jesus, a quem você tanto admira. Quero dar este livro a você. – Entreguei-lhe um exemplar de meu livro *O contrabandista de Deus*, em árabe, e disse:

– Isto irá dizer a você mais sobre mim e o que eu faço. Pode ajudá-lo a compreender melhor o cristianismo.

Ele aceitou o livro com um breve aceno de cabeça, dizendo:

– Vou ler.

E foi embora rapidamente.

Al e o pastor palestino estavam sentados em silêncio, aturdidos. Finalmente, Al comentou que estava pasmo com a mente aberta daquele homem.

– Por quê? – perguntei.

– Ele é uma pessoa que pensa. Parece estar procurando com sinceridade.

– Você está surpreso pelo fato de ele ser um ser humano como você e eu? Talvez seja mais fácil pensar nele como um terrorista maluco. Uma atitude assim em nada contribui para a resolução dos problemas do Oriente Médio.[3]

Mais tarde, deitado em minha cama, com um ventilador de teto tentando inutilmente mover o ar úmido e quente do meu quarto abafado, pensei em como a reação de Al era típica de muitos cristãos. Os meios de comunicação raramente colocam uma face nos grupos fundamentalistas islâmicos de Gaza e da Cisjordânia. Conseqüentemente, poucas pessoas param para pensar nesses homens como pessoas comuns, com famílias, sonhos e temores. Abdul era casado e havia-nos dito que tinha sete filhos pequenos. Eu podia imaginá-lo em casa, sentado em seu sofá com uma criança de cada lado aconchegada a ele. Não era isto o que a maior parte de nós pensaria a respeito de um veterano membro da Jihad Islâmica. Eu pensava em quantos de seus colegas estavam também lutando para descobrir o significado da vida. Para muitos, sua única fonte de esclarecimento era o islamismo.

Pensei no meu chamado, em como Deus havia me alcançado e me tocado quando eu era um jovem soldado raivoso e frustrado numa cama de hospital. Como eu chegara a este ponto de interagir com algumas das mais temidas organizações islâmicas do mundo? Certamente havia sido uma estranha e inesperada jornada. Incapaz de dormir, minha mente viajou para mais de 30 anos antes, para minha primeira viagem à Terra Santa.

CAPÍTULO

TRÊS

ONDE ESTAVA A IGREJA?

Jerusalém, 1968

Supostamente eu deveria estar em férias. Estivera ocupado nos últimos 12 meses promovendo meu primeiro livro, *O contrabandista de Deus*, que me surpreendeu tornando-se um *best-seller*. O livro contava meu trabalho de levar Bíblias para trás da Cortina de Ferro. A mensagem e a grande exposição do livro impediram-me de voltar ao Leste Europeu e à União Soviética porque eu não podia colocar em risco meus amigos de lá. Contudo, as equipes da Portas Abertas mantiveram-se ocupadas lotando *vans* e caminhões, transportando Bíblias e outros recursos extremamente necessários para a Tchecoslováquia, Polônia, Romênia e para a União Soviética. Devido ao meu livro, o ministério crescera de forma impressionante, deixando-me exausto. A família e os amigos insistiam que eu fizesse um descanso. Escolhi como destino Israel, onde meu SENHOR nasceu, viveu e morreu por mim.

Até aquele momento a viagem tinha revigorado meu espírito. Eu tinha percorrido praticamente o país todo, ficando em *kibbutzim*[1], andando pelas praias do Mediterrâneo e desfrutando a beleza selvagem e o silêncio do deserto do Neguebe. De vez em quanto eu via caminhões queimados, evidência da guerra do ano anterior, quando a Síria, a Jordânia e o Egito atacaram Israel. Por um pouco de tempo eu havia pensado em ser voluntário no exército de Israel para ajudar a defender aquela terra – na posição de não combatente, como motorista, por exemplo – mas a guerra acabou em seis memoráveis dias. Quando a poeira assentou, Israel havia conquistado as Colinas de Golã, a Cisjordânia, Jerusalém Oriental e Gaza. Eu estava fascinado com a desenvoltura e a resistência desta nação de 20 anos de idade. Verdadeiramente, sua existência era um milagre.

Então, com minha viagem chegando ao fim, visitei o Yad Vashem, o museu do Holocausto em Jerusalém. Passeando pelos corredores escuros, estudava os artefatos e as grandes fotografias em branco-e-preto que documentam a sistemática destruição de seis milhões de judeus. As imagens eram assustadoras, particularmente as de crianças. Uma delas mostrava um menino de seus oito anos de idade, no gueto de Varsóvia. Ele usava shorts, sobretudo e um boné de aba dobrada e tinha as mãos levantadas porque um soldado nazista, atrás dele, apontava-lhe uma arma. Outra imagem mostrava meia dúzia de crianças, entre elas uma garotinha que torcia as mãos, os olhos distantes da câmera. A legenda dizia que eles estavam sendo transportados para a câmara de gás de Auschwitz.

Lutei para conter as lágrimas. Nós *tínhamos* de nos lembrar. *Tínhamos* de aprender as lições da história. No fim da década de 1950 eu tinha visitado Auschwitz, Buchenwald e Dachau, para onde muitos judeus holandeses e membros da resistência eram mandados. Eu tinha visitado Auschwitz com meu amigo e mentor Sidney Wilson — ele estivera preso durante cinco longos anos em um campo de detenção ali perto com outros missionários estrangeiros que haviam servido na Europa até a eclosão da guerra. Quando estávamos saindo de Auschwitz, foi-nos pedido que assinássemos o livro de visitantes. Sidney deixou registrado: "Isto mostra até onde o homem pode chegar se viver sem Deus neste mundo".

Teríamos nós aprendido aquela lição crucial do século 20, que a vida sem Deus só leva ao mal terrível?

Ao sair do museu, parei no Saguão da Lembrança, um salão vazio com paredes de pedra onde, encravados no chão, estavam os nomes de 22 campos de concentração. Uma chama eterna lançava uma luz fantasmagórica sobre os nomes. "Para que nunca esqueçamos", diziam as palavras na parede sobre a chama. Não pude deixar de pensar em outra declaração: "E a luz resplandece nas trevas, e as trevas não a compreenderam" (Jo 1.5, ed. revista e corrigida).

Minha mente se agitava à medida que eu andava da escuridão do museu para o forte brilho do sol lá fora. Caminhei em direção a um bosque de oliveiras que formava a avenida dos Justos entre as Nações. Junto ao tronco de cada árvore havia uma pequena placa com o nome de um gentio que havia salvado judeus, mesmo com o custo da própria vida. Encontrei a árvore dedicada a Corrie ten Boom – plantada no começo daquele ano – e sussurrei uma oração de agradecimento a minha querida amiga que, com sua família, havia escondido muitos judeus em sua casa de quatro andares em Haarlem. Seu pai morrera na prisão logo depois de terem sido presos. Corrie e a irmã, Betsie, foram mandadas para Ravensbruck, onde elas corajosamente confortaram as colegas de cela com palavras de uma Bíblia que levaram consigo a despeito da vigilância dos guardas. Betsie morreu no campo de concentração, mas Corrie sobreviveu e foi contar sua história ao redor do mundo. A família ten Boom certamente havia sido uma luz em meio às trevas.

Mas a luz dos ten Boom parecia muito pouco! Havia poucas velas para uma escuridão tão grande. Encontrei um banco e sentei-me para refletir. Aquelas árvores representavam muitos cristãos, mas eles eram somente algumas centenas entre os milhões de cristãos na Alemanha e Europa. *Por que a igreja não se levantou em protesto? Ela não sabia o que estava acontecendo?*

Claro que sabia! Pensei no pastor Paul Schneider. Em 1938 ele fora preso e mandado para Buchenwald, onde provocava distúrbios constantes com sua ousada pregação e ataque verbal contra o regime nazista. Foi colocado numa cela isolada porque não ficava quieto. No domingo de Páscoa, sua poderosa voz trovejou através das barras de sua cela: "Assim diz o Senhor: Eu sou a ressurreição e a vida!" Milhares de pessoas, em pé do lado de fora em longas filas, pensaram ter ouvido uma voz de outro mundo, tal como a do profeta João Batista. A voz foi silenciada quando os guardas da SS invadiram sua cela e o espancaram até à morte. Quando carregaram seu corpo para fora, não havia um só osso inteiro. Um prisioneiro comunista comentou:

– Não precisaríamos do socialismo nem do comunismo se tivéssemos mais pessoas como Paul Schneider.

Centenas de pastores foram ao enterro de Schneider[2]. A história de sua coragem foi um grito por toda a igreja. Mas ficou óbvio que esse grito não foi suficiente para despertar muitos cristãos – poucos foram os que protestaram contra o que estava acontecendo aos judeus; e poucos judeus foram salvos. Durante aqueles anos, as trevas sobrepujaram a luz.

Será? Em algum momento as trevas podem derrotar a luz? A luz pode diminuir e até ser apagada, mas nunca pelas trevas. A luz *sempre* vence a escuridão. Mas se não houver luz... Essa foi a luta que senti em meu espírito. Por todo o mundo havia conflitos, e as igrejas existiam no meio deles – algumas mal estavam sobrevivendo, mas outras estavam tentando acender velas para vencer as trevas ao seu redor.

Pensei no dramático dia em Varsóvia, quando milhares de jovens comunistas passaram marchando pelo parque onde eu estava sentado. Abri minha Bíblia na mesma passagem que tinha prendido minha atenção em 1955: Apocalipse 3.2: "Esteja atento! Fortaleça o que resta e que estava para morrer". Na Polônia vi que Deus estava falando a mim, mas eu não tinha dinheiro e nenhuma idéia de como proceder. Milagrosamente, logo depois daquela experiência, fiz outra viagem, desta vez para a Tchecoslováquia. Vivendo da fé apesar de todos os meus recursos, passei os 12 anos seguintes visitando igrejas no mundo comunista. Na maioria dos países comunistas, a Igreja era oprimida porque era tida como uma ameaça aos poderes malignos que dominavam aqueles países. Fiquei sabendo das necessidades da Igreja e fiz tudo o que pude para ajudar a fortalecer seus membros para que ela viesse a ser o que Deus queria que ela fosse – uma luz em meio às trevas comunistas.

Eu tinha suposto que aquela parte do mundo ia ser onde eu trabalharia pelo resto de minha vida, mas no momento, em 1968, a porta estava fechada ao meu retorno àqueles países. Então, o que devia fazer? Olhei novamente a passagem em Apocalipse. Era a mensagem de Cristo à igreja de Sardes, uma das sete cartas às sete igrejas nos capítulos 2 e 3.

Li todas as sete mensagens. Dois pontos ficaram evidentes para mim – eles estavam em todas as sete mensagens de Deus às igrejas. O primeiro era: "Aquele que tem ouvidos ouça o que o Espírito diz às igrejas". Teria Deus nossos ouvidos, ou era mais fácil dar nosso coração a Jesus? Aquilo era importante. Deus tinha uma mensagem para cada uma das sete igrejas da Ásia Menor. Teria Deus também uma mensagem para as igrejas de hoje? Se fosse assim, o que estava ele dizendo à Igreja em Israel e no Oriente Médio?

A segunda declaração me provocou um calafrio na espinha: "Ao vencedor..." Eu não podia deixar de pensar: *E quanto à igreja que não vencer?* A conclusão era clara que as igrejas individualmente poderiam morrer. De fato, a maior parte das igrejas mencionadas em Apocalipse não existe mais.

Então, o que Deus estava dizendo a mim? Havia trabalho para eu fazer ali, mas qual era o trabalho? Eu estava empolgado a respeito de Israel, sua existência milagrosa, sua espetacular vitória na Guerra dos Seis Dias. Mas seus inimigos permaneciam; sua segurança não estava garantida. E em seu seio havia uma Igreja – o corpo de Cristo, a quem Ele chamou de Sua Noiva. Qual era sua condição? Que papel devia ela desempenhar naquela jovem nação?

Durante aquelas férias, vi inúmeras igrejas antigas construídas em locais onde Jesus supostamente nasceu, viveu, morreu e ressuscitou. Os turistas se reúnem nesses locais históricos — construções antigas de pedra. Mas minha preocupação era com as pedras vivas. Havia uma comunidade cristã vibrante em Israel? E quanto ao restante do Oriente Médio? Vi então que minha missão era buscar a Igreja viva do Oriente Médio, conhecer sua condição e necessidades e fazer o que pudesse para fortalecê-la.

Gaza, 10 de junho de 2001

Passava da meia-noite. O ventilador de teto girava preguiçosamente sobre mim, jogando nas paredes de pedra suaves desenhos da luz vinda através de minha janela. Trinta e três anos haviam se passado desde aquele dia no Yad Vashem, e hoje o conflito no Oriente Médio parecia mais intenso do que nunca. O interminável conflito me perturbava, mas o que feria ainda mais era saber que meus irmãos e irmãs estavam em meio à luta. Crentes em Jesus Cristo viviam em Israel, na Cisjordânia e em Gaza. Eram judeus messiânicos, cidadãos israelitas e palestinos. E a maioria tinha opiniões fortes sobre o conflito. Além de idéias políticas, havia diferenças teológicas. Muitos judeus crentes em Yeshua achavam que todo o território era deles por direito. Os cristãos palestinos, particularmente aqueles de quem os colonos sionistas haviam tirado terras, sempre se queixavam de injustiças. Muitos judeus achavam que eram o povo escolhido de Deus com privilégios especiais só deles. Muitos palestinos achavam que eram cidadãos de segunda classe em Israel e, pior ainda, sem nenhum direito na Cisjordânia e em Gaza.

Meu chamado era para fortalecer a Igreja no Oriente Médio. Poderia fazer isso sem ser pego no fogo cruzado de convicções tão arraigadas? Seria possível para os cristãos ficar acima de suas diferenças e viver a união para resistir contra as trevas malignas? Esse não era um assunto de menor importância. Tal como a maioria dos cristãos, eu havia lido o livro de Apocalipse. Conhecia tudo sobre as várias interpretações e teorias do fim dos tempos, a maioria delas envolvendo aquele pedaço de terra. Havia muitos livros sobre profecia; alcançara recentemente a série *Left Behind* [Deixados para trás] grande sucesso de vendas. Muitas pessoas queriam interpretar novos acontecimentos do Oriente Médio à luz das profecias da Bíblia.

Fiz de tudo para ficar fora dessas controvérsias, porque havia um ponto muito importante que era sempre esquecido a respeito do último livro da Bíblia. Esse livro foi escrito para uma Igreja em conflito a respeito de uma Igreja em meio ao conflito. Havia mártires no Céu clamando a Deus: "Até quando?" (Ap 6.9-10). Não podia haver mártires sem uma Igreja. Havia uma descrição dos que venceram pelo sangue do Cordeiro (12.11). Isso era a Igreja! Havia a mulher embebedada com o sangue dos santos – e os santos formavam a Igreja (17.6). E o anjo disse a João que haveria uma guerra decisiva contra o Cordeiro. Esta guerra seria contra a Igreja, o corpo de Cristo (v. 14).

Apesar de Deus ter estabelecido o tempo do retorno de seu Filho, eu estava convencido de que as profecias de Apocalipse nunca poderiam cumprir-se sem uma Igreja no Oriente Médio. Era por isso que eu trabalhava tanto ali. Havia uma Igreja, mas estava fraca e a ponto de morrer.

Eu não achava ser minha responsabilidade resolver os problemas do Oriente Médio e, além disso, era absurdo pensar que pudesse fazê-lo. Mas estava convencido que havia uma contribuição que a comunidade cristã poderia prestar. Talvez fosse somente ser luz. Se eu pudesse ajudar a Igreja no Oriente Médio a reconhecer esta verdade e encorajar os cristãos a serem fiéis apesar de isso ser difícil, o sucesso era certo. Infelizmente, muitos cristãos, tendo oportunidade, estavam fugindo dali. Era difícil culpá-los, mas se todos fossem embora, onde estaria a luz em meio às trevas?

Eu tinha levado muitos anos para aprender como encorajar meus irmãos e irmãs do Oriente Médio. Muitas dessas lições foram aprendidas do Líbano, ao norte de Israel. Durante 15 anos o conflito do Oriente Médio ficou concentrado lá e a Igreja ficou presa no meio dele. Fui informado de que os jornais árabes escreviam desafiadoramente: "Nós matamos 100 mil cristãos no Líbano e ninguém levantou um dedo; nenhuma igreja interveio".

Ainda que alguns cristãos tivessem tentado trazer sua fé para o Líbano durante aqueles 15 anos de guerra civil, eu sentia que *tinha* de me envolver.

PARTE

DOIS

LÍBANO: EM BUSCA DA PAZ NUMA GUERRA ATROZ

Os cristãos não estão imunes ao impacto de conflitos. Quando balas voam e bombas explodem, igrejas podem ser danificadas ou destruídas e crentes em Jesus Cristo podem ser feridos ou mortos. Nesse sentido, a Igreja reflete a comunidade na qual existe.

Entretanto, espera-se também que a Igreja seja uma luz nas trevas, mas é difícil cumprir a missão quando se está lutando pela própria sobrevivência. Muitos cristãos se desesperam e acabam fugindo para um lugar onde seja mais fácil viver. Mas os que ficam, que querem ser parte da solução, lutam contra o desespero. Enquanto lutam, eles precisam de encorajamento. Eles precisam saber que seus irmãos e irmãs ao redor do mundo estão preocupados com eles e oram por eles.

Minha missão tem sido fortalecer a Igreja onde ela luta pela sobrevivência. Não estou interessado na sobrevivência meramente física — esta é uma atitude derrotista. Em vez disso, eu quero ajudar os cristãos escaparem de uma mentalidade de vítima. Eu quero vê-los treinados, prontos para avançar e se engajar no trabalho de ganhar pessoas para Jesus.

Mas, como fazer isso? Começo com os líderes. Eles são os que devem ser fortes para o rebanho, para pregar os sermões que irão preparar suas igrejas, para orar com os que estão assustados e para confortar as famílias quando elas enterram os mortos no conflito. Mas esses pastores e líderes de ministério também estão sofrendo com o trauma de viver numa zona de guerra. Como podem eles ministrar a outros se suas próprias necessidades não são atendidas?

Foi por isso que fui ao Líbano durante a guerra civil que atormentou o país de 1975 a 1990 – para ministrar aos que ministram. Fui para encorajar, mas também para ouvir. Um jovem que conheci, Naji Abi-Hashem, foi treinado para o pastorado enquanto choviam bombas sobre Beirute.

CAPÍTULO

QUATRO

CHORANDO PELO LÍBANO

Mansouriyeh, Líbano, 1979

Naji Abi-Hashem chorou ao ver Beirute do telhado do prédio de salas de aula do Seminário Teológico Batista Árabe na montanhosa cidade de Mansouriyeh. Do bosque atrás de si, chegava-lhe o estrondoso abalo dos tiros de canhões disparados pelo exército sírio. Algumas centenas de metros abaixo, Beirute Oriental estava envolta numa fumaça preta decorrente de quatro dias de impiedoso bombardeio. O seminário estava fechado devido à guerra, mas Naji, com um punhado de professores e alunos estava preso, incapaz de viajar para a casa do pai em Aley, ou para o apartamento da irmã, em Beirute. Seus nervos estavam em frangalhos e ele não conseguia controlar as lágrimas quando pensava nas pessoas morrendo na cidade abaixo dele.

O franzino seminarista de 26 anos de idade pensava em como a guerra havia destruído seu amado país e alterado o curso da sua e de tantas outras vidas. Naji crescera em Aley, centro econômico do Shouf, as montanhas que se elevam majestosamente sobre Beirute e o Mediterrâneo. Juntamente com Bhamdoun, Aley ficava no centro de uma área onde *resorts* de verão, hotéis e restaurantes atraíam todo tipo de turistas, incluindo ricos xeques de países como o Qatar, Arábia Saudita e Kuwait. Os veranistas mais ricos haviam construído mansões e mesquitas particulares, que ficavam abertas somente durante os meses de verão. Nesta "Suíça do Oriente Médio" havia uma população que era um padrão de integração cultural e cooperação religiosa. A família de Naji era ortodoxa oriental, mas ele havia freqüentado uma escola católica maronita, onde dois terços dos alunos eram drusos, uma seita do islamismo localizada principalmente no Líbano. Entre seus amigos havia drusos, muçulmanos e judeus. Mas agora aqueles grupos estavam lutando uns contra os outros. Naji estava convencido de que isso se devia à interferência externa e manipulação política.

Naji saíra de casa com a idade de 15 anos para um internato em Beirute, onde estudou eletrônica. Depois de um treinamento de seis anos, conseguiu emprego no hospital da Universidade Americana de Beirute como técnico de medicina. Isso fizera dele o principal mantenedor da família e sua mãe e vários irmãos haviam se mudado de Aley para morar com ele num apartamento em Beirute. Logo depois disso começou a guerra e seu apartamento em Beirute Oriental foi destruído, obrigando a família a mudar-se várias vezes. Pelo fato de o hospital ficar em Beirute Ocidental, Naji freqüentemente permanecia lá durante semanas a fio porque era impossível cruzar a linha verde que dividia o leste "cristão" do oeste "muçulmano". A linha verde era uma terra de ninguém que ganhara esse nome devido aos arbustos e árvores que cobriram a faixa abandonada durante a guerra.

Enquanto procurava sobreviver e perseguir seus sonhos, Naji lutava também com difíceis questões espirituais. Por influência de sua piedosa avó, seis anos com os Meninos Escoteiros e uma missão evangélica em Bhamdoun, Naji fizera a entrega completa de sua vida a Jesus Cristo. Agora sua mente trabalhava intensamente para processar muitas questões: *Onde estava o plano de Deus em meio a tanta violência? Como e quando Deus interviria e transformaria aquelas tragédias em algo de bom? Além dos ferimentos físicos e da destruição enorme de propriedades, qual seria a extensão das cicatrizes emocionais na população libanesa? O que os cristãos deveriam fazer para ser uma luz naquelas trevas?* Naji queria respostas primeiro para sua mente atormentada e sua alma sofrida, sabendo que então teria a capacidade de dar consolo a outras pessoas. Lia longos trechos da Bíblia e de muitas outras fontes, mas achava difícil concentrar-se.

Concluiu que precisava afastar-se por um período da zona de guerra de Beirute e estudar no seminário de Mansouriyeh, mas como sustentaria a família? A pergunta foi respondida providencialmente quando lhe foi oferecido um emprego de diretor de programação num estúdio de gravação, que ficava no *campus* do seminário.

Mas no momento não havia aulas no seminário. Uma dor terrível atravessou Naji enquanto ele observava Beirute em chamas. Ele se perguntava se restaria ainda alguma cidade onde ministrar quando concluísse o seminário. Nunca se sentira tão impotente. Em agonia, orava: "Senhor, não irás salvar o Líbano? Usa-me de alguma forma para ajudar a trazer cura a esta nação".

Havia anos a tensão vinha aumentando no Líbano, mas a eclosão de combates ainda era um choque. Os problemas datavam do nascimento da nação em 1943, quando os franceses concederam sua independência e estabeleceram uma estrutura de governo com base na demografia religiosa. A maioria maronita, seita católica que seguia um ritual litúrgico oriental, obteve a promessa da presidência e da maioria das cadeiras no legislativo. Em 1948, refugiados palestinos, a maioria deles muçulmanos sunitas, vieram em grandes grupos vindos de Israel, perturbando com o delicado equilíbrio de poder. Mais palestinos chegaram em 1970, quando a Jordânia expulsou militantes (da Organização para Libertação da Palestina – OLP) depois de uma tentativa de assassinato do rei Hussein e de violentos confrontos entre o exército jordaniano e as forças palestinas, conjuntura que ficou conhecida como Setembro Negro. Desde 1969 os palestinos vinham usado o sul do Líbano como base para desferir ataques contra Israel, o que naturalmente levou a retaliações. Os aldeões libaneses, pegos no fogo cruzado, sofreram terrivelmente, mas não tinham força para deter as provocações palestinas.

Enquanto isso, nos campos de refugiados palestinos em Beirute, Yasser Arafat instalava quartéis-generais da OLP, formando efetivamente um mini-estado dentro do Líbano. A tensão era latente, sendo agravada pelo fato de que alguns muçulmanos libaneses, vendo uma oportunidade de agarrar um pouco do poder político mantido pelos maronitas, alinharam-se com os palestinos.

A guerra declarada irrompeu em 1975 entre os palestinos e um grupo conhecido como Falangistas, formado por cristãos maronitas e que se expandiu rapidamente incluindo outras facções. A pedido do presidente do Líbano, a Síria entrou em 1976 numa tentativa de acabar com o conflito. Enquanto isso, Israel ameaçava invadir e acabar com a OLP. Era difícil para um ocidental acompanhar o conflito mas, de alguma forma, a maioria dos moradores locais parecia saber quem estava lutando contra quem[1]. O que me entristeceu profundamente foi a forma como sofria a maior parte das pessoas comuns. Trabalhando principalmente pela Sociedade Bíblica, comecei a ir uma ou duas vezes por ano visitar pastores, pregar em igrejas e campanhas evangelísticas e, geralmente, para encorajar qualquer crente em Cristo a ficar firme em meio ao conflito.

Sul do Líbano, 1980

Matousha, pequena cidade a apenas alguns quilômetros da fronteira com Israel, estava deserta. Casas e prédios de apartamentos vazios, muitos com buracos abertos no teto e nas paredes, guardavam segredos das famílias que tinham fugido para salvar a vida. Onde muitas crianças deveriam ter jogado futebol num terreno a céu aberto, um menino solitário chutava pedras, indiferente. Meia dúzia de soldados matavam o tempo no cruzamento central, observando curiosamente a mim e minha sacola plástica de fazer compras. Eu não tinha certeza se eles eram da OLP ou de uma milícia libanesa mista.

– Alguém aí fala inglês? – perguntei ao grupo, o mais cordialmente que pude.

Os homens tagarelaram entre si e riram, com quase toda a certeza às custas deste holandês de estranha aparência. Um deles disse:

– Não falar inglês. – Depois apontou para minha sacola.

Tirei algumas Bíblias e Novos Testamentos em árabe e comecei a entregá-los aos soldados. Um dos homens olhou para a Bíblia e a devolveu.

– Não queremos o livro de Israel. Queremos o livro de Jesus.

Coloquei de volta a Bíblia em minha sacola e dei-lhe um Novo Testamento.

– Este é *Injil*, – eu disse, usando a palavra árabe para evangelho. Depois entreguei folhetos em árabe, que os homens aceitaram avidamente. Pareciam entediados, prontos para ler alguma coisa e talvez discutir naquelas primeiras horas da manhã, durante as tensas tréguas da luta, quando os temores pela vida e pela morte assaltam a consciência do soldado.

Durante anos, palestinos bombardearam comunidades israelenses do outro lado da fronteira. Naturalmente, Israel reagia com poderosos contra-ataques e o povo libanês, no meio do fogo cruzado, era a vítima. Os civis que puderam, fugiram para o norte.

Eu sabia que houvera uma igreja evangélica ali e me perguntava se poderia encontrá-la. Um casal de velhos que caminhava lentamente pela estrada chamou minha atenção. A mulher usava uma saia de lã cinza, um suéter preto e um lenço ao redor da cabeça. O homem estava vestido com um terno marrom maltrapilho e uma camisa de flanela num tom vivo de vermelho. Com um caloroso cumprimento, aproximei-me deles. O homem falava um pouco de inglês, por isso perguntei:

– Há uma igreja por aqui?

– Venha. Vou lhe mostrar. – disse ele.

Três quarteirões depois da rua principal, paramos em frente a um prédio em ruínas.

– Esta é a igreja que não funciona mais, – disse o homem.

O teto parecia um queijo suíço. Buracos abertos nas paredes permitiam ver a colina do outro lado.

– Que edifício triste – disse eu.

– Sim, triste. Tragédia – concordou o homem.

– Quando isto foi destruído?

O homem encolheu os ombros.

– Há alguns anos.

– E então, onde as pessoas se reúnem?

– Não reúnem. Todos cristãos foram embora.

Olhei para o casal e tive curiosidade em saber a idade deles. Cada ruga parecia representar uma história de dor não contada.

– Vocês ainda estão aqui. Não deveriam ir? Não é seguro.

– Não tem onde ir – disse o homem, encolhendo novamente os ombros. – Este nosso lar.

Quando o homem e sua esposa se afastaram, pulei sobre pedras e concreto quebrado para dentro do santuário e olhei através do teto. Ramos de árvores entravam pelas fendas nas paredes. O chão estava coberto de entulho. Os bancos tinham sido levados – talvez para serem usados como lenha. Cuidadosamente, para não torcer o tornozelo na superfície desigual, fui até o que restou da plataforma do púlpito. Pensei na congregação. *Quantas pessoas haviam prestado culto ali? Para onde tinham ido?* Talvez algumas houvessem buscado refúgio em Beirute. Outras talvez tivessem parentes no Ocidente e, assim, fugiram em busca de segurança na Europa ou nas Américas. Sei de muitas famílias que foram forçadas a se dividir e espalhar-se em diferentes direções. *Teria alguém morrido no conflito? E o pastor – onde estaria ele agora? Estaria pregando em algum lugar, ou teria perdido a esperança e abandonado o ministério?*

Uma profunda tristeza abateu-se sobre mim. Abri minha Bíblia no Salmo 74: "Volta os teus passos para aquelas ruínas irreparáveis". Li aquelas palavras em voz alta para o edifício vazio. "Para toda a destruição que o inimigo causou em teu santuário. Teus adversários gritaram triunfantes bem no local onde te encontravas conosco". Lembrei-me do que Dietrich Bonhoeffer escrevera ao lado deste salmo em sua Bíblia, "Kristallnacht" (Noite de Cristal), referindo-se à noite de terror em 1938, quando os nazistas destruíram lojas e sinagogas judaicas. O mundo não reagiu e o resultado foi o Holocausto. Hoje o mundo responderia de forma diferente à destruição de igrejas no Líbano? Será que o mundo tomou conhecimento ou se importou?

Meus olhos encheram-se de lágrimas e não pude continuar lendo. Certamente os adversários tinham dado gritos de triunfo naquele edifício. As ovelhas daquele rebanho haviam sido dispersadas. E onde estava a esperança naquele vilarejo? A luz do sol brilhava através dos buracos no teto, mas a luz daquela igreja se apagara. Quantas luzes mais tinham sido apagadas no Líbano? Tive uma sensação de urgência em meu espírito – precisava continuar à procura da Igreja *viva.*

Descendo apenas 150 metros a rua da igreja evangélica havia uma igreja católica maronita. Encontrei o padre lá. Apesar de seu inglês truncado, ele conseguiu explicar que a diminuta congregação de seis pessoas reunia-se numa pequena sala ao lado do santuário. Fora da igreja, olhei para o pináculo, encimado por uma cruz. Acima da cruz, a esfarrapada bandeira verde de um grupo das milícias muçulmanas. Era uma declaração: Alá é maior. Traduzido, aquilo significava que o islamismo era maior que o cristianismo. Apontei para a bandeira e disse ao padre:

– Anseio pelo dia quando a cruz estiver acima da bandeira muçulmana.

Em meu espírito, aquelas palavras tornaram-se uma oração.

Beirute, 1980

A tensão afetou as pessoas de várias formas. Em uma casa onde eu sempre ficava, o marido, pastor, não conseguia manter as aparências de um anfitrião afável. Pedro não estava em casa quando cheguei certa tarde. Sua esposa Anna e outra mulher trabalhavam na cozinha. Pedi um copo de iogurte e fui tirar um cochilo. Vinte minutos depois, fui acordado por vozes altas vindas da cozinha. Quando fui ver o que era, encontrei Pedro e esposa numa acalorada discussão.

– Por que vocês estão assim tão agitados? – perguntei.

— Ele está nervoso — respondeu Anna. — Sempre fica nervoso quando há combate.

Enquanto ela me preparava outro copo de iogurte, Pedro levou-me até a janela para me mostrar a origem de sua agitação. Apontando para a casa do outro lado da rua, mostrou-me as pessoas descendo pela sacada em vez de usarem as escadas internas.

— Por que isso é um problema? — Perguntei.

— Isso chama a atenção dos atiradores — disse ele. — Precisamos ficar fora da vista.

— Mas, há pouco você estava lá fora...

— Não no teto, não em lugar aberto.

— E então, o que você pode fazer?

— Não muito — ele resmungou. Depois, pensando na correta forma "espiritual" de resposta, acrescentou: — Suponho que posso orar.

— Sim, vamos orar. Então talvez você não venha a sentir a necessidade de gritar.

Anna trouxe meu copo de iogurte.

— Ele está sempre gritando — disse ela, e sugeriu que talvez eu quisesse voltar para o meu quarto, o que eu estava ansioso por fazer.

Tivemos um maravilhoso jantar aquela noite — batatas fritas e um grande prato cheio de galinha frita. Mas Pedro reclamou que aquilo não estava bom. Sua esposa girou os olhos.

— Ele sempre se queixa. Até no céu ele irá se queixar. Espero sinceramente conseguir uma casa longe da dele quando eu chegar lá.

Todos nós rimos, até Pedro.

Um dos filhos do casal me perguntou então se teríamos nossas próprias casas no céu. Sugeri:

— Nossa casa lá será construída com o material que tivermos mandado durante a nossa vida aqui na terra.

Pedro meneou a cabeça.

— Receio que os materiais em minha vida não sejam muito bons.

Pus minha mão em seu braço e assegurei-lhe:

— Não é tarde demais para começar a juntar o material certo. Você pode começar agora.

~

A Igreja Batista Ras Beirute precisava de um líder jovem. O pastor titular estava velho e cansado, por isso o conselho da igreja entrara em contato com o Seminário Teológico Batista Árabe e recrutara Naji Abi-Hashem, o único que havia terminado o curso naquele ano. Naji respeitava o pastor titular e pediu para trabalhar como seu auxiliar. Mas o homem idoso estava cansado, pronto para passar a liderança para um homem mais jovem e com mais energia. Por isso os presbíteros fizeram o convite a Naji.

A igreja providenciou um apartamento para o novo pastor no nível inferior do prédio junto à igreja. Devido à quantidade de mísseis que cruzavam o céu, os apartamentos nos andares inferiores, cercados por altas elevações em ambos os lados, eram geralmente mais seguros.

O apartamento da família de Naji ficava próximo à linha verde e o combate ali havia se intensificado, forçando as pessoas a sair da área, deixando tudo o que tinham para trás. Sua mãe e seu irmão haviam achado residência temporária em outra parte, até que as coisas se acalmassem.

Naji estava preparando para se mudar para o prédio do templo, localizado em Beirute Ocidental, mas ele e sua família precisavam de coisas deixadas no apartamento abandonado. No começo de uma tarde Naji e o irmão decidiram correr o risco de ir ao apartamento para recuperar alguns de seus pertences. Sem falar nada a ninguém, saíram para a perigosa tarefa. Teriam de passar por um campo aberto até uma rua principal onde o marco mais importante era uma catedral maronita. Uma das milícias tinha se apropriado do prédio e usava seu campanário como ponto de vigilância para controlar a movimentada rua. Grandes parapeitos de terra haviam sido construídos em frente a vários prédios para proteger os pedestres das balas.

Estava calmo quando Naji e o irmão se aproximaram de um dos parapeitos.

— Deve estar tudo bem — disse Naji enquanto eles se preparavam para atravessar a rua. Mas, de repente, vários tiros foram disparados e eles ouviram balas zunindo sobre suas cabeças. Jogando-se ao chão, oraram e aguardaram.

— Devemos continuar ou voltar? — perguntou seu irmão.

— Precisamos das roupas no apartamento. Acho que agora dá para ir. Apenas atravesse a rua normalmente. Então eles verão que não somos uma ameaça. Vamos.

Naji foi em frente, demonstrando mais confiança do que na verdade sentia, e seu irmão o seguiu de perto. Atravessaram a rua, abaixaram-se atrás de outro monte de terra e depois dirigiram-se para o prédio de apartamentos. Depois de subir seis lances de escada, chegaram a uma área ao ar livre — uma parte da parede fora destruída. O apartamento, obviamente, tinha sido saqueado, mas felizmente a maior parte de suas roupas ainda estava lá.

Carregando muitas coisas, tomaram o caminho de volta para casa. A travessia foi calma até entrarem no apartamento. Então sua mãe começou a gritar histericamente:

— Como vocês puderam sair num perigo desses? Eles poderiam ter matado vocês! Podiam ter atirado e vocês teriam morrido por quase nada. Que loucura! Quase tive um ataque do coração. Deus tenha misericórdia!

CAPÍTULO

CINCO

DEUS ABANDONOU O LÍBANO

Beirute, 1981

O ruído de cacos de tijolos e vidro misturava-se com meus pensamentos quando eu andava na direção da linha verde em Beirute. A "jóia do Mediterrâneo" era uma sombra de sua antiga glória. Eu me recordava da época anterior a 1975, quando me sentia satisfeito em deixar o inverno chuvoso e frio da Holanda para visitar meu amigo, o padre Andy, que administrava uma escola para crianças surdas em Beirute. Eu sempre ia à Corniche, rua ao longo do Mediterrâneo onde as pessoas iam correr logo cedo, os líderes da cidade tinham seus almoços de negócios e casais andavam de mãos dadas observando o pôr do sol. Os melhores hotéis e restaurantes do Líbano alinhavam-se naquela orla iluminada.

Agora ela estava em ruínas. Antes capital econômica, educacional e turística do Oriente Médio, Beirute agora se contorcia em conseqüência do combate interminável das várias milícias, cada uma delas disputando uma parte das ruínas e querendo impor seu programa de ação. Todavia, algumas lojas estavam abertas. Apalpei o embrulho dentro do bolso do meu blusão – nele estava um lindo broche de ouro que acabara de comprar para o aniversário de minha mulher, dois dias depois da data programada para o meu retorno a casa.

A cidade era um amontoado de contradições. Contudo eu estava maravilhado com a resistência e habilidade dos libaneses para sobreviver. Era preciso enfrentar longas filas para comprar pão, quando havia pão. Mas podia-se conseguir o mais recente equipamento eletrônico ou roupas de marca a preço de bazar da pechincha. Durante uma viagem recente, eu comprara um gravador de qualidade pela metade do que teria pago na Holanda. Feita a venda, o proprietário da loja disse:

– Senhor André, Deus nos abandonou. Ele esqueceu o Líbano.

A cidade certamente parecia abandonada por Deus. Na lateral da rua onde eu caminhava, estava a forma fantasmagórica do que já fora um majestoso hotel, agora lar da suave brisa mediterrânea que passava pelos buracos abertos em suas paredes. Oposto a ele, do outro lado da rua, erguia-se um prédio de apartamentos chamuscado. Ali perto, duas crianças imundas brincavam junto a uma cerca de metal corrugado que dava a impressão de que seria derrubada com o choque do próximo bombardeio. Talvez as crianças morassem num dos apartamentos que tiveram uma de suas paredes destruídas, protegidos das intempéries somente por uma folha de plástico que se agitava ao vento.

A pobreza, a sujeira, as crianças malnutridas, tudo isso me deixava deprimido. Um menino, provavelmente de seus três anos, chorava numa sacada. Sorri para ele e disse:

– Em nome de Jesus, seja confortado. – Por um momento ele ficou quieto, mas, quando eu continuei a andar, ele chorou novamente. Imaginei vir aqui e impor as mãos em nome de Jesus sobre as pessoas e vê-las curadas. Senti vontade de chorar à medida que seguia pelas ruas agitadas.

A população rareava de forma impressionante à medida que me aproximava da linha verde que dividia a zona oriental, o chamado setor cristão onde eu estava hospedado, da zona ocidental, predominantemente muçulmana. Para passar, tive de parar no posto de fiscalização cristão, protegido por sacos de areia, onde um soldado examinou meu passaporte.

– Por que o senhor está indo para o setor muçulmano?– perguntou ele.

– Visitar amigos – respondi.

Olhou-me com um misto de suspeita e surpresa. Depois, com um gesto de aborrecimento, fez sinal para que eu passasse. Pelo menos desta vez eu tinha meu passaporte. Certa ocasião eu o havia esquecido e fui satirizado num posto de fiscalização.

– Acabo de vir de uma igreja e tudo o que tenho é a minha Bíblia. –

O soldado, muito severo, respondeu:

– Neste país o senhor precisa ter a sua Bíblia *e* o seu passaporte. – Por isso, agora carrego os dois no bolso do blusão.

Vários libaneses se deslocavam de um lado para o outro daquela terra sem dono. Tive vontade de saber que interesses os levavam a atravessar a faixa. Andei rapidamente algumas centenas de metros até o posto de fiscalização muçulmano onde outro guarda perguntou:

– Por que o senhor quer entrar neste setor?

– Para visitar amigos – respondi, enquanto ele olhava fixamente para o meu passaporte holandês. Ele também acenou para que eu passasse.

Era parcialmente verdade que aquele setor pertencia aos muçulmanos. A divisão era arbitrária, criada em 1975 quando os palestinos, amontoados nos campos de refugiados, rebelaram-se abertamente contra o grupo cristão denominado Falangistas. Resultou que muçulmanos e cristãos, de uma maneira geral, separaram-se cada grupo para "o seu lado" – cristãos para o leste e muçulmanos para o oeste. Supostamente era mais seguro desse jeito. Entretanto, dúzias de igrejas permaneceram espalhadas entre as muitas mesquitas no lado oeste. Muitos cristãos tinham fugido da área, mas nem todos.

Beirute Ocidental era um lugar agitado. Parecia surpreendente ver tantos carros nas ruas, mal se movendo em cruzamentos congestionados com semáforos que havia anos não funcionavam. Uma menina de sete ou oito anos limpava pára-brisas com um trapo sujo, na esperança de ganhar algumas moedas. Uma adolescente estava sentada no meio-fio com a cabeça apoiada nas mãos, exausta demais para pedir esmola. Foi inevitável que me interrogasse se algum dos combatentes alguma vez tinha visto aquelas vítimas da guerra e pensado no bem-estar delas.

– Quer Coca-Cola? – A voz me assustou e, quando olhei para baixo, vi um homem calvo, de compleição robusta, de cócoras, com um ponto de venda improvisado na calçada. Havia uma fileira de refrigerantes junto a uma caixa de papelão onde estava um fogão de uma só boca, no qual o homem fritava almôndegas num pouco de óleo. Ele tinha um freguês de terno marrom.

Quando vi uma pequena cruz pendurada no pescoço do homem, sorri e sentei-me num dos engradados de laranja que serviam de cadeira para o seu 'estabelecimento'.

– Sim, Coca-Cola! – Respondi.

– De onde o senhor é? – perguntou o homem num inglês arrastado enquanto abria uma garrafa quente e a colocava na caixa de papelão que servia de mesa à minha frente.

– Holanda.

– Por que você veio a Beirute?

— Sou cristão e vim visitar meus irmãos.

Imediatamente, os dois homens fizeram o sinal da cruz e o proprietário sentou-se num caixote à minha frente, ansioso por falar.

— Vida dura agora — disse ele. — Cristãos e muçulmanos, bum, bum, bum. — Usava os dedos indicadores imitando revólveres, apontando um para o outro. — Qual é o seu nome? — perguntou.

— André.

— E o sobrenome?

— Irmão André.

Um sorriso se abriu no rosto dele.

— Bíblias para Rússia e China! — Agora queria tirar as almôndegas do fogareiro e fazer um pouco de café árabe para mim. Levantei-me para que ele visse que eu tinha de ir. Era o início da tarde e eu sabia que os combates geralmente começavam por volta das 15 ou 16 horas. Precisava visitar amigos rapidamente para poder cruzar a linha verde antes que o bombardeio começasse.

Quando tirei o dinheiro para pagar minha Coca, meu novo amigo ficou em pé e levantou as mãos para me impedir. O homem de terno marrom também se levantou e apertou uma nota de mil liras em minha mão.

— Para o seu trabalho! — disse ele.

Não havia como resistir à bondade deles e tive de conter minha emoção. O valor da lira libanesa havia despencado desde 1975 e mil liras valiam agora somente alguns dólares americanos. Contudo, enquanto me afastava deles, lembrei-me de quantas vezes eu vivera de ofertas iguais àquelas, quando viajava por países comunistas. Agora parecia que teria de doar àquelas pessoas que estavam fazendo de tudo para ganhar a vida durante as horas em que os canhões não rugiam.

Minha primeira parada programada foi para visitar Ana numa pequena livraria, mas a porta e as janelas estavam fechadas com tábuas.

— Ela não está em casa — disse o proprietário da loja de discos ao lado.

— O senhor poderia, por favor, dizer a ela que o Irmão André esteve aqui para fazer-lhe um visita? — perguntei.

— Ela ficará triste — respondeu ele, balançando a cabeça. — Precisa de muito encorajamento.

Andei até um prédio de apartamentos marcado, como todos os edifícios, por estilhaços e balas. O elevador não estava funcionando — a energia elétrica era escassa e quase nenhum elevador funcionava – por isso subi três andares, procurei o apartamento no corredor escuro e bati à porta. Não houve resposta, por isso bati novamente um pouco mais forte. Houve um som de metal raspando como de um olho mágico sendo aberto. Então a porta abriu-se por completo.

– Irmão André, o senhor veio! – Philip abriu bem os braços e me abraçou, beijou-me em ambas as faces, depois me conduziu para a sala de estar. Sua esposa, Alison, apareceu no canto e seu rosto iluminou-se num sorriso de reconhecimento.

O casal tinha seus 30 anos mas pareciam mais velhos. A tensão de viver numa zona de guerra era visível nas linhas de preocupação e no cinza prematuro de seus cabelos. Enquanto Alison estava na cozinha preparando café, perguntei ao meu amigo como estava sua igreja. Antes da guerra civil, 400 pessoas freqüentavam os cultos regularmente.

Ele meneou tristemente a cabeça ao dizer:

– Minha congregação tem agora apenas 40 pessoas. – Então ele baixou a cabeça para dissimular as lágrimas. – Na verdade, domingo passado só havia 39. Uma garota de 17 anos foi assassinada...

Antes que eu pudesse dizer alguma coisa, uma explosão me fez dar um salto. O bombardeio vindo de Beirute Oriental havia começado cedo e dava para ouvir os baques de artilharia pesada.

– É assim todos os dias – disse Philip, levantando a cabeça para me olhar. – Ninguém mais sai. – Baixou a voz para dizer: – Hoje é aniversário da minha esposa e sequer consegui um presente para ela.

Apalpei o bolso onde havia posto meu pequeno embrulho.

– Philip, eu tenho uma surpresa para você – cochichei – mas isto precisa ser um segredo nosso.

Entreguei o presente ao meu amigo que, enquanto o olhava fixamente para ele, ficou por uns instantes sem dizer nada.

Quando Alison trouxe a bandeja com três minúsculas xícaras de café, anunciei:

– Ouvi dizer que este é um dia especial – e começamos a cantar "Parabéns a Você". Philip cantou junto comigo, enquanto sirenes de ambulâncias nos acompanhavam nas ruas, lá embaixo.

Então Philip deu o presente à esposa. Alison deu um suspiro de surpresa quando desembrulhou o pacote, depois, orgulhosamente prendeu o broche em seu suéter. Por um momento muito curto ela me lançou um olhar, como dizendo que sabia do segredo, mas que nunca o revelaria.

Poucos minutos depois eu teria de sair. Abri minha Bíblia e li em Hebreus 2.14,15: "... ele [Cristo] também participou dessa condição humana, para que, por sua morte, derrotasse aquele que tem o poder da morte, isto é, o Diabo, e libertasse aqueles que durante toda a vida estiveram escravizados pelo medo da morte". Então eu disse:

– Eu tenho um pequeno acróstico para vocês: M-e-d-o. O medo é uma 'Falsa Evidência com Aparência de Realidade (*fear*, em inglês, N. do T.). O medo da morte nos impede de sermos corajosos neste mundo perigoso. É como se não estivéssemos totalmente convencidos de que vamos para o Céu quando morrermos. Eu sei, com as bombas explodindo por toda parte, o medo é uma reação natural, mas eu quero encorajá-los a lembrar-se de que nosso Senhor venceu a morte e por isso nós estamos libertos do poder do medo!

Philip assentia com a cabeça enquanto sua esposa, com um lenço, tocava de leve as lágrimas.

Depois de um momento de oração juntos, com braços agora ao redor um do outro, Philip e Alison me viram partir. Enquanto me apressava em descer as escadas, pensava como fora necessário pouco esforço para encorajar aquele pastor e sua esposa. Apenas visitar, cantar, orar e compartilhar a Palavra de Deus. Em meio a sofrimentos e tristezas, tínhamos olhado para o nosso Senhor e experimentado um pouco de alegria. Se eu pelo menos pudesse fazer aquilo com cada pastor em Beirute.

As ruas estavam vazias enquanto me apressava em direção ao posto de fiscalização. Estava a meio caminho da linha verde quando grandes canhões começaram a atirar, misturando o som com o de metralhadoras. Assim que atravessei, procurei abrigo na entrada de um prédio de escritórios abandonado e recuperei o fôlego. Não tinha pressa de voltar à rua. Esperaria que houvesse uma trégua para continuar.

Pensei no bombardeio da igreja em Matousha. *Quantas igrejas abandonadas haveria naquele país? Seria possível fazer algo para impedir mais destruição de igrejas?*

Pensei em Pedro e em Philip. *Se os líderes estavam com medo e esgotados, como poderiam ajudar suas igrejas?E quanto a suas ovelhas? Os cristãos não podiam ser parte da solução no Líbano se estivessem se encolhendo de medo ou procurando fugir. Haveria alguma forma pela qual eu pudesse encorajá-los a se esforçar e serem luzes?*

Seguramente eu me dera conta de que havia cristãos participando dos combates. Para muitas pessoas, os cristãos eram apenas outro grupo religioso em luta para manter ou ganhar o poder. Mas esse não era o verdadeiro cristianismo! Isso não podia ser o que Cristo tinha em mente quando disse: "Bem-aventurados os pacificadores". De alguma forma aquela nação precisava saber que havia uma alternativa.

Pensei então nos palestinos. Eles não tinham nada a perder – estavam sem pátria e sem poder. Pensei no que minha fé tinha a lhes dizer.

CAPÍTULO

SEIS

A NECESSIDADE DE ZELO COM SABEDORIA

Beirute, primavera de 1982

Uma equipe de filmagem me acompanhava na viagem, preparando um documentário que seria levado ao ar na Holanda. Falei em muitas igrejas, encorajando os cristãos a ficarem firmes. Em um domingo à noite, depois de uma reunião numa igreja armênia lotada, um jovem magro aproximou-se de mim, estendeu a mão e disse:

– Meu nome é Naji. Li seu livro em árabe e fiquei impressionado com ele. Gostei muito mesmo.

– Fico contente que você tenha gostado.

– Sou o novo pastor de uma igreja em Beirute Ocidental. Se o senhor precisar de um lugar para ficar, eu ficaria honrado em hospedá-lo em meu apartamento.

Seria perfeito, pensei. Eu queria permanecer alguns dias em Beirute Ocidental para ter melhor acesso aos campos de refugiados de lá e talvez tentar fazer contato com a liderança da OLP.

– Obrigado! Estou procurando um lugar, mas tenho uma equipe de filmagem comigo.

– Quantos?

– Cinco. Vamos fazer um vídeo no campo de Shatilla. A equipe vai ficar comigo mais três dias e depois eles voltam para a Holanda e eu fico.

– Todos são bem-vindos também. Há dois apartamentos próximos à igreja. Vocês podem ficar comigo o tempo que quiserem.

~

Não havia energia elétrica nas dependências da igreja.

– Só posso ligar o gerador algumas horas por dia – disse Naji, desculpando-se pela inconveniência enquanto eu me acomodava em meu quarto. – E usamos botijões de gás para aquecer a água. Não há suficiente para os banhos de chuveiro todos os dias.

– Por favor, não se preocupe – eu disse. – Estas são as condições em que vocês vivem normalmente. Estamos aqui para ficar junto com vocês. Não precisamos do conforto de um hotel.

No dia seguinte a equipe foi comigo filmar no acampamento de Shatilla. A degradação e a indigência eram repugnantes, pior que tudo que eu já havia visto. As pessoas viviam apertadas em cabanas diminutas de folha de metal corrugado. Crianças corriam descalças por escuros corredores lamacentos, desviando de poças de esgoto a céu aberto. Sobre os muros, havia roupa pendurada para secar. O cheiro de urina e comida estragada agredia minhas narinas.

As pessoas pareciam contentes em me ver, mas o mesmo não aconteceu com a equipe de filmagem.

– Por favor, câmera não – disse um homem, colocando enfaticamente a mão na frente das lentes.

– Não temos a intenção de molestar – eu disse inocentemente. – Queremos apenas mostrar ao mundo como vocês estão sofrendo para que, dessa forma, vocês consigam ajuda.

– Câmera não! – repetiu o homem.

Mais tarde, perguntei ao comandante do acampamento, que falava um inglês inteligível, por que as pessoas tinham tanto medo da câmera.

– Ela tem um "grampo" – disse o comandante.

– Um "grampo"? O que você quer dizer?

– Ela tem um grampo, para que Israel possa guiar suas bombas até aqui.

Se eu não estivesse por dentro da situação, teria pensado que aquelas pessoas estavam obcecadas por histórias de espionagem. Tentei compreender o receio delas. Havia rumores de que Israel estava prestes a invadir o Líbano e pôr um fim na OLP. As pessoas estavam ansiosas e irritadas.

Presumi que o comandante era integrante da OLP, por isso pedi a ele:

– Seria possível eu me encontrar com um dos líderes da OLP? – Calculei que ele sabia quem contatar.

– Sem problema. Vou cuidar disso para o senhor.

Numa das ruelas estreitas, enquanto eu distribuía Novos Testamentos, uma criança me puxou pela manga e me levou para o interior de um dos barracos. Ali dentro havia um casal de velhos. O homem estava de cama, aparentemente bastante doente. Sua esposa, usando um lenço branco em volta do pescoço, estava sentada no pé da cama. Reverentemente ela fez o sinal da cruz quando coloquei minha mão sobre o ombro do homem e orei por sua cura. Depois que ela disse "Amim" para o meu "Amém", inclinei-me e beijei o velho na testa. Foi um momento sagrado – eu quis acreditar que Cristo havia trazido um pouco de luz àquela casa escura.

Por intermédio de um intérprete perguntei à mulher:

– Quantos anos a senhora tem?

– Mais de setenta – respondeu ela. Não sabia exatamente.

– Há quanto tempo a senhora vive aqui?

– Viemos para cá em 1948 – de Jafa, de barco.

– A senhora tem alguma esperança de sair deste lugar?

Ela meneou a cabeça.

– Quero voltar para Jafa. – Havia lágrimas em seus olhos.

Homens e meninos estavam em pé do lado de fora da cabana. Pareciam entediados e amedrontados. Perguntei a um adolescente que falava um pouco de inglês:

– Você vê alguma esperança para o futuro?

Ele olhou para mim.

– Sem esperança – disse ele com o olhar distante. – Não existe esperança.

Aquelas eram apenas algumas pessoas entre 400 mil palestinos que estavam vivendo em condições as mais terríveis. Não tinham pátria. Não eram bem-vindos no Líbano, mas não tinham outro lugar aonde ir. Seu coração estava na terra de onde tinham fugido, mas não tinham de fato esperança de que viessem a ver novamente suas casas. Eram pessoas para as quais Jesus Cristo havia morrido. Eu havia distribuído uns poucos Novos Testamentos em árabe, mas era preciso muito mais.

Quase todos os prédios em Beirute eram protegidos por um portão de ferro pesado e imponente, em geral preto. Cada um semelhante a uma feia cicatriz, mas era uma precaução necessária, mesmo para uma igreja. Não se sabia quando um grupo combatente tentaria entrar, talvez para roubar dinheiro ou intimidar os ocupantes, esconder-se do combate, ou às vezes tomar o controle do edifício para usá-lo como quartel general ou, pior ainda, como ponto de observação.

Do outro lado da cerca da Igreja Batista Ras de Beirute havia um pequeno pátio, depois mais duas portas pelas quais se passava até chegar ao saguão de entrada.

Certa tarde soou a campainha do portão da frente. Quando Naji levantou-se de sua escrivaninha e olhou pela janela, viu um grupo de homens mal-encarados junto ao portão. Dois homens, empunhando fuzis automáticos, faziam a vigilância de ambos os lados da rua. Outro tocou novamente a campainha. Naji ficou estático por um momento, mas sabia que tinha de agir. Se ele não o fizesse, aqueles homens poderiam disparar contra seu prédio. Era melhor ver o que eles queriam e tentar controlar a situação pacificamente. Com cautela, Naji aproximou-se dos homens. Sem abrir o portão, disse:

— *Marhaba*[1]. Em que posso ser útil aos senhores?

— Estamos aqui para ver o Sr. André — respondeu o líder.

Rapidamente Naji destrancou o portão e acompanhou o grupo até o saguão da igreja. Ele não queria que alguém soubesse que sua igreja estava acolhendo um grupo militante. A última coisa de que precisava era que alguma milícia rival pensasse que ele tomara partido naquela cruel zona de combate. O líder sorriu e se apresentou. Naji não escutou o nome, mas compreendeu dois fatos importantes. Aquele homem era um major e assistente de Yasser Arafat.

Portanto, ali estava a OLP. Eles eram a razão da esperada invasão de Israel.

— Estou honrado em conhecê-lo, senhor — respondeu Naji enquanto sua mente trabalhava rapidamente e seu coração orava por sabedoria. — Sinto muito, mas o Irmão André não está no momento. Realmente eu peço desculpas.

— Ele disse que nos encontraria aqui às 3 horas.

— Talvez ele tenha ficado retido no trânsito ou num posto de fiscalização, ou as estradas estejam fechadas. Direi a ele que os senhores estiveram aqui na hora combinada.

Vários homens estavam xeretando ao redor do prédio. A hospitalidade exigia que Naji oferecesse café mas, antes que ele o fizesse, a campainha tocou novamente. Naji correu até a porta de vidro e perscrutou o que havia lá fora. Junto ao portão estava o Irmão André.

~

Conversei com o major por mais de uma hora e fiquei sabendo mais sobre a OLP, suas metas e objetivos para o Oriente Médio. Depois que a delegação foi embora, Naji, com todo cuidado, me abordou:

— Irmão André, por favor, eu quero falar com o senhor. É muito importante.

Meu amigo parecia preocupado quando nos sentamos em sua sala de estar. Ele inclinou-se para frente e me olhou fixamente nos olhos.

— Irmão André, quero saber do senhor qual o seu interesse na OLP. Quais são seus objetivos? O senhor pode me dizer, por favor?

— Claro, Naji. Mas você parece preocupado. Qual é o problema?

— É muito importante para mim, como pastor desta igreja. Temo que aqueles homens, vindo exatamente aqui, coloquem a igreja em alto risco.

Agora quem estava preocupado era eu, porque a última coisa que queria era colocar em risco o trabalho de qualquer igreja.

— Naji, me desculpe. Pensei que este fosse um lugar seguro para um encontro.

Olhando para o chão, meu amigo se mostrava inquieto.

— Prometa-me que não trará mais ninguém aqui nem promoverá nenhuma reunião ou encontro neste prédio. Vocês podem se encontrar em algum outro lugar. Eu posso servir de guia e levá-lo a um restaurante ou algum lugar público. Se o senhor quiser encontrá-los no quartel-general deles, tudo bem, mas não numa agência cristã. — Ele me encarou nos olhos e explicou: — Estamos tentando a duras penas permanecer neutros e amigáveis para podermos retomar nossos cultos e o testemunho do nosso Senhor sem sermos arrastados pela terrível política desta guerra que tanto alimenta a discórdia.

— Eu entendo, Naji. Desculpe-me.

— O senhor pode pensar que não sou firme em minha fé ou não quero correr riscos. É complicado demais explicar isso. Mas eu vivo aqui. Meu povo vive aqui. Vocês vão ficar aqui durante alguns dias e depois irão embora, mas nós vamos colher por longo tempo as conseqüências de qualquer mal-entendido que possa haver. Por isso eu espero que o senhor acate o meu pedido.

— Quer dizer que minha reunião esta tarde colocou vocês em risco?

Naji assentiu.

— Aqui eu não posso filiar-me a nenhuma facção política ou combatente, porque isso refletiria sobre mim e sobre a igreja e nós já estamos numa posição muito difícil. Muitos desses grupos nos vêem como pró-ocidentais porque a maioria dos nossos missionários são do Ocidente e da América. Eles vêem a

América como pró-Israel e por isso nos vêem também como pró-Israel. Tomamos o máximo cuidado para provar que somos autênticos libaneses e cristãos médio-orientais, e queremos manter nossa mensagem e atividades no campo puramente espiritual. Oramos por todos, mas não queremos nos filiar a nenhum lado. Além disso, cada grupo pode nos causar problemas, exigir serviços e tornar a nossa vida horrível.

– Por favor, me perdoe, Naji. Não vou fazer isso novamente.

De repente o jovem pastor pareceu relaxar.

– Que tal um pouco de chá libanês? Eu tomo *yansoun* [aniz seco], meu preferido.

Enquanto tomávamos nosso chá, Naji sorriu e perguntou:

– E então, por que o senhor vai até a OLP, afinal?

– Se possível, eu gostaria de conhecer todos lados. Estou curioso para saber o que eles estão pensando, o que querem, o que estão sentindo. Quero saber qual a solução que eles imaginam para o conflito. Quero saber qual é a fé espiritual deles, se é que existe. Estou procurando um fundamento comum para poder falar-lhes a respeito de meu Senhor e Salvador Jesus Cristo.

– O senhor tem muito zelo! Espero que o senhor coloque sabedoria com esse zelo e troque idéias o mais que puder. O senhor não precisa trocar idéias comigo; eu sou um irmão mais novo. Mas essa questão é crucial e o senhor não vai querer inadvertidamente causar mais problemas do que já temos.

– Esse é um sábio conselho – concordei.

Antes de ir para o meu quarto, ficamos em pé e trocamos um caloroso abraço. Naji e eu desenvolvemos um lindo ritual. Ao longo do dia, em geral logo de manhã, abríamos ambos os braços e cantávamos: "O abraço nosso de cada dia nos dai hoje!" Foi uma rotina gostosa que iríamos manter sempre que nos encontrássemos nos anos seguintes.

Minha conversa com Naji foi uma advertência no sentido de não envolver precipitadamente os cristãos locais em alguns trabalhos que eu me sentia levado a fazer. Eu cria que o meu trabalho era o de fortalecer a Igreja local para que ela pudesse ser uma luz em meio às trevas. Mas como se faz isso? Eu podia pregar, e o fazia várias vezes por semana. Eu podia encorajar pastores e líderes de ministério. Eu podia visitar cristãos que estavam sofrendo. E eu podia prover Bíblias e outros recursos de que eles precisavam para o seu trabalho.

Mas como pode a Igreja fazer brilhar sua luz numa zona de guerra? Essa era a pergunta mais ardilosa. Eu podia dizer que a Igreja devia ser um agente da paz, mas o que isso significava exatamente? E como a Igreja podia fazer isso quando os cristãos estavam literalmente tentando ficar fora da linha de fogo? Eu pensava poder ajudar os cristãos locais a responderem a essas questões, mas para isso eu precisava entender muito mais – as pressões sob as quais os cristãos estavam e o pensamento das facções em luta ao redor deles.

Naji tinha uma mente perspicaz, o que o tornava uma excelente "caixa de ressonância" para perguntas que eu tinha a respeito do Líbano e do Oriente Médio.

– E então, qual você pensa ser a resposta? – perguntei a ele certa noite quanto estávamos jantando num restaurante local. – Se nós, como cristãos, somos pacificadores, como vamos cumprir nosso chamado?

– É complicado – respondeu Naji – A situação atual no Oriente Médio tem muitas forças que atuam e muitas disputas em vários níveis. Uma coisa que eu encorajaria aqui no Líbano é que os de fora saíssem e nos deixassem resolver nossos problemas.

– Você diz Síria e Israel...

– E os palestinos, a Líbia, Irã e os Estados Unidos. Não haveria guerra se todos os estrangeiros, particularmente as superpotências, nos deixassem sós.

Eu tinha ouvido aquilo várias vezes. Os libaneses haviam me corrigido quando eu mencionara a "guerra civil", porque não queriam reconhecer que o conflito fosse principalmente entre o povo libanês. Eu contra-argumentei:

– Naji, se vocês não conseguem resolver seus problemas, não deveriam surpreender-se com o fato de que outros venham e tentem trazer a paz.

– Mas eles esquecem que temos uma história de cooperação. Eu cresci numa comunidade com drusos, muçulmanos, judeus e cristãos e todos nos dávamos bem. Então, por que agora essa guerra interminável? Acredito que a guerra seja desencadeada por interferência externa. Acho que podemos resolver as coisas se isso nos for permitido.

– Gostaria de pensar que você está certo. Mas não vejo muita cooperação neste exato momento.

– No Oriente Médio, há períodos de calma e períodos de conflito. Não sei se algum dia haverá paz permanente.

– Então como você culpa o Ocidente por seus problemas?

Naji tentou explicar o que tinha dado errado naquele lindo país:

– É fácil criar um conflito racial, religioso ou político para servir aos interesses políticos das nações mais poderosas. Sendo tão aberto e livre, o Líbano atraiu grupos radicais de todo tipo dos países vizinhos, os quais, com a OLP, criaram um consórcio de milícias. Querem transformar o Líbano em uma nação palestina muçulmana. Pensam que resolverão a crise do Oriente Médio dando uma pátria alternativa ao povo palestino e fazendo do Líbano um estado moderadamente islâmico, que poderia juntar-se ao resto do mundo árabe muçulmano. Então, cada facção do Oriente Médio ficaria satisfeita, inclusive os judeus do Estado de Israel.

– Essa é uma explicação e tanto. Você está dizendo que este conflito só pode ser compreendido no contexto da crise geral do Oriente Médio. Mas você não explicou por que o Ocidente é o problema.

– Há muitos grupos que estão irritados com o Ocidente em geral e com o governo dos Estados Unidos em particular. Eles se ressentem do Ocidente por sua invasão cultural, exploração econômica, manipulação política, superioridade e intimidação militar e ganância imperialista. Estão particularmente irritados com o governo americano por seu apoio incondicional a Israel e sua atitude declaradamente favorável àquele povo, que está agora mesmo prestes a invadir o Líbano, porque os Estados Unidos o permitem. Israel é visto como uma nação ambiciosa que gostaria de ser uma superpotência no Oriente Médio dominando suas políticas, recursos e negócios. Estes sentimentos afetam a nós e ao nosso ministério porque muitos igualam a nossa versão de cristianismo ao Ocidente.

Eu sabia que muitos amigos meus ficariam ofendidos com aquelas palavras, mas eu precisava ouvir e sondá-lo mais a fundo para compreender o que o meu amigo pensava e sentia.

– O cristianismo cresceu exatamente aqui no Oriente Médio – protestei. – Você mesmo cresceu numa tradição ortodoxa oriental.

– Essa tradição é diferente do cristianismo ocidental. Muitos aqui no Oriente presumem que os protestantes e evangélicos seguem um cristianismo importado da América. Além disso, os líderes comunitários e religiosos, bem como as pessoas comuns tementes a Deus, se ofendem com os produtos, filmes, revistas, estilo de vida, música, anúncios e shows de TV que o Ocidente exporta. Eles os relacionam à cultura do Ocidente cristão.

Naji falava com paixão e perspicácia, mas eu queria saber o que faríamos.

– Acho a sua análise perspicaz. Mas, existe uma solução? O que pode a Igreja aqui no Líbano *fazer*?

Meu amigo suspirou e respondeu:

– Paz é um conceito muito belo e profundo. Em árabe a palavra que usamos é *salaam*. Nós a usamos como uma saudação abrangente, um desejo de bem-estar e saúde. É mais do que ausência de conflito ou de guerra. É o conceito bíblico de *shalom*.

— Não vejo muita *salaam* ou *shalom* neste exato momento.

— Não, as pessoas têm abusado do termo paz. Ele tem sido confundido com intenções escusas, acabando por perder seu significado cultural e sua profundidade espiritual. Dependendo de quem está falando e de quem está ouvindo, a palavra é muito fácil de proferir, mas difícil de definir e, mais importante, muito difícil de construir.

— Concordo. É por isso que eu penso que deveríamos levar adiante um plano de paz especificamente cristão. Se ficarmos quietos, não vamos ter a chance de fazer qualquer diferença.

Naji sorriu com tristeza.

— Acho que devemos tentar. Não sei se podemos fazer muito, mas devemos tentar. Lembre-se, há um tempo para falar e um tempo para ficar em silêncio. Neste momento, nós que estamos sob fortíssima pressão de todos os lados, devemos firmar nosso pé e permanecer fiéis a Deus. Em tempos como este, a firmeza é uma grande virtude e um grande testemunho em si. Nestes dias nós somos chamados a simplesmente manter uma *presença*. Nós de fato representamos Cristo e carregamos seu nome nesta época de profunda dificuldade.

Quando nos levantamos para deixar o restaurante, tirei vários milhares de liras libanesas para pagar a conta. Mesmo depois de deixar uma generosa gorjeta, o jantar me custara pouco mais de dois dólares americanos.

— Tenho uma idéia — disse eu quando saímos. — Por que você e eu não organizamos uma campanha evangelística aqui em Beirute Ocidental? Alugaremos um grande salão e abriremos a reunião para todos. Vamos convidar todos esses líderes de milícias.

Naji foi cortês para com este entusiasta pregador ao dizer:

— Não estou certo quanto a uma campanha evangelística no momento atual. Talvez mais tarde. Vamos falar sobre isso em sua próxima visita. Certo?

— Certo. Mas que seja logo!

CAPÍTULO

SETE

UM PLANO PARA A PAZ

Harderwijk, Holanda, 1986

Desde que irromperam as hostilidades no Líbano em 1975, tenho refletido muito sobre a paz. Minhas conversas com Naji foram importantes para a compreensão dos complexos problemas do país. Como eu, ele lutava para ser parte da solução. Sentia-se frustrado com o pouco que na realidade podia fazer. Ouvindo educadamente minha idéia de uma grande campanha evangelística, tentara, com paciência, explicar por que aquilo não funcionaria. Reunir todas as milícias num grande evento era estimular uma explosão. O evangelho teria de ser divulgado de alguma outra forma.

Com tristeza e empatia eu pensei em nossa última discussão no Líbano em 1983, quando Naji me falara de sua oportunidade de continuar os estudos superiores nos Estados Unidos.

— Quando aceitei o chamado para a Igreja Batista Ras Beirute, eu esperava pastorear aqui pelo resto de minha vida — disse ele e depois confidenciou que alguns problemas que estava tendo na igreja o fizeram reavaliar a situação. — A igreja já não precisa tanto de mim. O pastor titular descansou um pouco e está disposto a reassumir uma parte maior do trabalho, e meu assistente está ansioso para assumir mais responsabilidades. Assim, este é um bom momento para eu dar uma parada. Além disso, quero levar adiante minha educação nas áreas de aconselhamento e psicologia, que são grandes necessidades para o povo do Líbano. Contudo, quero estudar esses assuntos a partir de uma perspectiva cristã e teológica.

— Você pretende voltar para o Líbano, não é? — Perguntei.

— Claro. E enquanto eu estiver nos Estados Unidos, serei um embaixador do Oriente.

— Exatamente, — disse eu sorrindo. — Você será um missionário do Líbano no Ocidente.

Orei para que o meu amigo realmente voltasse ao Líbano uma vez concluído seu doutorado[1]. Na verdade, pensando agora em minha próxima viagem a Beirute, eu queria conversar com ele. Durante algum tempo eu sentira uma necessidade cada vez maior de apresentar algum tipo de plano formal de paz para os líderes da Igreja.

Na qualidade de estrangeiro no Líbano, eu podia transitar com facilidade pela maior parte dos postos de fiscalização, enquanto muitos de meus amigos ficavam confinados a uma área limitada. Eu abria meu coração para os soldados que revistavam carros e documentos; sorria para eles, arriscava uma piada e lhes entregava um folheto em árabe.

— Vocês devem ler isto. Ele tem a verdadeira solução para a paz.

Meus amigos, que me levavam carro de um lado para outro, começaram a referir-se àqueles encontros como "evangelismo dos postos de fiscalização". Aqueles eram momentos luminosos em meio a grande sofrimento, mas não faziam parte de um plano sério de paz.

Enquanto isso. dezenas de milhares de cristãos haviam fugido do país. Restaram poucos trabalhadores estrangeiros. A maioria das pessoas saiu por ser impossível sustentar ou proteger suas famílias. Muitos outros gostariam de ter saído, mas não tinham recursos. Como alguém poderia criticá-los? Entre os que ficaram, alguns eram cristãos apenas culturalmente — eles haviam crescido na Igreja e era assim que se identificavam.

Entretanto, entre as várias denominações religiosas no Líbano havia cristãos verdadeiros que detestavam o conflito sangrento e a interminável luta pelo poder. Eu sabia que se eles sentiam desamparados. Às vezes eram acusados de não serem nacionalistas ou patriotas. Tentavam servir e ser uma bênção, mas estavam tendo de suportar o mesmo sofrimento do restante da população. Apesar de seu pequeno número, poderiam aquelas pessoas ser uma força ativa e positiva para a paz? Eu acreditava que elas poderiam — se alguém lhes desse um plano.

Peguei um bloco de papel e comecei a escrever.

Beirute, 1986

Aquela conferência de paz seria uma das mais incomuns já realizadas. Não estavam presentes chefes de estado, nem embaixadores ou negociadores. Não estávamos discutindo futilidades como qual deveria ser o formato da mesa de negociações. Ao contrário, estávamos sentados em cadeiras dobráveis numa sala de reuniões comum no porão de um prédio comercial em Beirute. Lá fora, várias milícias apontavam suas armas umas contra as outras. Dentro, um tolo missionário holandês reunia-se com homens como Ghassan, pastor e presidente do Seminário Batista Árabe e Lucien, presidente da Sociedade Bíblica do Líbano, mais uns poucos valentes missionários e cerca de duas dúzias de pastores locais, incluindo Peter e Philip.

Pensando na tragédia do Líbano, era fácil sentir-me desamparado. Não podíamos fazer os soldados parar de lutar – não tínhamos poder militar. Não podíamos impedir a invasão de outros países. Na verdade, as maiores forças militares do mundo não tinham conseguido mudar a situação. Enquanto isso, líderes militantes acreditavam que poderiam derrotar os maiores exércitos do mundo porque a vontade deles era maior que a do Ocidente. Afinal, eles haviam expulsado os Estados Unidos com apenas um par de bombas bem colocadas.

Havia de fato motivo para eu pensar que aquele pequeno grupo de líderes eclesiásticos podia fazer alguma diferença num conflito que vinha se agravando ao redor deles há mais de 11 anos? Potências maiores que nós estavam determinadas a impor sua vontade – podia eu realmente pensar que poderíamos detê-los? Mas como ficar sentados sem fazer nada? De uma ou de outra forma, a Igreja foi a forma que Deus escolheu para fazer brilhar sua luz nas trevas.

O plano de paz foi elaborado cuidadosamente com base na Bíblia. Eu havia trocado idéias com a liderança da Portas Abertas e eles estavam na Holanda orando por mim naquele momento. Depois de um pastor local ter feito uma oração por nossa reunião, dei início aos trabalhos.

– Eu gostaria de começar fazendo algumas observações a respeito deste interminável conflito aqui no Líbano. Muitas pessoas esperam que soluções venham de fora. Elas não virão. Muitas pessoas esperam que outros tomem a iniciativa. Mas *nós* devemos tomar a iniciativa. Muitos outros com quem já falei expressam o desejo de paz a qualquer preço. Essa é uma atitude muito perigosa e irresponsável, que indica que ninguém jamais buscou com seriedade um plano de paz.

Eu falava com paixão, mas internamente não tinha nenhuma certeza de que aquilo iria funcionar. Os homens ali na sala ouviam, mas seus rostos não denotavam emoção. Estavam simplesmente sendo educados? Acreditavam que poderiam fazer algo prático a respeito do conflito ao seu redor?

— Gostaria de responder a três questões — continuei. — A primeira questão é: Qual é o nosso objetivo? A resposta é simples: Queremos paz. Já sabemos disso. Então vamos à segunda questão: Que método escolheremos? Devemos começar onde estamos. Acontece que Deus nos colocou aqui no Líbano. Isso acontece porque vemos este conflito como uma batalha espiritual. Todas as outras definições fracassam e é por isso que as soluções são tão ilusórias. Por isso nós, que aqui estamos, devemos proclamar a paz. A primeira carta aos Coríntios 1.21 diz que "agradou a Deus salvar aqueles que crêem por meio da loucura da pregação". Isto torna a coisa muito pessoal, porque o plano de Deus para mudar o mundo é sempre pela mudança das pessoas. Ninguém pode ser parte da solução se ainda for parte do problema.

Depois fiz referência a três versos de Efésios 2. Primeiro, *Jesus é a nossa paz*; Ele destruiu o muro de inimizade. Segundo, *Ele fez a paz* ao nos reconciliar com Deus por intermédio da cruz, colocando assim um fim à hostilidade. Terceiro, Jesus veio *anunciar a paz*.

— Existe algo criativo exatamente no ato de anunciar, porque ele expressa fé, e Deus honra a fé. Aos que pensam que isto parece espiritual demais para um problema tão prático, eu pergunto: Alguma vez demos uma oportunidade a Jesus? Ele é ou não é Deus?

Enquanto os homens mudavam de posição em suas cadeiras, respirei fundo e continuei.

— Este problema da paz divide-se em três partes. Primeira: a paz em nosso coração. Deus nunca poderá trazer paz ao mundo por meio de pessoas que não têm paz no próprio coração. Segunda: paz em nosso lar. Por meio da firme determinação individual de cada participante, declaramos: "Não vamos brigar!" Isso significa não brigar uns com os outros em casa, não brigar com o vizinho, não brigar com os amigos, com os colegas de classe, com qualquer um. A própria base da nossa vida e ações é a paz que Deus deu, e a partir dessa paz nós agimos. Nossos lares, conseqüentemente, tornam-se lares de paz. E o número de "lares de paz" determinará quão próximo o Líbano está da paz. Deixem-me enfatizar este ponto. Precisamos criar um movimento. Cada "lar de paz" deve ser reconhecível. Isso implica que ele é um porto onde qualquer um é bem-vindo em busca de refúgio. Isso pode ser feito com um adesivo ou um símbolo na porta da frente, ou em qualquer lugar onde tivermos coragem de usá-lo. Todo "lar de paz" pode ter alguma literatura, que a Sociedade Bíblica venha a produzir, sobre o tema da paz, e que a Portas Abertas financiará. A terceira parte é a paz em nossa comunidade, em nossas igrejas, em nossa esfera de influência. Dizem que saberão que somos cristãos pelo nosso amor. Este movimento de paz demonstrará amor aonde quer que formos. Finalmente, a terceira questão: Quais são os nossos recursos? Nossos recursos são pessoas. Isto é, todos os que disserem: "Basta", todos os que estiverem desencorajados, que esperam um milagre de Deus, que dizem não haver solução humana, não haver solução política, não haver solução militar. Todas essas pessoas, e isso inclui a nós nesta sala, somos nossos recursos.

– Concluindo, eu digo que este é simplesmente um método de fazer acontecer a paz no Líbano. Isso ainda não foi tentado. Devemos dar uma oportunidade a Deus, e ela está aberta a todos os que amam Jesus Cristo e que, exatamente por isso, têm motivação suficiente para fazer sacrifícios e arriscar algo para conseguir a paz. Que Deus os abençoe e, em atitude de oração, vocês pensem neste plano de paz e me digam o que Deus está lhes dizendo.

Sentei-me e aguardei. Houve silêncio durante alguns instantes. Então um pastor, com voz hesitante, comentou:

– Irmão André, eu gostaria de pensar que podemos fazer algo. A situação, como o senhor sabe, é horrível. Mas nós somos muito poucos. Olhe para esta sala. Aqui somos 25, talvez 30.

– Foi por isso que coloquei os recursos por último – eu disse. – Se começarmos com os recursos, tornaremos nossas metas pequenas demais. Mas se a nossa visão for o coração de Deus, Ele pode multiplicar nossos recursos.

Então Pedro perguntou:

– Irmão André, o senhor poderia nos falar o que tem em mente com esse conceito de "lar de paz"?

Fiquei contente pelo fato de meu amigo ter se dado conta da importância disso.

– Estou propondo que cada lar cristão se transforme num refúgio. Se você fala de paz numa conferência, mas a sua casa não está envolvida, isso significa que o seu coração não está envolvido e então não irá a lugar nenhum. Este é todo princípio de qualquer mudança – capturar o coração, a imaginação.

– E como começamos? –perguntou Philip.

– Penso que podemos começar com nossas próprias congregações. Nós pregamos do púlpito – podemos começar com a passagem de Efésios 2 – e encorajar cada família de nossa igreja a fazer de seu lar um lar de paz. Para que a coisa toda funcione, deve tornar-se um movimento. Se um número razoável de famílias fizer de seus lares um refúgio, a idéia pode se espalhar.

Ofereci-me para dar publicidade.

— Isso é necessário. Mesmo que seja apenas para vocês não se sentirem sozinhos. A igreja no Ocidente precisa orar por este esforço. Vamos precisar levantar fundos e existem muitos libaneses na América que são doadores em potencial. Lembrem-se de que o mundo vê os libaneses como briguentos e criadores de problemas. Quero que saibam que existe um movimento cristão de paz que não tem — e eu enfatizo o *não* – motivação política. Este não é apenas mais um partido entre os muitos existentes no Líbano. Por esse motivo, todos os cristãos ao redor do mundo podem se identificar conosco

A discussão continuou pela manhã, mas então os homens começaram a levantar-se para irem a outros compromissos.

— Somos gratos por nos ter apresentado essa idéia— disse um dos pastores.

— Sim — disse outro — o senhor nos deu muito em que pensar.

Ninguém disse: "Vamos nos reunir novamente. Vamos assumir o compromisso de levar isto adiante."

Os homens se dispersaram, cada um indo para sua igreja.

Senhor, será que este esforço produzirá algum fruto?, eu orei. Ou seria aquele, no final das contas, apenas um exercício ingênuo e fútil?

CAPÍTULO

OITO

CONFUSÃO TOTAL

Beirute, agosto de 1989

O tiroteio começou antes do pôr do sol naquela tarde. Lucien apressou a família que descia a escada para o porão. No abrigo, escolheram um filme para colocar no videocassete. Ainda havia energia elétrica, mas um gerador estava de prontidão, para a inevitável interrupção da força.

— Esta noite vamos ver *The Hiding Place* [O refúgio secreto], disse Huguette, esposa de Lucien.

— Um título bem adequado, considerando a nossa situação — disse Martin, o filho.

— Alguém está com fome? — perguntou Lucien.

Huguette deu-lhe instruções e ele subiu as escadas para a cozinha em busca de frutas, pão sírio, *homus* e uma salada que ela havia preparado no início da tarde. Quando abriu a geladeira, o telefone tocou. Ele atravessou o o corredor de mármore na direção da mesa que ficava junto a um pilar no vestíbulo da espaçosa sala de estar, que também servia como local de reuniões para a igreja que Lucien pastoreava.

— Alô. — Lucien nunca ficou sabendo quem telefonou. Na verdade, ele nem ouviu a explosão que o derrubou e o cobriu de gesso e escombros. Sua esposa apareceu como num filme mudo, verificou seus sinais vitais, depois notou algo em meio à poeira e à fumaça. Passou por cima dele, agarrou o aquecedor de gás e, com grande esforço, o jogou pela janela. Só então, olhando para trás dela, foi que Lucien viu que um míssil havia destruído totalmente sua sala de estar.

Depois de retirar um pouco dos fragmentos da explosão que cobriam o marido, Huguette colocou uma compressa na cabeça dele para estancar o sangramento. Os filhos de Lucien o ajudaram a colocar-se em pé. Os três o levaram para a porta do porão e desceram os degraus com ele até atingirem um ponto seguro. Ali, na sala escura, estava passando o filme *O refúgio secreto*, mas Lucien não podia ouvi-lo. Virou-se para a esposa e viu seus lábios se movendo. Horrorizado, deu-se conta de que a explosão o havia deixado surdo.

Larnaca, Chipre, setembro de 1989

A balsa que normalmente eu usava para chegar ao Líbano flutuava desativada no embarcadouro. Não havia nenhuma das atividades normais. Nenhuma luz, nenhum carro entrando a bordo e nenhum passageiro perambulando pelo convés. Uma tabuleta na bilheteria indicava que não haveria serviço de balsa até aviso posterior.

A viagem aérea para Beirute era extremamente perigosa e arriscada havia anos. O meio mais fácil de eu chegar lá era voar até Larnaca na ilha de Chipre, depois viajar de balsa a noite toda num percurso de cerca 160 quilômetros até o Líbano. Entretanto, o serviço de balsa tinha seus próprios riscos depois que Israel desviara uma barca para Haifa em 1984, detendo alguns de seus passageiros[1].

Bati no vidro da bilheteria e chamei a atenção do homem que trabalhava na sala dos fundos. Ele veio até o guichê e o abriu, dizendo:

— Não tem balsa esta noite.

Sorri.

— Entendo. Mas o senhor sabe se existe outro meio para eu chegar a Beirute?

Ele indicou atrás de mim.

— Tente um daqueles barcos. Talvez haja algum levando pessoas para Jounieh.

Jounieh era um pequeno porto ao norte de Beirute, no setor cristão.

De fato, a uma distância de três píeres via-se um homem levando passageiros numa lancha grande. Puxei um maço de dinheiro americano e paguei 150 dólares ao capitão antes de embarcar. Um grupo variado de umas 30 pessoas estava sentado ao redor da cabine da lancha que balançava levemente. Havia um nervoso comerciante de calça comprida, camisa pólo e jaqueta, remexendo em sua pasta. Um casal libanês, ela com a cabeça coberta por um lenço, segurava nervosamente as mãos um do outro. Um jovem usando *jeans* e um blusão de moletom jogou a mochila num canto da cabine e olhou para o leste em direção à sua próxima aventura.

Uma hora depois do pôr do sol o capitão ligou o motor e deixou o porto. Atrás de mim era possível ver as luzes de Larnaca sumindo, substituídas pela silhueta de Chipre que aparecia. Adiante havia somente a noite, escura como breu. A lancha ia cortando ondas de um metro e meio e eu sentia os pingos das ondas borrifando a proa. Logo o comerciante correu para o toalete para aliviar a náusea que estava sentindo.

Estávamos a cerca de 16 quilômetros do nosso destino quando o capitão da lancha desligou todas os faróis, deixando ligada somente a suave luz verde do painel de instrumentos. Foi então que eu vi luzes brilhando à distância.

– Parece uma tempestade – murmurou o comerciante.

– Artilharia – disse o capitão. – Eles estão realmente atacando esta noite.

Nós observávamos em mórbida fascinação enquanto clarões riscavam o céu de Beirute iluminando a linha do horizonte. O capitão falou novamente:

– Vamos aportar em Jounieh.

Jounieh fora no passado uma pacata vila de pescadores e, a partir de 1975, foi se transformando numa pequena cidade, desenvolvida por cristãos que fugiam da luta em Beirute, que ficava a apenas alguns quilômetros ao sul.

– Verifiquem se estão de posse de todos os seus pertences. Preciso embarcar passageiros e sair o mais rápido possível.

Ele não precisava acrescentar que sentia que estava arriscando a vida cada vez que fazia aquela viagem.

A lancha só começou a reduzir a velocidade quando a sombra do embarcadouro ficou visível bem à frente. O capitão desligou o motor e, silenciosamente, deixou a lancha ir por si só em direção ao píer. Assim que foi dada a laçada da primeira corda de amarração, o jovem de *jeans* agarrou sua mochila, pulou para o píer e tomou seu rumo. Eu olhei para a escuridão e pensei ter reconhecido o vulto de meu amigo. Acenei para ele e ele para mim. Peguei minha mala e saltei fora da lancha. Lucien adiantou-se e me envolveu num grande abraço.

Sentimos o baque de uma explosão que parecia ser a apenas alguns quarteirões de distância. Em seguida, ouvimos o rápido pulsar de tiros de metralhadora. Com um grito, o capitão da lancha acelerou o motor; várias pessoas pularam para bordo e logo em seguida ele se afastou do píer, fez uma fechada curva em U e avançou rugindo noite adentro.

Lucien puxou meu braço, levando-me depressa até seu carro que estava estacionado no alto do atracadouro. Os pneus guincharam quando entramos na rua estreita e tomamos a direção norte, afastando-nos da batalha.

~

Passamos por várias ruazinhas secundárias que levavam a uma das sinuosas estradas que subiam o monte Líbano. Eu prendia a respiração enquanto Lucien dirigia. Finalmente, soltei um suspiro de alívio quando passamos em baixo da gigantesca estátua da Virgem Maria de Harissa.

– Estamos fazendo o caminho mais longo para casa – explicou Lucien com seu sotaque francês. – Vamos evitar Beirute e, se tivermos sorte, todo o combate.

Não pude deixar de notar a expressão *se tivermos sorte.* Lucien segurou firme meu braço.

– Não se preocupe. Conheço bem estas estradas. Está tudo bem.

Tivemos de parar três vezes em postos de fiscalização, mas em cada caso, depois de uma breve vistoria dos documentos de Lucien e do meu passaporte, tivemos permissão para passar. Finalmente, eu falei:

– Estou realmente contente de que você tenha vindo. Como descobriu onde me encontrar?

– Eu mesmo já viajei naquela lancha – explicou ele. – Verifiquei hoje cedo e fiquei sabendo que a balsa não estava operando, por isso calculei que o encontraria em Jounieh.

Quantas pessoas enfrentariam artilharia e metralhadoras para me apanhar no meio da noite? Meu querido amigo havia sofrido muito devido à guerra. Seu negócio de relógios havia fracassado depois que sua loja fora destruída em 1976. Lucien era um pastor que havia se sustentado com seu negócio. Ele sentia que tinha de levar a esposa e os filhos para um lugar seguro, e assim carregou o carro da família e dirigiu pela Síria, Turquia, Grécia, Iugoslávia, passou pelo norte da Itália e chegou à Suíça. Mas, apesar da oferta de um bom emprego e de segurança para sua família, ele e a esposa, Huguette, não se sentiram bem a respeito de sua fuga. Quatro meses depois eles voltaram para Beirute. Foi quando ele foi convidado a assumir a liderança da Sociedade Bíblica do Líbano.

Desde a eclosão da guerra civil, Lucien e sua família haviam se mudado oito vezes. Em quatro delas, haviam perdido a casa para bombas ou para refugiados. Aqueles eram tempos de desespero e, em algumas partes de Beirute, se uma família saísse de casa por apenas meio dia, refugiados poderiam ocupá-la e não havia nada que os proprietários pudessem fazer. Numa ocasião, seu senhorio decidiu emigrar para a Austrália e vendeu o edifício. O novo proprietário imediatamente expulsou todos os inquilinos. Quando Lucien se recusou a sair, o novo proprietário demoliu o prédio ao redor do seu apartamento.

Finalmente, Lucien construiu sua casa atual na propriedade da família nas montanhas, acreditando que lá estaria fora do alcance da batalha. Depois de mudar-se para as montanhas, Lucien começou uma igreja que se reunia em sua sala de estar. Logo o conflito se alastrou e cercou a nova casa, que foi atingida cinco vezes pelo fogo de artilharia, tendo sido a última apenas um mês atrás, quando ele fora ferido.

Por tudo o que ele havia passado, eu queria saber como Lucien estava suportando a tensão. No topo da montanha, pouco antes de tomarmos o rumo do vale de Bekaa, viramos para o sul, passando pelos declives e córregos que dividiam as comunidades nas ladeiras abaixo de nós. A tensão de nossa fuga havia diminuído e eu me senti livre para perguntar a Lucien como ele estava se recuperando do último ataque à sua casa.

– Fiquei sem ouvir nada durante uma semana – respondeu ele. – Pensei ter perdido minha audição para sempre, mas graças a Deus, agora está tudo bem. Mas estamos cada vez mais exaustos. – Ele fez uma pausa, deu um suspiro profundo, depois acrescentou: – André, acho que não posso mais deixar minha família passar por isso.

Senti que meu amigo precisava conversar e o encorajei perguntando:

– Para onde você iria?

– Poderíamos tomar aquela lancha que você pegou ontem à noite. O escritório central quer que mudemos o trabalho para Chipre. – Ele estava se referindo aos escritórios da Sociedade Bíblica Unida da Inglaterra. – Acham que em Chipre é mais seguro. Podem providenciar instalações melhores. Além disso, a libra libanesa desvalorizou-se, o que seria melhor economicamente.

– Mas você está em dúvida.

– De alguma forma eu sinto que o ministério pertence a este lugar, entre as pessoas a quem estamos ajudando.

Havia mais e eu estimulei.

– O que mais o está perturbando?

Meu amigo ficou em silêncio por um momento antes de dizer:

– A sensação é de que esta guerra nunca irá acabar. Já dura 14 anos. Sabe que perto de cem mil cristãos foram mortos nesta guerra? Mas a igreja no

Ocidente está em silêncio. Ninguém parece se importar! Claro, isso é apenas um número impessoal. O mais duro é a cobrança emocional que você sobre como pastor. Este ano eu sepultei dois homens da nossa congregação. Um deles foi o que colocou o piso de mármore da nossa casa. O outro foi pulverizado numa explosão. Nós o "enterramos" num caixão vazio.

As lágrimas vieram-me aos olhos ao sentir o sofrimento de Lucien.

– E como sua congregação está suportando isso tudo? – perguntei.

Depois de um longo suspiro, ele respondeu:

– Que escolha nós temos? Precisamos uns dos outros. Mas muitos, como eu, gostariam de saber por que devem ficar. Se não há esperança... – Sua voz perdeu a intensidade.

– A igreja ainda se reúne em sua casa?

Ele balançou a cabeça.

– Não podemos. Está uma desordem completa.

O combate noturno cessara quando chegamos à casa de Lucien. A sala de estar estava bloqueada e eu não podia vê-la no escuro. Eram quase 3 horas da madrugada e o meu dia havia sido longo. Ainda assim, deitado no quarto de hóspedes do meu amigo, demorei um pouco para adormecer. Eu estava ali especificamente para ajudar pessoas como Lucien, homens e mulheres que ministravam a outros e dirigiam a Igreja em meio àquele conflito. Não eram super-heróis mas pessoas comuns enfrentando situações extraordinariamente difíceis. Tinham famílias para sustentar. Era mais que natural que se cansassem da luta interminável. Quando apareceu a oportunidade de emigrar para a Europa, Austrália ou América do Norte, muitos não puderam resistir. Eu compreendia o desejo natural de fugir em busca de segurança, mas acreditava também que uma Igreja vibrante, o corpo vivo de Cristo, tinha de estar presente em meio à guerra. Jesus disse que é a luz do mundo e que o seu povo é a luz do mundo. Ambas as declarações são verdadeiras. As pessoas em quem Cristo habita proporcionam esperança em meio ao conflito. Mas como podem ser luzes se perderem a esperança? Como podiam elas ser luzes no Líbano se fugissem, deixando somente as trevas para trás?

CAPÍTULO

NOVE

SUA PRESENÇA CONOSCO É O MAIOR ENCORAJAMENTO

Beirute, 1989

O calor começava a dissipar a névoa matinal que cobria a cidade. Eu estava em pé na sacada de Lucien, mas não ousava chegar perto da grade de proteção toda retorcida, que se pendurava na beirada. Ainda não podia ver o mar Mediterrâneo mas, na parte de baixo, eu conseguia enxergar rolos de fumaça saindo de dois prédios, destruídos no combate da noite anterior. Atrás de mim escancarava-se a entrada para a casa de Lucien. As portas envidraçadas tinham sido destruídas pela explosão e, no lugar delas, estava um pedaço de madeira compensada, que eu havia empurrado para a lateral. As paredes de pedra da casa de Lucien e de todas as construções ao redor tinham as marcas de estilhaços de bombas. Perto de mim estava o que restara de uma espreguiçadeira com enormes pedaços de estofo arrancados pelos estilhaços. Apalpei-a para ver se estava firme.

A voz de Lucien me assustou.

– Está firme. Pode sentar, se quiser.

Apontando para a casa, perguntei:

– Onde você estava quando a bomba explodiu?

Com um aceno de cabeça ele indicou que eu o seguisse. A sala de estar era uma desordem só. O grosso do entulho e do pó havia sido removido, mas estavam faltando pedaços do chão de mármore; buracos feitos pelos estilhaços marcavam as paredes e os sofás e espreguiçadeiras pareciam ter sido rasgados por gatos de unhas afiadas. Quadros danificados e fotos com as molduras e os vidros quebrados estavam encostados à parede. Em pé, junto ao pilar no outro lado da sala, Lucien disse:

– Eu estava bem atrás deste pilar e foi isso o que salvou minha vida.

Depois me mostrou o resto da sala.

– Todos os vidros foram quebrados. E está vendo este aquecedor? – Apontou para um buraco no aquecedor aos meus pés. – Minha esposa sentiu cheiro de gás e o jogou pela janela.

– Estou surpreso que ninguém tenha se ferido.

– O porão é cercado de pedra. A casa está assentada no que era uma pedreira. Por isso o porão é bem seguro. Todos estavam lá em baixo, assistindo ao filme *O refúgio secreto*.

– Assim, Corrie tem Boom salvou outra família! – Lucien sorriu ante a ironia. Voltei para a sacada, meus sapatos moendo pequenos pedaços de mármore e gesso e meu amigo atrás de mim. A névoa se esvanecera e o intenso azul do céu e a espetacular vista do mar Mediterrâneo pareciam zombar da destruição ao nosso redor.

Pus meu braço ao redor dos ombros de meu amigo e disse:

– Posso orar por você?

Ele aquiesceu. Em voz baixa eu pedi a Deus que desse força ao meu amigo para continuar em meio à guerra. Orei por recursos para a reconstrução de sua casa, por proteção à sua família e pela continuidade do trabalho da Sociedade Bíblica.

– Senhor, Tu sabes que as únicas respostas estão em Tua Palavra. Que este ministério continue por intermédio de teu fiel servo, Lucien.

Ele disse junto comigo: "Amém". Depois pensei numa história.

– Você conhece a lição da aranha e da teia? Quando a teia da aranha é danificada ou destruída, ela imediatamente começa a tecer uma nova. Sempre. Se algo destrói a nossa sociedade, nossa vida, nosso trabalho, devemos começar a reconstruir imediatamente, deixar tudo novinho em folha, como se não esperássemos que fosse destruído novamente.

Lucien deixou escapar um suspiro de surpresa.

– E se formos atacados novamente, Deus nos dará a graça de fazer tudo de novo – *E de novo, e de novo e de novo,* – pensei, pregando para mim mesmo.

– Sabe, quando a guerra começou, as pessoas pararam de vir até nós – disse Lucien, fitando o horizonte. – Mas você veio. Sua presença conosco é o maior encorajamento.

~

O combate recomeçou logo no começo da tarde. Uma parte de mim queria se apressar escada abaixo para a segurança do porão, mas protelei, observando dois grandes canhões que arrotavam fumaça azul e fogo de um ponto camuflado na mata abaixo de nós. Então um míssil caiu no bosque cerca de 300 metros à nossa frente e Lucien disse que seria melhor descermos. Enquanto descíamos, ele disse:

– Sabe como era chamado o primeiro ministro da defesa do Líbano? Seu inglês era um tanto ruim. Ele se auto-intitulava 'o Ministro de Bum Bum'.

– Bem apropriado – concordei enquanto ouvíamos outro surdo estrondo de fogo de artilharia.

Huguette estava preocupada com o filho de 17 anos, Martin, e seu amigo, Matthieu, que haviam pegado o carro para fazer algumas tarefas e não tinham retornado. Vários vizinhos juntaram-se a nós no porão, incluindo um casal armênio e suas duas filhas, mais duas irmãs do Sri Lanka. Ouvimos o noticiário das três horas e ficamos sabendo que no dia anterior 20 pessoas haviam sido mortas e 130 estavam feridas. O outro assunto de interesse foi que o General Aoun, um dos líderes maronitas, estava se oferecendo para reunir-se com Walid Jumblatt, líder dos drusos, para discutir condições de acordo para um Líbano futuro.

Sempre que havia uma trégua de dez minutos ou coisa parecida, subíamos as escadas para avaliar a situação. Lucien me ajudava a distinguir o som dos disparos que iam e que vinham. Claro, ele me lembrou de que o som mais perigoso era o que nunca era ouvido – não havia aviso do míssil apontado diretamente contra você.

O rosto de Lucien iluminou-se quanto Martin chegou em casa a salvo. Cumprimentei o rapaz que tinha crescido dois dedos desde minha última visita, um ano antes. Lucien chamou o segundo rapaz e me disse:

– Quero que você conheça Matthieu! – O jovem apertou minha mão e depois abraçou Lucien como a um pai. – Irmão André, este também é meu filho.

Explosões na vizinhança nos fizeram voltar depressa para o porão. Eu me sentia como um iô-iô, subindo e descendo as escadas, à mercê das milícias que eu não podia ver. A maioria de nós nos sentávamos em engradados ou cadeiras. Martin e Matthieu sentavam no chão, encostados à parede de pedra. Olhei fixamente para Matthieu. Ele parecia um irmão de Martin. Era um adolescente magro, braços dobrados, olhos fechados enquanto descansava.

Seu semblante era duro, como se ele tivesse sofrido mais do que sua idade devesse permitir.

Lucien me observava olhar para o rapaz.

– Nós o adotamos há quatro meses – disse ele. – Ele não tinha família. Foi tirado da rua e forçado a servir numa milícia com a idade de 11 anos.

Em meus anos de visita ao Líbano, não pude deixar de notar que a idade de combatentes palestinos e libaneses tinha diminuído. Não era incomum ver meninos de 10, 11 e 12 anos com os ombros vergados ao peso de fuzis M-16, granadas penduradas nos cintos, brandindo autoridade sobre qualquer pessoa mais velha que se atrevesse a invadir o território ocupado por sua milícia particular. Eu não podia deixar de me interrogar a respeito do futuro desses meninos e de sua nação fragmentada.

– Sua vida era insuportável – explicou Lucien lendo meus pensamentos. – Mas os meninos são capturados. Eles não se atrevem a escapar enquanto estão nas garras de uma dessas milícias. Por isso, quando Matthieu abandonou sua unidade, foi detido por deserção e preso. Alguém em nossa igreja ficou sabendo a respeito dele, e começamos a orar por ele. Milagrosamente, ele foi solto depois de alguns meses e nós o acolhemos.

– A voz de Lucien ficou sufocada momentaneamente e pude ver que ele tinha orgulho daquele menino, da mesma forma que se orgulhava do próprio filho.

Ao pôr do sol o combate tornou-se constante e nós dez ficamos presos na pedreira transformada em porão. Lucien, Martin e Matthieu levaram violões e durante uma hora cantamos corinhos e hinos e oramos pelo Líbano. Então Lucien perguntou se eu gostaria de orar. Raramente eu deixava passar qualquer oportunidade de expor as Escrituras. Aquela diminuta congregação, ali amontoada, era tão preciosa para mim como qualquer grupo em qualquer catedral ou mega-igreja. Abri minha Bíblia e sussurrei uma oração: *Senhor, dá-me tua mensagem para estas pessoas destemidas.*

Abri em João 21:

– "É o Senhor!" – Comecei, fazendo referência ao verso sete do capítulo. – Várias semanas haviam se passado desde a crucificação e ressurreição. Os discípulos estão desencorajados. Eles sentem-se como se tivessem perdido tudo. Não vêem Jesus há muitos dias. Não têm uma rotina na vida. Não sabem o que fazer. Jesus lhes disse que fossem ao mundo, mas aonde? E qual é a mensagem deles? Qual era a incumbência deles? Eles estão sem dinheiro porque o tesoureiro do grupo cometera suicídio. Por isso, Pedro diz: "Vamos pescar". Infelizmente, os outros não dizem: "Não, Pedro, vamos orar a respeito do futuro!" Todos eles seguiram Pedro e passaram a noite *inteira* num mar cheio de peixes e não pegaram *nada*.

– Que palavra trágica! Eles não pegaram *nada*. A noite toda. Nada. – Notei um sorriso dos dois adolescentes. – Pode-se ter todo tipo de atividade fora da direção de Cristo. Pode-se ser um benfeitor idealista, estar ocupado, fazer um milhão de coisas, mas se fizer as próprias coisas em vez de seguir a Cristo, sua lápide dirá: "A noite toda. Nada".

– O momento decisivo para os pescadores foi quanto um suposto estranho apareceu na praia e perguntou: "Vocês pescaram alguma coisa?" Eles responderam: "Não!" – Eles estavam tão acabrunhados que nem sequer gritaram: "Não, *senhor*!" – Eles estavam impacientes consigo mesmos e com tudo.

– Como ficamos amuados quando as coisas não funcionam do nosso jeito! O estranho viu os peixes que os discípulos não podiam ver. Quando, sob orientação dele, jogaram a rede no outro lado, houve um milagre – Deus empurrou os peixes para dentro – mais do que a rede podia suportar. Então o discípulo a quem Jesus amava disse: "É o Senhor!"

Desse jeito informal eu falava ao meu pequeno rebanho, que ouvia atentamente, identificando-se com as circunstâncias e lutas dos discípulos.

– O senhorio de Cristo é o chamado para uma vida produtiva. Quando os discípulos chegam à terra estão com frio, cansados, com fome e sozinhos. Mas Jesus é o Senhor de suas necessidades. Há brasas acesas e uma refeição quente os aguarda. Jesus lhes oferece calor, descanso, alimento e a si mesmo. É comovente que o Deus todo-poderoso tenha se levantado cedo naquela manhã para preparar uma refeição a seus desalentados amigos. Ele era Senhor da necessidade deles. Aquela foi uma atenciosa lembrança para eles e para nós. Ele é o Senhor de nossas necessidades. Jesus provê exatamente o que você precisa. As pessoas no Líbano têm necessidades tremendas, mas vocês podem mostrar-lhes que o Senhor as atenderá.

~

Os dois dias seguintes foram cheios. Lucien e eu saímos logo cedo para visitar pastores e encorajá-los. O amanhecer do terceiro dia foi magnífico, o que me fez lembrar novamente por que o Líbano era a jóia do Mediterrâneo. Eu disse a Lucien e a Huguette que ia dar uma caminhada. Sem pensar, peguei minha câmera na esperança de tirar uma foto panorâmica de Beirute e do mar Mediterrâneo. Andei pela estrada da montanha, ficando o mais próximo possível da margem para evitar os carros que iam para Beirute.

Depois de uns 400 metros desviei-me para uma estrada de terra e continuei minha pequena escalada e atingi um descampado com uma vista maravilhosa. Ergui minha câmera e tirei uma foto de Jounieh, lindamente enquadrada pelos ramos de duas árvores.

Voltei minha atenção para o sul. O litoral era claro como cristal, e pude ver o Parque Litorâneo e a Universidade Americana de Beirute. Levantei a câmera para tirar outra foto quando dois soldados desceram de repente sobre mim. Um deles pegou minha câmera enquanto outro agarrou meu braço e disse:

– Por favor, venha conosco.

Enquanto eu ia pela estrada com eles, pude ver um posto de armas sendo usado por uma milícia. Aquilo não era bom.

Entramos numa pequena cabana e eles ordenaram que eu me sentasse numa cadeira de metal enquanto um dos soldados se sentava diante de mim, próximo a uma escrivaninha de metal. O outro homem montava guarda na porta. O homem da escrivaninha olhou fixamente para mim enquanto segurava a câmera.

– Por que você está tirando fotos? – Perguntou.

– O dia está lindo. Eu estava tirando fotos de Beirute e do mar.

– Não é permitido – disse ele. Em seguida, abriu a câmera e removeu o filme. Depois continuou segurando a câmera enquanto falava:

– O que você está fazendo aqui?

– Estou na casa de amigos.

– Quem são eles?

– Lucien. Ele e a família vivem aqui perto, descendo esta estrada.

– Há quanto tempo você está aqui?

– Cheguei há quatro dias.

– De onde?

– Moro na Holanda.

Os dois soldados conversaram durante um minuto em árabe, depois o da escrivaninha disse:

– Venha comigo.

Rodamos num jipe montanha abaixo até Beirute para o que pareceu ser algum tipo de quartel-general. Lá eu fui entregue a outro interrogador, que me perguntou onde eu estava hospedado e o que fazia no Líbano.

– Estou visitando líderes de igrejas.

O interrogador pareceu confuso.

– Que igrejas?

– Estou trabalhando com a Sociedade Bíblica do Líbano, que trabalha com muitas igrejas.

– Onde fica a Sociedade Bíblica?

Eu disse a ele onde ela ficava e ele conferiu com outro militar em árabe. Fiquei receoso de aquele homem querer saber todas as pessoas com quem eu estivera me encontrando. Eu não tinha certeza de que lado estavam aqueles soldados. *Senhor, por favor me proteja,* eu orei. *Que eu possa responder honestamente a cada pergunta, mas que eles façam somente as que eu possa responder sem colocar em risco as pessoas com as quais eu trabalho.* Não foi uma oração das mais articuladas, mas uma sensação de paz veio sobre mim.

– Você já esteve aqui antes?

– Sim, venho ao Líbano duas vezes por ano.

– Só a Beirute?

– Não, senhor. Viajo para outras cidades. Eu falo em várias igrejas e visito obreiros cristãos. Onde quer que haja cristãos, eu vou para encorajá-los.

– Diga-me os lugares para onde tem viajado.

Mencionei várias cidades que visitara nas últimas viagens, incluindo Hammana. Quando mencionei Hammana, o interrogador levantou os olhos do bloco de notas e parou de escrever.

– Onde você esteve em Hammana? – Perguntou.

– Eu visitei o Hospital Hamlin.

– Por quê?

– Lá existe uma enfermeira holandesa. – Mencionei o nome dela, e depois disse: – Eu queria levar-lhe saudações da Holanda e encorajá-la.

– Eu a conheço! – disse o homem. – Quem mais você conhece no hospital?

Mencionei um médico.

– Eu o conheço também. – Ele colocou a caneta de lado e recostou-se na cadeira. – Eu sou de Hammana. – Depois gritou para um assistente e ordenou-lhe que nos trouxesse café.

Eu respirava aliviado enquanto tomávamos o forte café árabe. Apesar de nunca dar informação espontaneamente, eu tinha determinado nunca mentir quando fosse questionado diretamente. Aquela circunstância provara a sabedoria dessa postura. Mas o que me levara a mencionar Hammana dentre todos os lugares que eu tinha visitado? A única resposta era que Deus estava no comando!

Terminado o nosso café, o interrogador levantou-se, apertou minha mão e disse que eu estava livre para ir embora. Ordenou até que um dos soldados me levasse de volta montanha acima.

~

Na manhã seguinte eu estava na sacada, sentado na espreguiçadeira rasgada e orei, preparando-me para deixar Lucien e visitar um pastor em Beirute. Estava combinado que um amigo nosso ia me pegar dentro de uma hora.

– André, você tem de ver isto! – Lucien estava em pé à porta, agitando uma carta e um cheque. – É a coisa mais surpreendente, de um irmão jordaniano. Deixe-me ler a carta: "O Senhor me falou que os lucros que acabo de receber do meu negócio precisam ir para o meu amigo Lucien, para sua casa". É suficiente para o conserto da maior parte, se não de todo o dano!

Levantei-me e nos abraçamos.

– Isso nunca me aconteceu antes – disse ele enquanto voltávamos para dentro de sua casa. – A primeira vez que alguém me manda dinheiro foi depois que você veio, quando eu havia perdido a esperança, e você creu em Deus e orou por mim. Ele é de fato o Senhor de nossas necessidades!

A família de Lucien havia se reunido na sala de jantar para celebrar a oração respondida. Quando olhei para eles, meu amigo tinha outra palavra de encorajamento para mim:

– Meu filho, Matthieu. Em parte se deve a você ele estar conosco.

Devo ter olhado para ele com uma estranha expressão, porque ele riu.

– Você não se lembra? Há três anos você desafiou os líderes da igreja a criarem lares de paz. Bem, foi o que fizemos. Onde mais este bom garoto encontraria paz, amor cristão e esperança de uma vida verdadeira?

Enquanto eu dirigia montanha abaixo para dentro da zona de guerra que era Beirute, pensava em todos os sofrimentos no Líbano que haviam entristecido meu coração. Depois de ouvir histórias comoventes e ver templos destruídos por bombas e abandonados, eu não podia ficar sentado sem ao menos tentar alguma solução. Pensei em amigos como Naji, Pedro e Philip, pastores que trabalhavam em condições difíceis. Eles haviam-me motivado a tentar ser um catalisador da paz. Talvez meus esforços não tivessem conseguido muito, mas naquele dia, vendo a alegria de Lucien e Matthieu, fiquei extremamente grato por ter tentado.

CAPÍTULO

DEZ

NÃO TENHO PODER

Beirute, 1989

– Lucien, o que deu errado? – perguntei ao meu amigo em seu escritório na Sociedade Bíblica de Beirute. – Ninguém mais além de você agiu de acordo com o plano de paz?

Recostando-se em sua cadeira, ele me olhou por cima de seus óculos de leitura.

– Não muitos – admitiu ele. – Imprimimos os livros, mas a maior parte está em nosso depósito.

– Ninguém parece importar-se de fato. O que está nos atrapalhando?

Lucien tirou os óculos e inclinou-se para frente, tomando um gole de café antes de falar.

– Não, as pessoas realmente se importam. Mas eu penso que o problema está em nós, na Igreja no Líbano. Não temos paz entre nós mesmos, e assim, como podemos ser uma luz para a paz no país? – Ele suspirou profundamente e continuou: – Até entre nossos pequenos grupos de evangélicos há divisão. Uma igreja ensina que uma mulher sem um lenço cobrindo a cabeça não é 'nascida de novo'. Em outra, os carismáticos estão em conflito com os não-carismáticos. Temos problemas para manter nossa própria congregação unida devido às diferenças na música. As pessoas idosas querem hinos acompanhados por piano; os jovens querem corinhos acompanhados por guitarras e bateria. A única razão de isso não ter causado uma divisão é que os nossos jovens foram mais sensatos e se prontificaram a diminuir o volume da música para o bem do grupo como um todo.

Compreendi o problema porque eu o havia observado muitas vezes. Um pouco antes de apresentar o plano de paz, eu havia falado numa igreja batista numa cidade ao norte de Beirute. Duas mulheres entraram na reunião sem os lenços cobrindo a cabeça. Um dos presbíteros apontou para elas e cochichou:

— Provavelmente elas não são nascidas de novo.

Em outra ocasião, eu falava em uma grande reunião de maronitas carismáticos e havia levado comigo alguns amigos evangélicos conservadores — um milagre por si só. Eles gostaram da reunião, mas depois me disseram com tristeza:

— Excelente cerimônia. Pena que eles não eram nascidos de novo.

Assim, certos cristãos haviam tomado para si a função de julgar o coração dos homens e mulheres. Como podiam ser agentes da paz?

Depois tive um encontro com um pastor nazareno. Ele me disse que sua igreja fora destruída e que a congregação não tinha lugar para se reunir.

— O que podemos fazer? — perguntou ele.

Eu sugeri:

— Por que não mandá-los para outras igrejas evangélicas?

Ele olhou para mim com uma expressão de surpresa, como se isso nunca antes lhe tivesse ocorrido.

— Você acha que devemos fazer isso?

As paredes denominacionais são assim tão altas que até nas mais terríveis circunstâncias não podemos ajudar uns aos outros?, pensei.

— Por que não podemos pôr de lado nossas diferenças teológicas para o bem de toda a Igreja? — perguntei a Lucien. — Se não fizermos nada, então não tem jeito.

— Concordo com o seu plano. Você sabe que concordo. Tenho feito o que posso, mas não existem muitos nos seguindo.

Fechei os olhos e tentei compreender o que aquilo significava.

— Eu luto com esta questão: Pode Deus usar cristãos para fazer com que a paz aconteça sem que haja motivação política? Eu creio que ele pode. Se negarmos esse fato, significa que estamos indefesos nas mãos de qualquer manipulador cruel, seja ele religioso ou político.

Aquilo fez surgir uma idéia.

— Lucien, talvez possamos fazer algo para mostrar como funciona. Na lancha para Larnaca, eu pensava nas duas milícias que lutam agora ao redor de sua casa. Você disse que elas são lideradas por cristãos?

— Sim, o general Aoun e o dr. Geagea, ambos são maronitas.

– Então deveríamos apelar a eles, com base em sua fé mútua.

Lucien riu.

– André, o que o faz pensar que a fé deles não seja algo apenas cultural?

– Eu sei. Mas o que podemos *fazer*? O patriarca maronita – ele não tem alguma autoridade? Não pode fazer aqueles homens pararem de lutar entre si?

Agora meu amigo sorria.

– Eu conheço o patriarca. Vou marcar um encontro para nós.

~

As origens da Igreja Maronita remontam à igreja de Antioquia, onde os crentes foram pela primeira vez chamados de cristãos (At 11.26). Um sacerdote chamado Maron, que morreu em 410 d.C., influenciou um grupo desses cristãos. Os seguidores de Maron foram perseguidos e fugiram para as montanhas do Líbano. Eles seguiam uma liturgia ortodoxa oriental, mas desde os tempos das Cruzadas, estiveram sob a autoridade da Igreja Católica Romana.

Com a ajuda dos franceses, os maronitas vinham controlando o poder político desde 1920. Seguindo o Pacto Nacional de 1943, os maronitas sempre ocuparam a presidência devido à suposta maioria de sua população. Mas, nos anos 1970, os muçulmanos os superaram em número e exigiram uma reforma do sistema. Os maronitas não atenderam a reivindicação e essa foi uma das razões para a guerra civil. Durante o conflito, tornou-se notória a sua brutalidade, o que deu ao termo *cristão* uma conotação das mais infames. Alguns consideravam a guerra um caso "dos maronitas contra todos"[1].

Agora os maronitas estavam lutando uns contra os outros. Pensei: *Podia eu apelar ao líder dessa igreja para forçar aqueles combatentes a se reconciliarem?*

O patriarcado da igreja maronita ficava em Bkerke, nos contrafortes acima de Jounieh, exatamente abaixo da famosa estátua de Maria em Harissa. Até aquele momento, o conjunto tinha conseguido escapar da maior parte dos danos da luta. Havia um calmo alvoroço enquanto sacerdotes e secretários corriam por toda parte, administrando os assuntos da igreja. Sua Beatitude, Mar Nasrallah Boutros Sfeir cumprimentou Lucien e a mim na entrada do grande saguão, uma sala luminosa e dourada, com um tapete oriental vermelho que forrava o chão e cadeiras almofadadas vermelhas ao longo das paredes. Três lustres iluminavam a sala, que podia acomodar com facilidade uma platéia de cem pessoas ou mais. Parecia estranho ter uma pequena reunião numa sala tão imensa. Sentamo-nos na extremidade, o patriarca em seu trono, debaixo de um retrato do papa João Paulo II, com Lucien e eu à sua direita. Uma equipe de TV, que aguardava uma entrevista com o patriarca, seguiu-nos para fazer alguma filmagem de apoio.

O patriarca era um homem baixo, calvo, com barba branca como neve. Estava vestido com uma batina preta com uma faixa vermelho-vivo ao redor da cintura. Falava um inglês correto, por isso não precisamos de intérprete; mas sua voz era muito baixa e tive de me esforçar para ouvi-lo.

Eu sabia que nosso tempo era limitado. Aquele homem parecia bastante amigável, por isso fui em frente, explicando quem eu era e o trabalho que tinha feito durante vários anos, primeiro nos países comunistas depois no Oriente Médio. Depois de presenteá-lo com um exemplar em árabe de *O contrabandista de Deus*, eu fiz uma observação, de como notara em minhas viagens recentes muitos jovens na balsa para Chipre que me disseram estar deixando o Líbano definitivamente.

— Todos eles querem sair do Líbano — comentei. — Eu disse a alguns deles que deveriam ficar ou voltar, porque precisam reconstruir o país. Imagino que isso também o preocupe. Sei de milhares de maronitas que deixaram o país.

O patriarca Sfeir assentiu e disse:

— Sou da mesma opinião. Como igreja, estamos encorajando nosso povo a ficar. Mas isso não é possível para eles porque têm de trabalhar; eles têm de comer.

Nos minutos seguintes conversamos a respeito da situação política. Era óbvio que aquele homem era politicamente bem informado, fazendo referência às resoluções das Nações Unidas e a vários grupos que estavam em conflito no Líbano. Mas ele repetia pensamentos que eu já ouvira em outros lugares, que o verdadeiro problema eram os estrangeiros — Síria, Israel, várias nações que supriam armas a várias milícias.

— Cortem as armas — disse-me ele — e tudo estará acabado. Sem as armas, eles param de brigar.

Já que aquele não era o principal propósito de minha visita, mudei de assunto e disse:

— Estou aqui como um irmão em Cristo que está preocupado com o fato de cristãos estarem combatendo uns aos outros. — O patriarca assentia enquanto ouvia. — Tenho desafiado os pastores que conheço a serem agentes da paz.

Tirei um exemplar do plano de paz e entreguei-o a ele.

– Eu creio que pode haver um plano de paz para o Líbano. Gostaria que o senhor ficasse com um. Várias denominações, igrejas e organizações cristãs, como a Sociedade Bíblica, querem proclamar a paz que Jesus Cristo veio dar. Penso que devemos tomar a iniciativa. Mas a minha pergunta ao senhor é: Como pode alguém ser parte da solução se ainda for parte do problema? Especificamente, como podem os cristãos ser levados a sério como pacificadores quando alguns continuam lutando uns contra os outros? Deixe-me dar um exemplo específico: General Aoun e o dr. Geagea. Os dois são maronitas, não são?

O patriarca deu um suspiro profundo e admitiu:

– Sim, eles são.

– Meu amigo aqui – apontei para Lucien – foi pego em meio à luta dos dois. Não faz muito tempo sua casa foi atingida por uma de suas bombas e quase foi destruída. Muitas, muitas pessoas têm sofrido e morrido devido a essa guerra. Não podemos fazer algo para interrompê-la?

O homem parecia genuinamente aflito.

– Eu sei. Isso é mau. Tenho pensado em excomungar os dois, mas não acho que isso faria algum bem.

Decidi enfatizar meu ponto de vista:

– O senhor é bispo deles. Certamente, o senhor pode convocar os dois a esta sala. Tê-los ajoelhados exatamente aqui neste tapete vermelho. Dizer-lhes que se arrependam de seus pecados e parem de combater um ao outro. Certamente o senhor tem autoridade para fazer isso!

Calei-me e aguardei. Ele não disse nada, olhando fixamente para o tapete vermelho. Depois respirou fundo e disse:

– André, você não compreende. –Encarou-me com olhos tristes, levantou as palmas das mãos dos braços de seu trono e disse: – Eu não tenho poder sobre esse assunto. Não há nada que eu possa fazer.

Lucien e eu saímos do palácio sentindo uma profunda tristeza. Como era trágico o fato de cristãos se combaterem mutuamente e o líder de sua denominação sentir-se impotente para detê-los. Aquele país precisava de pessoas que assumissem riscos e *fizessem* alguma coisa. Bem, eu não ia aceitar que não havia nada que pudéssemos fazer. Com a ajuda de Deus, eu demonstraria que os cristãos não são impotentes.

CAPÍTULO

ONZE

ENCONTRO COM UM AIATOLÁ

Beirute, 1990

Era raro o sono profundo ou tranqüilo para aquele homem de meia idade deitado num colchão numa diminuta cela de porão. Quando se virava, sentia o puxão da corrente que prendia seu tornozelo ao aquecedor e o impedia de achar uma posição confortável. Colocou a mão na testa. Estava fria e úmida. As dores musculares o convenceram de que lutava contra uma febre.

Sons do trânsito entravam na cela, dizendo-lhe que estava amanhecendo. Outro dia de cativeiro, outro dia em que os motoristas e pedestres lá fora continuariam sem saber que um ilustre refém padecia tão perto deles.

O barulho de uma chave na porta o arrancou de sua letargia. De um salto, pegou a venda e rapidamente a amarrou em volta dos olhos. Várias vezes seus captores o haviam lembrado:

— É melhor cobrir os olhos quando entrarmos; caso contrário, vamos ter de matá-lo.

Ele conseguiu ver os sapatos do carcereiro aproximando-se dele.

— Está com fome? — perguntou uma voz.

Sem esperar resposta, um prato e um copo foram colocados junto ao colchão. O desjejum era uma xícara de chá morno e um pedaço de pão sírio amanhecido com um pedaço de queijo.

Quando o carcereiro saiu da sala e trancou a porta, o prisioneiro pensou: *Há quanto tempo venho suportando esta rotina?* Perdera a conta dos dias e semanas. A julgar pelas estações, teriam sido três anos. E não havia perspectiva de terminar. Devido ao hábito, curvou a cabeça e orou:

— Senhor, eu Te agradeço por este pão, pelo queijo e pelo chá.

Ele parou de falar. Era de fato aquilo que ele queria falar? Estava realmente grato por seu pão diário? Quantas vezes dera graças ao longo dos anos de forma orgulhosa, quando tinha em abundância. Agora, somente podia confiar na piedade de seus seqüestradores. E apoiar-se na graça de seu Deus.

A esperança desaparecera há meses. Ele ainda orava. Não havia outras opções; se não orasse, ficaria louco.[1]

Durante muito tempo tinha sido perigoso viajar para Beirute. No fim da década de oitenta, entretanto, aumentaram as advertências de meus amigos antes de cada viagem:

– Não é seguro para os ocidentais. Você pode ser o próximo refém. Você deve esperar até as coisas se acalmarem.

Mas as coisas não se acalmavam havia anos. Ignorei o conselho e viajei várias vezes ao Líbano. Não que eu tivesse vontade de morrer. Cria que Deus me chamara para ajudar meus irmãos e irmãs que viviam em meio à guerra e uma das melhores formas de ajudá-los era *estar* lá com eles.

Em 1984 foram feitos os primeiros reféns. A maior parte dos seqüestros ocorrera em Beirute Ocidental. O que normalmente acontecia era homens armados emboscarem um estrangeiro que estivesse sozinho perto de sua casa. Os seqüestradores em geral agiam em plena luz do dia, porque ninguém se atrevia interferir com eles. A identidade dos grupos que capturavam dezenas de cidadãos americanos, britânicos e franceses ficava em geral obscurecida. Um grupo freqüentemente citado era a Jihad Islâmica, mas ninguém parecia saber quem realmente eles eram. Pegavam acadêmicos, jornalistas, comerciantes e clérigos.

Apesar de nenhum holandês ter sido capturado ainda, seria ingênuo pensar que eu não poderia ser um alvo. Tomava cuidado para não andar sozinho em certas áreas da cidade. Normalmente meus anfitriões me levavam a vários compromissos e palestras onde eu falava.

Claro que eu queria evitar ser seqüestrado, mas estava preocupado com o que estava acontecendo e queria saber as razões dos seqüestradores. O que eles esperavam conseguir em troca daqueles reféns? Dinheiro? Vantagem política? Troca de prisioneiros? Muitos reféns estavam confinados há anos, mas ninguém sabia onde. Já não bastasse aquilo ser perturbador, havia o fato de até mais libaneses terem sofrido o mesmo destino. Muçulmanos xiitas estavam sendo mantidos prisioneiros por Israel no sul do Líbano, mas a imprensa raramente fazia menção a eles. Eram simplesmente contados entre os mortos daquela interminável guerra civil.

Comecei a pensar se deveria fazer algo. Mas, o quê? Não conhecia nenhum refém pessoalmente, mas conhecia pessoas que os conheciam e doía ver a angústia delas. Uma pessoa me disse que orava constantemente por um amigo que estava seqüestrado havia mais de três anos.

— Tivemos bem poucas notícias — disse ela — mas ouvi dizer que ele não está bem. Não quero que morra naquele porão ou onde quer que o estejam mantendo.

Os líderes da igreja local em Beirute sentiam-se de mãos atadas. Se tentassem intervir, arriscariam a vida e, mais importante, a segurança de suas igrejas. Mas ponderei que comigo poderia ser diferente. Eu não era um morador dali. Não era americano ou britânico. Talvez pudesse lançar uma luz sobre a situação. O relato de meu amigo sobre o sofrimento concreto de um refém fez surgir uma idéia. Talvez eu pudesse negociar uma troca. Meus filhos estavam crescidos e meus negócios em ordem, por isso eu estava disposto a tomar o lugar de alguém. Não resolveria a situação de todos os reféns, mas poderia ser um começo. Mas a quem eu levaria essa idéia?

~

A mesquita no distrito sul de Beirute estava apinhada de pessoas que vinham para as orações da sexta-feira, principalmente jovens, muitos com turbantes brancos, sentados em tapetes e com as pernas cruzadas. Algumas mulheres com véus pretos observavam de uma galeria. Em uma outra, menor, de frente para a multidão, estava um eminente senhor de turbante preto, túnica prateada e capa preta. A barba grisalha muito bem cuidada, de no mínimo 15 centímetros de comprimento, emoldurava o rosto oval. Ele falava em um microfone, calmamente, porém com uma autoridade que prendia por completo a atenção dos ouvintes. Abaixo do orador, meia dúzia de seguranças com barbas negras, vestidos com camisas de mangas compridas e calças esporte, mantinham uma atenção respeitosa. De costas para o orador, perscrutavam constantemente a multidão para terem certeza de que não havia ninguém com a intenção de ferir seu amado imã. Todos se lembravam do ataque alguns anos antes quando pistoleiros haviam metralhado o carro do imã. Apesar de ele ter escapado ileso, uma bala se alojara em seu turbante.

Para muitos na multidão, aquele serviço religioso era o ponto alto da semana. Durante os últimos anos, o aiatolá Sayyid Muhammad Husayn Fadlallah[2] vinha pregando a mensagem de um islamismo revolucionário. Fitas de seus sermões eram vendidas às dezenas de milhares nas ruas de Beirute. Ele articulava os anseios dos xiitas durante anos politicamente sobrepujados pelos maronitas e sunitas. Ao expressar suas frustrações, o xeque Fadlallah fornecia a inspiração para uma nova força política e militar no Líbano, o Hezbollah, ou "partido de Deus".

Esse poderoso clérigo nascera em Najaf, principal cidade sagrada xiita do Iraque, onde o primo e genro de Maomé, Ali, está enterrado. De Ali surgira o ramo do islamismo conhecido como xiismo e Fadlallah tinha prosperado naquele centro de aprendizado xiita[3]. Concluídos os estudos, ele escolheu como seu local de trabalho um dos mais pobres campos de refugiados palestinos de Beirute. Durante anos sua influência crescera pela combinação de obras sociais — clínicas, clubes para jovens e uma escola de estudos islâmicos — e sua poderosa habilidade de oratória. Capturava a imaginação dos jovens frustrados e a enchia com uma visão para o islamismo — uma fé que transcendia o nacionalismo árabe e reposicionava o conflito entre palestinos e israelenses como uma guerra de implicações mundiais. Para Fadlallah e seus milhares de seguidores, o conflito no qual estavam envolvidos era uma guerra entre o islamismo e os infiéis.

A visão de Fadlallah para o Líbano era a de um país livre de influência estrangeira, com todos os grupos religiosos vivendo em harmonia sob o domínio do islamismo. Chegara o momento de o islamismo levantar-se e recuperar a grandeza que desfrutara séculos atrás. Os pobres e privados de direitos que formavam a maior parte da população se regalavam com suas palavras. Na mesquita, o público ouvia seu apelo a uma profunda fé pessoal vivida em dedicação à causa: "É o indivíduo que irá pegar em armas, que irá pilotar o avião. Digam-me, por Deus, como o indivíduo promoverá esta causa crucial, a não ser que tenha profunda fé e firmeza moral, para que não venha a se render à tentação?"[4]

Nervoso, eu batia de leve o bico do sapato no chão, enquanto aguardava sentado no saguão do Garden Hotel em Beirute Ocidental. No meu colo, embrulhada em papel liso, estava uma Bíblia grande e dourada, em árabe, que eu comprara de meus amigos na Sociedade Bíblica. Eu havia feito uma investigação sobre os reais responsáveis pelos seqüestros e descobrira que por trás do obscuro grupo chamado Jihad Islâmica estava o bem organizado movimento Hezbollah, inspirado pelo carismático pregador islâmico, o aiatolá Fadlallah. Pedira para encontrar-me com ele e o homem que providenciou a reunião e que, ironicamente, chamava-se Jihad, era também o meu intérprete.

O que impediria o Hezbollah de me acrescentar à sua coleção de reféns? Eu havia pensado e orado a respeito disso e chegado à conclusão de que não estava com medo de juntar-me a seus prisioneiros, mas preferia fazê-lo do meu jeito.

De repente vários homens entraram no saguão. O recepcionista atrás do balcão olhou atentamente para nós, e os outros que ali estavam saíram rapidamente. Levantei-me quando o homem que estava no comando, depois de dar uma olhada em redor, aproximou-se de mim.

– Seu nome é André?

– Sim, eu sou Irmão André.

– O senhor tem carro?

– Sim, está estacionado aqui em frente.

– Então, siga-nos. – Um dos homens manteve a porta aberta e outros quatro me cercaram enquanto saíamos do hotel. Logo em frente estava uma *van* convertida em um tanque de guerra improvisado. Pude ver armas apontadas pelas janelas. Alguns espectadores curiosos observavam do outro lado da rua e pensavam se não seria outro seqüestro.

Jihad e eu entramos no carro dele e começamos a seguir a *van*. Na frente dela ia um carro com as luzes e sirenes ligadas. Outro carro, cheio de homens mal-encarados, nos seguia. O comboio logo aumentou a velocidade para mais de 90 quilômetros por hora. O carro da frente avançava garantindo que os cruzamentos ficassem livres. Como ninguém se atrevia a nos desafiar, atravessamos todos os semáforos (muitos dos quais não funcionavam) sem impedimento. À medida que os pneus cantavam atravessando várias ruas estreitas, não pude deixar de rir ante o absurdo da cena. Entramos em seguida na estrada principal em direção ao aeroporto. Eu sentia como se estivéssemos numa cena de perseguição de um filme de James Bond.

A "cena de perseguição" durou cerca de 30 minutos. Depois passamos por um posto de fiscalização fortemente protegido e paramos num estacionamento. Uma fileira de soldados bem-armados cercava a área de estacionamento. Um deles agarrou meu embrulho, observou atentamente o papel e apalpou as beiradas para ter certeza de que se tratava de um livro e não de uma bomba. Sorri para os homens e satirizei:

– É um bocado de precaução contra um holandês desarmado!

Alguns deles sorriram e assentiram, provavelmente sem entender uma só palavra que eu dissera.

Rapidamente fui escoltado até uma sala de espera onde me recebeu um homem de barba preta rente, com camisa social branca e calça esporte, mas sem gravata.

– O xeque o aguarda e o verá em alguns minutos. O senhor aceita café?

Com exceção dos soldados ali presentes, aquilo poderia ser um escritório ocidental qualquer. Os telefones tocavam. Um jovem usava uma fotocopiadora. A única coisa destoante era que ali não trabalhava mulher alguma. Um soldado, fuzil pendurado no ombro, serviu-me uma pequena xícara de um delicioso café.

Enquanto bebericava meu café, eu orava: *Senhor, dá-me as palavras exatas para eu falar a este homem. Tu te entregaste a ti mesmo por mim na cruz. Eu agora estou disposto a me dar por um de meus irmãos. Que isto seja uma luz nas trevas.*

O telefone tocou, o recepcionista atendeu e depois acenou para mim.

– O xeque o verá agora.

Dois soldados me escoltaram por um pátio de paralelepípedos até outro edifício e depois por um lance de escadas. Entramos numa grande sala de recepção, onde havia cadeiras ao longo das paredes.

Um dos assistentes do xeque me recebeu, cumprimentou-me e mostrou um gravador.

– Espero que o senhor não se importe se gravarmos esta conversa. O xeque quer que gravemos todas as suas reuniões.

– Claro que não – respondi.

– Então estamos prontos.

Um conjunto de duas portas se abriu para outra sala, também com cadeiras enfileiradas junto às paredes. Em pé, ao lado de sua cadeira que ficava contra a parede oposta, estava Muhammad Husayn Fadlallah, trajando uma longa túnica cinza, coberta por uma espécie de beca preta e com um turbante preto na cabeça.

Eu me apresentei e nos cumprimentamos com um aperto de mão.

— Trouxe um presente para o senhor — disse eu enquanto desembrulhava a Bíblia e a entregava com as duas mãos.

Ouvi um clique de câmara fotográfica no momento em que ele recebia o livro grande e dizia suavemente:

— *Shukran*[5]. — Em seguida indicou que deveria sentar-me à sua esquerda. Jihad sentou-se à minha direita e dois assistentes de Fadlallah sentaram-se à minha frente.

Um fino papel de parede em padrão cinza cobria as paredes da sala; cortinas cinza, combinando com a túnica do xeque, decoravam a grande janela à direita de Fadlallah. As cadeiras restantes estavam vazias, mas pude imaginar que aquela sala estava freqüentemente cheia de clérigos muçulmanos e de líderes políticos. A única peça decorativa era uma foto emoldurada do aiatolá Khomeini olhando-nos com austeridade. O clérigo e governante iraniano, apesar de morto no ano anterior, ainda era líder espiritual e político para o movimento islâmico radical no mundo árabe. Do meu ponto de vista, o xeque Fadlallah estava, dessa forma, declarando suas raízes.

— Estou grato por ter me recebido — disse eu e imediatamente Jihad traduziu para o árabe. — Venho ao Líbano há muitos anos. Sou cristão e estou aqui representando Jesus Cristo, na tentativa de fazer o que puder para trazer paz a este país.

O xeque assentiu. Com a mão direita ele mexia no manto distraidamente; entre os dedos da mão esquerda, tinha um cordão de contas de oração.

— E é por isso que quero presenteá-lo com um exemplar da Bíblia. Eu não sei o que o Alcorão diz sobre a tomada de reféns, mas sei o que a Bíblia diz e Deus é contra essa prática. É por isso que espero que o senhor leia este livro. É o presente que lhe ofereço.

Ele sorriu e respondeu, no momento em que um auxiliar entrou e ofereceu a cada um de nós uma xícara de café forte:

— Somos amigos dos cristãos. Eles são nossos irmãos. Se muçulmanos e cristãos lessem os livros sagrados uns dos outros, poderiam se entender melhor.

Tomei um gole de café e depois comecei a abordar meu principal motivo para a reunião com ele.

— Nesse espírito de cooperação, creio que Deus quer que o senhor liberte os reféns. Todos eles.

Ele não respondeu imediatamente e eu prendi a respiração. Depois, com voz macia de barítono, ele disse:

— Não vejo como posso ajudá-lo.

— O senhor é o chefe do Hezbollah. Certamente pode ordenar a libertação deles.

Seu rosto se contorceu num sorriso desajeitado.

— O senhor pode reunir-se com os líderes do Hezbollah, mas eu não represento o Hezbollah.

Tenho certeza de que minha face demonstrou surpresa.

— Disseram-me que o senhor era o homem com quem eu teria de falar se quisesse fazer contato com o Hezbollah.

— A alegação de que sou o líder do Hezbollah não é verdadeira. Não sou líder de nenhuma organização ou partido.

— Então, quem representa o Hezbollah?

— O Hezbollah tem seus líderes. O senhor pode reunir-se e conversar com eles.

O inglês do meu tradutor era tacanho e eu não tinha certeza de estar sendo compreendido. Mas de uma coisa eu estava certo — o xeque Fadlallah era a inspiração espiritual por trás do movimento do Hezbollah. Ele podia não administrar a organização no dia-a-dia, mas certamente exercia uma grande influência sobre ela. Se havia uma mensagem que eles precisavam ouvir, certamente Fadlallah poderia levá-la.

Então, qual era a minha mensagem? Havia entre os reféns um homem, um cristão dedicado. Ele fora seqüestrado há três anos e eu tinha ouvido falar que ele não estava bem.

— Eu vim totalmente preparado para ficar aqui e tomar o lugar desse homem — disse eu, dando o nome do refém.

Aquilo produziu a primeira reação genuína no xeque. Ele voltou-se para mim com uma expressão de choque no rosto — uma expressão que sugeria dizer: *Você está louco?*

— Esse homem já sofreu demais — continuei. — Deixe-o voltar para sua esposa e filhos. Eu coloquei minha casa em ordem. Eu fico no lugar dele. Acorrente minhas mãos e pés. Coloque-me no porão escuro. Mas deixe-o ir.

Durante uns instantes não houve resposta. Olhei fixamente para ele na tentativa de ler seu rosto e gestos. Mas, como um campeão de pôquer, ele não deixou transparecer nada. Depois disse calmamente:

— Como pode dizer isso?

— Esse é o espírito de Jesus — respondi, já com a defesa preparada. — Ele morreu na cruz para nos libertar. Ele morreu para que vivêssemos. Agora eu estou pronto para me entregar para que o meu amigo possa ficar livre. O cristianismo é tudo isso.

– Eu nunca ouvi falar desse tipo de cristianismo – disse Fadlallah. E foi sobre isso que conversamos. Falei-lhe que o meu papel como evangelista era pregar o evangelho, a boa nova de que Deus pagara o preço por nossos pecados por meio da morte de Jesus na cruz. Eu sabia que os muçulmanos não acreditavam que Jesus morreu, mas sim que Judas assumiu seu lugar na cruz e que Jesus foi levado para o céu. Mas a conseqüência dessa crença é que os muçulmanos não sabiam nada a respeito da liberdade. Os aiatolás Fadlallah e Khomeini sabiam tudo sobre leis, mas nada a respeito da graça. Aquela mensagem era nova para o meu anfitrião.

O tempo passou rápido. Um auxiliar levantou-se para lembrar o xeque de que outro grupo aguardava na ante-sala para vê-lo. Fadlallah levantou-se e um fotógrafo tirou algumas fotos de nós. Quando a porta dupla se abriu, ele voltou-se para mim e disse:

– Obrigado por ter vindo. Sinto não poder aceitar sua oferta. Mas, por favor, volte a me visitar sempre que estiver no Líbano.

Será que eu esperava de fato que o xeque Fadlallah fizesse a intermediação, trocando-me por outro refém? Era uma oferta verdadeira e penso que ele percebeu minha sinceridade. Mas depois me dei conta de que ele se distanciara intencionalmente dos agentes menos graduados do Hezbollah que estavam combatendo e seqüestrando ocidentais. Certamente ele poderia ter comunicado minha oferta e influenciado a decisão deles. Mas talvez o propósito daquela reunião não tivesse sido os reféns. Talvez tivesse sido a alma do próprio aiatolá.

CAPÍTULO

DOZE

VEJA SURGIR O FILHO DA JUSTIÇA

Mansouriyeh, Líbano, 1990

Uma brisa fresca vinda do oeste varria o pátio onde setecentas cadeiras estavam postas em frente a um palco e entrava pela janela aberta da biblioteca do Seminário Batista Árabe, onde eu relaxava um pouco antes de falar na última noite de uma conferência evangelística de quatro dias. Mais de 300 pessoas haviam estado presentes na primeira noite e a multidão aumentara em uma centena a cada noite. Eu estava entusiasmado com a resposta. Muitas igrejas estavam representadas e as pessoas tinham trazido amigos e vizinhos.

Olhei para o pátio e orei por aqueles que logo estariam ocupando aqueles assentos. Depois voltei para a sala. Quantas vezes eu tinha visitado aquela escola! Tratava-se de uma instituição importante por ser um dos poucos seminários de língua árabe da região e ter alunos de muitos países. Eu acreditava que, para fortalecer a Igreja no Oriente Médio, era imperativo o sólido treinamento de pastores e líderes. Por isso eu apoiava a escola de todas as formas possíveis e a Portas Abertas contribuía com dinheiro. Infelizmente, a guerra civil impedira muitos alunos de viajarem até lá, mas meu amigo e presidente do seminário, Ghassan Khalaf, trabalhava incansavelmente para manter a escola aberta para que, quando a guerra acabasse, estivesse pronta para receber alunos de vários países árabes.

O som de alguns estouros interrompeu meus pensamentos. A brisa trouxe mais do que um ar refrescante; com ela veio também o som de tiros vindos da cidade de Beirute. Pensei em cada pessoa puxando um gatilho, extravasando sua frustração e ódio. Depois pensei nas balas atingindo um alvo, explodindo, levando medo, dor, ferimentos e morte. Imaginei as pessoas gritando e correndo, as ambulâncias a toda velocidade com as sirenes ligadas. Haveria fim para aquilo algum dia?

Meus olhos percorreram uma estante de livros à procura de um volume em particular. Não o encontrei, mas não era preciso, porque anos atrás, aquele livrinho tinha me desafiado enquanto me preparava para falar para seminaristas numa cerimônia que aconteceria numa capela. O título era *E se este fosse o seu último sermão?* [*What if this was your last sermon?*] Essa é uma pergunta que todo pastor devia fazer e que sempre rondara minha mente. E se aquele culto evangelístico fosse a última mensagem que eu iria pregar? Eu mudaria o que tinha planejado dizer? O que diria se soubesse que aquela seria minha última prece? Para onde eu iria se soubesse que aquela era minha última viagem?

Levantei as mãos para o céu e agradeci a Deus pelo privilégio de servi-lo ali no Líbano. "Senhor, que eu tenha a tua mensagem esta noite para esta grande reunião", orei em voz alta.

Um conjunto musical começou a tocar enquanto as pessoas aos poucos enchiam o pátio. Os jovens constituíam a maior parte do auditório e a música era mais vibrante do que se ouvia em muitas igrejas — mais da preferência deles. Apesar de ainda faltar mais de uma hora para eu falar, entrei no local da reunião, absorvendo o cântico caloroso. Não entendia as palavras que eles estavam cantando, mas podia sentir o amor do coração deles pelo Senhor que louvavam.

Escolhi um assento em uma das fileiras da frente e olhei em volta. Meus olhos foram atraídos por um jovem de seus 25 anos. O nome dele era George e duas noites antes ele ficara em pé quando lancei um desafio e rededicou sua vida a Cristo. Ele tinha sido ferido gravemente a bala durante a guerra e estava com o lado esquerdo parcialmente paralisado. Virou-se e sorriu para mim. Olhei em seus olhos na tentativa de lembrar qual deles era o saudável. Quando o cântico de louvor seguinte começou, notei os calçados do jovem — tênis altos, de basquete, com listras azuis e quadrados verdes, em grandes letras no calcanhar, a palavra *PULE*. Que ironia! George nunca mais pularia.

Durante um intervalo entre os cânticos, George veio mancando até mim e me deu um grande abraço.

— Irmão André, senti sua falta.

— Só faz um dia que não vejo você! — respondi, dando risada. — Mas saiba que também senti saudade de você!

Naquela noite minha mensagem baseou-se no curto livro de Jonas. Era uma história que todos apreciavam e ela me deu a oportunidade de destacar vários pontos.

— O problema de Jonas foi não estar disposto a fazer a vontade de Deus. O problema de Nínive era estar perdida — totalmente perdida. E somente Jonas sabia como resolver isso. Deus também tinha um problema. Ele não tinha outros mensageiros. Infelizmente, Jonas gastou o dinheiro de Deus em um cruzeiro pelo Mediterrâneo, indo para a direção errada. Ele escondeu-se. Dormiu. Roncou!

Meu intérprete não teve de traduzir meu alto ronco no microfone. A multidão riu surpresa. Estavam gostando da história, mas minha intenção não era divertir. Eu disse como Jonas se oferecera para morrer para salvar os marinheiros na tempestade e como Deus providenciara um peixe para resgatá-lo.

— Deus ainda amava Nínive — disse eu. — Depois de uma viagem dentro do grande peixe, Jonas chegou, proclamou a mensagem de Deus e viu o maior reavivamento de todos os tempos. Pensem nisto — a cidade *inteira*, incluindo o rei, se arrependeu. Mas Jonas ficou feliz? Ele não amava a cidade que Deus amava. Jonas os via como inimigos em vez de pessoas perdidas. Queria que se perdessem mesmo, enquanto Deus queria a salvação deles.

Virei-me e apontei para a cidade abaixo de nós.

— Sei que muitos de vocês provavelmente pensam como Jonas. Vocês vêem e ouvem o combate dia após dia e querem fugir. Sentem que é irremediável, que esta cidade nunca poderá ser conquistada para Cristo. Se vocês crêem dessa forma, lembrem-se que Jonas falhou para com seu Senhor na primeira vez, mas Deus lhe deu uma segunda oportunidade. Às vezes todos nós desapontamos o Senhor. Ficamos deprimidos e talvez até o neguemos, mas Deus nos dá uma segunda oportunidade. "A palavra do Senhor veio a Jonas *pela segunda vez* com esta ordem: 'Vá à grande cidade de Nínive e pregue contra ela a mensagem que eu lhe darei' ". Deus não disse: "Jonas, você é um inútil". Ele disse para Jonas levantar-se e começar de novo.

Como fazia todas as noites, dei oportunidade às pessoas de terem um encontro com Jesus Cristo e várias no auditório levantaram-se. Mas eu tinha também um desafio para os cristãos. Havia uma cidade amada por Deus exatamente abaixo de nós. Quem levaria a boa nova a Beirute? Mais pessoas começaram a ficar em pé, muitas com lágrimas descendo pelo rosto. Logo quase toda a congregação estava em pé, pronta para ser agente pessoal de Deus em favor da paz em uma cidade desesperadamente carente de esperança.

Lembrei-os de que Jonas sentou-se a leste de Nínive.

— Por que o leste? Porque então ele podia ver o sol se pôr sobre Nínive. Estamos aqui nas montanhas no lado leste de Beirute, o lado cristão. O oeste é a parte muçulmana da cidade. Queremos ver aquelas pessoas destruídas? Não seria melhor sentarmos a oeste da cidade para observar o sol nascer? Digo isso porque o Filho da Justiça elevar-se-á sobre os pagãos, sobre o mundo, sobre as nações. Por isso, não nos assentemos no lado leste para observar a queda da cidade. Mudemos de posição. Mudem-se para o lado oeste e vejam surgir o Filho da Justiça de Deus. Não desistam! Não cedam ao pessimismo.

Sim, aquelas pessoas podiam fazer diferença, se permitissem que Deus as usasse, se recusassem comportar-se como Jonas, que virou as costas e fugiu. Pensei em meu amigo Naji e em como eu lhe pedira para me ajudar a realizar uma campanha evangelística em Beirute Ocidental. Não tinha sido possível e eu me dera conta de que provavelmente nunca veria aquele sonho realizado. Mas, por outro lado, os homens e mulheres ali na minha frente podiam fazer mais com suas vidas do que eu jamais poderia numa campanha solitária. Eles eram a Força da Luz incumbida de proclamar esperança e paz para Beirute e o Líbano.

~

Ghassan Khalaf foi um dos fiéis servos de Deus que permaneceram firmes durante a guerra, mantendo suas ambições acadêmicas em suspenso — durante dez anos ele pouco progrediu em sua tese de doutorado — para pastorear uma igreja e dar estabilidade ao Seminário Batista Árabe, abrigado nas colinas acima de Beirute. Ao término da última noite de conferências, ele me convidou para jantar. Parecia satisfeito com os resultados da campanha, com aproximadamente 600 pessoas presentes à reunião final. Mas havia também uma expressão de cansaço em seu rosto. Quinze anos vivendo e ministrando no que ele chamava de "inferno aberto" o haviam envelhecido.

O seminário mal sobrevivia. Para ilustrar a situação, Ghassan colocou um livro na extremidade da mesa onde estávamos jantando.

— Estou vivendo o tempo todo assim. Como você pode ver, o livro está quase caindo. Se eu fizer a menor pressão sobre ele, cairá. Encontrei você pela primeira vez em 1979 e a Portas Abertas já sustentava o seminário antes disso.

Você pode ver que cada dólar que o seu ministério manda para a escola é de muito valor. Ele está nos mantendo vivos. Não estamos derrotados. Pergunte-me: "Ghassan, como vai a sua fé?" Eu digo: "Deus é fiel!" Minha fé cresceu nestes anos.

Pedi-lhe que me contasse como estava sua igreja. Ele fechou os olhos por um momento, depois me contou um incidente, quando de uma visita sua a uma jovem senhora que havia perdido o marido em um conflito recente, ficando com três crianças pequenas.

– Havia muitos amigos lá, tentando confortá-la. Quando ela me viu, gritou: "Eu não acredito em Deus! Não me fale a respeito dele! Ele não se importa conosco! Está apenas observando-nos e deixando-nos morrer!" André, senti uma onda de compaixão por ela. Ela disse apenas o que milhares de libaneses estão sentindo.

– E o que você diz a essas pessoas? – perguntei.

– Depois que ela se acalmou, eu disse: "Querida, o que você afirmou a respeito de Deus seria verdadeiro se ele não tivesse se tornado carne e morrido na cruz para nos redimir. Isso prova que Deus, de fato, se importa. Deus, em Cristo, envolveu-se em nossa situação. Pelo fato de ele ter passado pelo sofrimento, é capaz de ajudar os que sofrem. Você crê nisso?" Ela assentiu. Eu sei que ela acredita, mas é muito difícil.

– Você tem de ministrar a pessoas como essa mulher, mas está sofrendo também.

Meu amigo concordou:

– Lembro-me de um período negro quando, dia após dia, choviam morteiros e mísseis. Nenhum lugar foi poupado dos estilhaços. Todos corriam perigo de terem as casas queimadas ou de perder o dinheiro, o carro, as posses ou até mesmo a vida. Eram dias de desassossego. Lembro-me desses dias de confusão, quando pedi a Deus vitória sobre os sentimentos de ansiedade.

– E ele deu paz?

Ghassan sorriu ao responder:

– Certa noite sonhei que meu carro fora roubado. O ressentimento me atacou. Um conflito começou em minha alma entre queixa e contentamento. Depois de uma luta atroz entreguei-me por completo e aceitei a perda. Então acordei. Fiquei feliz por ter sido apenas um sonho. Mas depois pensei: *É lindo ser vitorioso em um sonho, mas é mais glorioso ser vitorioso sobre a ansiedade na vida real, acordado.*

– Quando Deus lhe dá essa paz, então você pode passá-la a outras pessoas.

– Há pessoas – nós as chamamos de "os ricos da guerra" – que têm lucrado com a guerra. Mas para os filhos de Deus, esta tem sido uma oportunidade para provar a autenticidade da nossa fé. Nós nos tornamos os "ricos da guerra" no plano espiritual.

Fiquei profundamente emocionado com o modesto testemunho daquele homem a respeito da fidelidade de Deus. Então ele, sobriamente, acrescentou:

– Sabe, durante anos quase todos os missionários e agências missionárias saíram do país. Foram para Chipre, Atenas, Istambul e Amã. Restaram aqui as igrejas locais e os nativos. Sentimo-nos abandonados. Sentimo-nos isolados da nossa família maior. Nenhum líder evangélico do Ocidente veio aqui perguntar: "Como vocês estão? O que vocês estão sentindo? Do quê vocês precisam?"

Então ele começou a rir:

– Até que veio você! Sabe o que significa o Irmão André vir ao Líbano e viver conosco entre mísseis, bombardeios e dificuldades? Esse é o valor de suas visitas. Sempre que você vem, há o espírito de reavivamento em meu coração.

Harderwijk, outubro de 1991

A guerra acabara. Tinha já havido promessas anteriormente, mas daquela vez a paz parecia estar sendo mantida. Em outubro de 1989 a Assembléia Nacional Libanesa, depois de muita discussão, chegara a um acordo em Taif, Arábia Saudita, que dividia o poder de forma igual entre muçulmanos e cristãos maronitas e apelava para a dispersão das milícias. O general Aoun rejeitara o acordo, mas muitos dos outros líderes, talvez cansados da guerra, o assinaram. As mudanças tinham sido lentas, mas pouco a pouco o combate cessou.

Depois de ouvir uma notícia na BBC sobre o Acordo de Taif, desliguei a televisão e refleti sobre o que fora conquistado durante 15 anos de sangrenta guerra civil. A OLP fora expulsa pelos israelenses. Os sírios haviam invadido e ainda reivindicavam a presença no país – não havia evidência de planejarem sair tão logo. Israel mantinha uma zona de proteção para segurança na parte sul do Líbano. Um novo poder muçulmano fundamentalista emergira sob o nome de Hezbollah, o partido de Deus. E a estrutura política permanecia basicamente inalterada, apesar de supostamente mais representativa da população. Só o tempo mostraria se aquela era uma paz verdadeira e duradoura.

E quanto à igreja no Líbano? Não havia dúvida de que tinham morrido milhares de cristãos de várias denominações. Muitos mais tinham fugido e, provavelmente, nunca mais voltariam para sua terra natal. E, em minha avaliação, a Igreja quase não tinha impacto no processo de paz. A Igreja simplesmente sobrevivera e eu não tinha certeza se ela estava mais forte ou mais fraca. Certamente havia uma quantidade de fiéis servos de Deus que perseveravam e eram seus instrumentos durante o conflito. Além do fato da existência de conferências evangelísticas onde pessoas, sedentas de paz em sua alma atribulada, vinham conhecer o Príncipe da Paz. A presença de Deus permanecia no Líbano, mas a Igreja era tudo o que deveria ser?

E quanto à minha contribuição pessoal? Eu havia feito uma média de duas viagens por ano ao Líbano nos últimos 15 anos, tentando encorajar os líderes da igreja. Entregara milhares de folhetos e Bíblias. Pregara em toda parte onde fora convidado. Tentara desafiar a Igreja, principalmente insistindo em que fosse proativa no processo de paz. Eu dera também uns passos adiante, na tentativa de fazer o que talvez os cristãos locais não pudessem, ao falar com políticos, militares e líderes religiosos – com a OLP, os drusos, o Hezbollah, os maronitas e outros. Havia muitas coisas que eu fizera e que poderia mencionar. Mas com que finalidade?

Olhei para uma carta manuscrita que recebera do meu amigo e tradutor, Jihad, depois de nossa reunião com o aiatolá Fadlallah: "Prezado Irmão André. Nunca vou esquecer quando o homem de cabelos grisalhos e olhos azuis veio do Ocidente livre a este complicado Oriente Médio para afiançar a libertação de seus e dos nossos irmãos que estão em cativeiro, apresentando-se em sacrifício. Nunca vou esquecer de você, Irmão André. Sinceramente, Jihad".

Ali estava um muçulmano a quem minha vida tinha comovido. Aquilo era bom. Mas meu principal trabalho era com a comunidade cristã local. A Igreja estava melhor em conseqüência dos meus esforços? Ela estava preparada para ser o instrumento de Deus em um novo Líbano? Na verdade eu não podia responder àquelas perguntas. Só sabia que pouco podia ver quanto aos resultados. "Senhor, existe um caminho melhor?", eu disse em voz alta, tarde da noite, no silêncio do meu quarto. "Tenho trabalhado no Oriente Médio há mais de 20 anos. Posso apontar muitas pessoas com quem me encontrei e as atividades que realizei. Mas foram as pessoas certas, as atividades corretas? Quero fazer coisas que sejam significativas".

Quanto a uma coisa eu estava absolutamente certo. *Deve* haver uma Igreja vibrante no Oriente Médio. Se deixarmos a Igreja desaparecer, então estamos nos livrando dos cristãos de uma forma tão eficaz como qualquer muçulmano fundamentalista gostaria de fazer. Então, qual seria a esperança para a região? Não haveria fim para o conflito. Talvez os cristãos não pudessem acabar com a guerra, mas certamente seriam uma luz na escuridão.

Meus pensamentos flutuaram para o sul, para uma terra que eu amava, o país de Israel. Estivera lá várias vezes desde minha primeira viagem em 1968. Como no Líbano, visitara líderes de igrejas. Ultimamente o conflito entre palestinos e israelenses tinha aumentado e isso estava causando problemas para os cristãos. O Líbano podia estar tranqüilo, mas havia uma intifada na Terra Santa. Senti que era o momento de dar mais atenção àquela região. "Senhor, mostre-me o que fazer a seguir", orei.

PARTE

TRÊS

CISJORDÂNIA E GAZA: QUEM ALCANÇA OS TERRORISTAS?

Jerusalém, fim dos anos 1970

Sempre gostei de pregar em Israel. As igrejas reagiam com entusiasmo a relatos do trabalho da Portas Abertas na União Soviética e no Leste Europeu. Algumas igrejas eram formadas de funcionários estrangeiros, o que me permitia pregar em inglês, sem intérprete. Às vezes pregava em uma das poucas congregações de judeus messiânicos e apreciava muito seu estilo judaico de adoração. Entretanto, muito do meu tempo eu passava ouvindo e aprendendo. Viajava pelo país todo, visitando missões e *kibbutzim* e incentivando campanhas evangelísticas, como a das praias de Eilat (onde há forte concentração de viciados em drogas).

Durante anos visitei várias vezes a Igreja Batista da rua Narkis, em Jerusalém. O pastor titular, Robert L. Lindsey, renomado estudioso da Bíblia, me convidara para pregar e contar minhas histórias sobre a igreja sofredora da União Soviética. Depois de um daqueles trabalhos, uma ativa jovem foi à frente me cumprimentar. Ela continuou segurando minhas mãos enquanto me olhava nos olhos e dizia:

– Fico contente pelo fato do senhor falar sobre a Igreja sofredora no Leste Europeu. Mas existe uma Igreja sofredora aqui mesmo!

– Não compreendo – disse eu, tentando desvencilhar-me do seu firme aperto de mão. – A Igreja da rua Narkis é uma igreja sofredora?

– Não, não esta igreja em particular.

– A senhora se refere às congregações messiânicas? – Eu sabia que existiam algumas igrejas judaicas no país e que elas às vezes eram perturbadas pelos judeus ortodoxos.

– Não! Eu sou palestina – anunciou ela. – Amo o Senhor Jesus Cristo. E não sou a única. Existem milhares de nós e estamos lutando por nossa sobrevivência. –Tendo obtido minha atenção, ela soltou minha mão.

– Por favor, explique – disse eu, incentivando-a a continuar.

– Em 1948, mais ou menos 15% dos palestinos eram cristãos. Mas muitos deles fugiram quando Israel conquistou várias das nossas cidades e povoados.[1] Muitos outros foram embora porque é muito difícil sobreviver aqui, ganhar a vida de maneira decente e praticar a nossa fé. Agora somos apenas 3% de cristãos, talvez menos.

– Por favor, diga-me onde posso encontrar esses cristãos.

– Existe uma pequena igreja Batista em Gaza – explicou ela. – Há cristãos em Nazaré. Existem congregações espalhadas por Israel e pela Cisjordânia. As maiores igrejas estão em Belém e nas duas cidades em ambos os lados – Beit Jala e Beit Sahour.

Durante vários anos eu estivera procurando compreender a responsabilidade que sentira pela primeira vez em Yad Vashem. Apesar de ter pregado em igrejas e me reunido com rabinos e outros líderes religiosos, ainda não tinha uma compreensão clara do que devia fazer. As calorosas palavras daquela moça pareciam indicar-me a direção para a qual precisava olhar. Não pensara seriamente em todas as partes da Igreja na Terra Santa. O meu trabalho era buscar meus irmãos e irmãs. Se havia uma Igreja entre os palestinos, eu precisava saber a respeito dela, de sua situação e ver se podia ajudá-la.

Por onde começar? Primeiro, precisava descobrir onde estavam aquelas igrejas. Por que não ouvira falar desses cristãos? Eu conhecia tudo sobre os lugares turísticos, os edifícios – as pedras mortas. Pensei nos grupos de turismo cristão que visitavam com grande interesse Jerusalém e outros locais da Terra Santa, mas aos domingos eles realizavam cultos particulares em seus hotéis. Rararamente iam a congregações messiânicas, muito menos a uma igreja árabe. Era tempo de eu começar e procurar seriamente meus irmãos e irmãs – as pedras vivas da Terra Santa.[2]

Um homem em particular tornar-se-ia meu mentor. Sua história começa durante a primeira guerra entre Israel e as nações árabes, logo depois de Israel ter declarado sua condição de Estado em 1948.

CAPÍTULO

TREZE

UMA PEDRA CERTEIRA

Jerusalém, maio de 1948

A luta fora sem trégua durante quase uma semana. Às vezes podia-se ouvi-la à distância; outros dias ela rondava a vizinhança. Naquele dia as armas estavam na rua deles.

O menino de nove anos estava agachado, longe da janela da sala de estar e se encolhia sempre que ouvia os estampidos das armas de fogo. Sua irmã de quatro anos chorava no quarto ao lado. Podiam-se ouvir tiros dos apartamentos vizinhos. Apesar de o sol estar se pondo, a experiência lhe dizia que a escuridão não traria alívio dos sons apavorantes. A constante confusão era mais do que Bishara Awad e seus seis irmãos podiam suportar.

De repente, um grito penetrante encheu a casa. A mãe de Bishara, Huda, com a mão sobre a boca, atravessou a sala e saiu pela porta da frente, seguida por Nicola, irmão mais velho de Bishara.

— Volte para dentro! — gritou a mãe quando chegou ao corpo do marido na rua. Agarrou os braços dele e o arrastou para dentro da casa. Assim que entrou, Nicola e Bishara ajudaram a puxar o corpo para a sala de jantar. Juntos colocaram-no em cima da mesa. Bishara olhou para o rosto do pai e percebeu de imediato que ele estava morto. Um grande ponto vermelho na testa era a única marca deixada por uma bala. Elias Nicola Awad, pego no fogo cruzado entre o exército jordaniano e os soldados da Haganah (força paramilitar israelense anterior à formação da nação de Israel em 1948), era a mais recente vítima da guerra árabe-israelense.

Na manhã seguinte, quando o tiroteio diminuiu temporariamente, os vizinhos se reuniram no pequeno apartamento. Vieram homens da vizinhança e conversaram com a mãe de Bishara. Nenhum padre ou pastor conseguiu chegar até eles, por isso os homens cavaram uma sepultura no pátio atrás do prédio de apartamentos. Huda Awad leu palavras de conforto na Bíblia. Juntos, com lágrimas escorrendo pelo rosto, os filhos uniram-se à mãe na oração do Senhor. Depois os homens levaram o corpo para a sepultura improvisada.

O combate feroz foi retomado aquela tarde, mas terminou antes do escurecer. À meia-noite ouviu-se uma agourenta batida à porta. Era um soldado jordaniano ordenando que a família saísse.

— Vão depressa. Estamos esperando a volta do exército israelense a qualquer momento. Avisaremos quando for seguro voltar.

Ellen, a irmã de Bishara, de sete anos, colocou seis vestidos sobre a camisola. O restante da família, sem ao menos uma mala, saiu com a roupa do corpo e juntou-se à procissão em direção à parte antiga de Jerusalém. Huda levava bebê, Diana, tentando mantê-la calma enquanto passavam pela Porta de Damasco. Logo que se viram dentro dos muros antigos, foram recebidos por uma família muçulmana, que lhes proveu cobertores e comida e deixou os oito refugiados dormir em um depósito onde havia latas de querosene.

A família Awad nunca mais voltou para casa.

Beit Jala, primavera de 1974

Para não acordar a esposa, Bishara Awad levantou-se da cama com cuidado e foi para o escritório. Lá, agitado pela frustração que vinha se formando há semanas, andava de um lado para o outro. Como diretor da Escola Esperança, Bishara amava seu trabalho, mas precisava de resultados. Havia quase uma centena de meninos sob seus cuidados e, cada vez que os via, era como se enxergasse a si mesmo no espelho. A história deles era semelhante à sua.

Bishara sempre pensava em sua juventude. Depois de perder a casa em 1948, a família Awad permaneceu entre os muros da parte antiga de Jerusalém. A mãe de Bishara encontrou um emprego de enfermeira ganhando 25 dólares por mês, mas não era suficiente para alimentar e dar o necessário para sete filhos. Para garantir estudo às crianças, ela colocou todos, menos o mais velho, Nicola, em orfanatos. As meninas foram matriculadas na escola Dar Al-Tifl. Bishara, Alex e Mubarak foram colocados na escola e orfanato Dar Al-Awlad a alguns quarteirões fora da cidade antiga. Era uma existência miserável. Muitas noites os meninos foram dormir com fome. Certa vez os irmãos provocaram um protesto devido à falta de comida. Como conseqüência, o diretor concordou em acrescentar um ovo por mês às refeições de cada estudante, mas a promessa foi mantida somente durante dois meses.

Os meninos tinham permissão para uma visita mensal ao lar. Para Bishara, os momentos com sua mãe eram preciosos. Foi sua fé que influenciou a ele e a cada um de seus irmãos.

— Mostrem sempre o Senhor a todos — ela dizia. — Nunca é certo se vingar.

Ele nunca se esqueceu disso, mesmo depois quando foi estudar nos Estados Unidos. Sua mãe, claro, não tinha recursos para mandá-lo para a faculdade, porém ela havia orado e, milagrosamente, ele conseguiu uma bolsa integral para estudar na Universidade Wesleyana de Dakota, em Mitchell, Dakota do Sul.

Quando tentava completar o mestrado em educação, a guerra novamente interrompeu sua vida. A Guerra dos Seis Dias, em 1967, permitiu que Israel ganhasse o controle de Gaza, da Cisjordânia, das colinas de Golã e da parte leste de Jerusalém. Por decreto, os palestinos que não estavam fisicamente em casa durante a conquista ficaram proibidos de voltar à sua terra. Assim Bishara ficou separado da família e de sua terra natal. A única forma para o seu retorno era tornar-se cidadão americano.

Finalmente, com passaporte americano nas mãos, Bishara voltou para a Terra Santa sob o patrocínio da Junta Menonita Central, como diretor da Escola Secundária Esperança para meninos, localizada em Beit Jala, cidade vizinha a Belém.[1]

Ele e a mãe tentaram visitar a casa de sua infância, mas o edifício havia sido destruído e uma estrada construída no lugar, por isso não puderam sequer encontrar o local exato.

— Depois da guerra de 1967, escrevi ao prefeito de Jerusalém — contou Hulda ao filho. — Perguntei a ele se poderíamos mudar os ossos do pai de vocês, mas ele não me deu permissão.

Dessa forma, não havia nem um túmulo sequer para lembrar a existência do pai.

Uma coisa não estava perdida, entretanto. Seu pai e sua mãe haviam exercido uma forte influência cristã, que Bishara queria passar para seus alunos. O que ele via entre os meninos da Escola Esperança o incomodava profundamente. O conflito entre israelenses e palestinos estava deixando cicatrizes naquelas crianças. Muitas delas tinham perdido um ou os dois pais. Outras tinham sido separadas dos pais durante a confusão da guerra de 1967 e nem sequer sabiam se eles estavam mortos ou vivos. Muitos adolescentes urinavam na cama à noite. Tanto os alunos internos como os externos mostravam comportamento irritadiço e violento.

Como diretor, Bishara tentava passar àqueles meninos aflitos as mensagens que sua mãe sempre pregara — amar a Deus, amar o próximo e amar os inimigos. Mas aqueles meninos não estavam reagindo. Eles sentavam-se nas sessões na capela e ouviam as mensagens de Bishara, mas nenhum deles voltara o coração a Deus. Ele podia ver o ódio deles no *playground* quando encenavam vinganças contra os soldados judeus em suas brincadeiras.

— Por que, Senhor? — orava Bishara. — Por que não há resultados? Por que o Senhor me traz de volta à minha terra natal e não me usa?

O silêncio parecia acusá-lo.

Andava pelos corredores e passava pelo quarto onde os meninos dormiam. Muitos deles se agitavam e se viravam espasmodicamente, gemendo ou falando durante o sono. Ficava pensando nos sonhos deles que, sem dúvida, refletiam seus sofrimentos particulares. Cada um deles havia sofrido maus tratos por parte de soldados israelenses. Era comum que os garotos recebessem ordens para esvaziar as mochilas escolares, tivessem os livros jogados ao chão e depois fossem obrigados a apanhá-los de volta. Sentindo-se humilhados e sem forças para fazer algo de efetivo, muitos alunos atiravam pedras nos soldados e estendiam sua atitude rebelde aos professores da escola.

Bishara saiu pela porta dos fundos da escola e ficou de pé sob o céu noturno. Uma lua quase cheia iluminava o vale Elah, abaixo. Aquele era o local onde, de acordo com alguns estudiosos da Bíblia, Davi combatera e derrotara Golias. Mentalmente, Bishara quase podia ver os exércitos — os filisteus acampados na colina a oeste e os israelitas a leste — e o gigante de quase três metros de altura avançando para insultar as tropas sob o comando do rei Saul. E podia ver o pequeno Davi enfrentando-o corajosamente.

Infelizmente, Bishara deu-se conta de que estava no lado errado. Quando "ouviu" os insultos do gigante, reconheceu a própria voz. Os filisteus verbalizavam as emoções que ele reprimia há tanto tempo. O ódio irrompeu dentro dele quando Golias amaldiçoou os judeus. Bishara censurou os israelenses pela morte de seu pai e pela perda da casa em 1948. Ele os culpou pelos 12 anos que passou num orfanato, separado da mãe. Ele os culpou pelos anos de exílio nos Estados Unidos. Ao longo de tantos anos, o ódio fora formando uma ferida, que ficara quase totalmente escondida de sua consciência. Agora ele reconhecia aquele mesmo ódio nos meninos sob seus cuidados. Aquilo os estava destruindo e ele sentia-se impotente para ajudá-los a menos que, como diretor, vencesse sua própria raiva e amargura.

Lágrimas encheram seus olhos. Como podia ele, um homem que entregara a vida a Jesus Cristo havia mais de 12 anos comprometido em ser um instrumento de Deus na Terra Santa, ajudar aqueles meninos cheios de ódio? Só havia uma resposta. Sua voz rompeu o silêncio da noite:

— Senhor, eu te suplico. Perdoa-me por odiar os judeus e por deixar que esse ódio controle minha vida.

Bishara fez essa oração colocando nela todo o seu ser. Olhando de novo para o vale, pôde imaginar o corajoso pastor Davi atacar Golias, girar a funda e derrubar o gigante com uma única e certeira pedra. A oração de Bishara foi, de igual forma, uma pedra certeira. Pareceu até fácil demais quando ele sentiu o gigante do ódio cair diante dele. Sentiu a presença de Deus envolvendo-o e a frustração, o desespero e o ódio sendo banidos e substituídos pelo amor.

CAPÍTULO

QUATORZE

EU QUERO VER PEDRAS VIVAS

Beit Jala, 1981

Nós nos conhecemos depois do culto em uma igreja em Jerusalém. Bishara Awad tinha o semblante bondoso e um sorriso cordial que inspirava confiança. Ele me falou um pouco sobre seu trabalho na Escola Esperança para meninos e, pensando no desafio da moça palestina, eu revelei:

– Gostaria de visitá-lo.

Dois dias depois o carro de Bishara estacionou em frente ao pequeno alojamento da Associação Cristã de Moços (ACM) em Jerusalém Oriental, onde eu estava hospedado. Era uma pequena viagem de Jerusalém aos arrabaldes de Beit Jala, onde ficavam as escolas. O prédio principal fora construído em pedra. Tinha uma entrada em arco encimada por uma cruz rústica feita com duas vigas de madeira. Abaixo da cruz via-se uma tabuleta com o desenho de duas mãos em atitude de oração e as palavras "Escola Esperança" em árabe e em inglês. De um lado havia um pequeno e empoeirado campo de futebol. Adiante, um galpão.

– Nós criamos galinhas – explicou Bishara quando começamos o passeio pela propriedade. – Há cerca de cem que fornecem ovos para as crianças, e o que sobra nós vendemos para ajudar a sustentar a escola.

– O que mais sustenta a escola? – perguntei.

– A igreja menonita dos Estados Unidos manda alguns recursos. E pessoas podem adotar uma criança e custear o sustento e os estudos dela.

– Qual o custo anual do sustento de um menino?

– Mil dólares por ano. Esse mantenedor estabelece também um relacionamento com a criança.

– Então eu quero apoiar uma criança. Você tem meninos muçulmanos que precisem de apoio?

– Ah, sim, vários. – Pensou um minuto, depois mencionou Sharaf. – Ele é órfão, por isso vive aqui como interno.

– Vou providenciar o sustento de Sharaf e oração por ele.

Depois de uma visita às salas de aulas, dormitórios e refeitório, Bishara me convidou para entrar em seu apartamento para tomarmos café. Ele tinha uma voz suave que eu imaginei que acalmasse os meninos hiperativos. Também me inspirava confiança. Senti que ali estava alguém em quem eu podia confiar.

– Por favor, me diga por que você está vindo à Palestina – disse ele.

– Procuro meus irmãos! – respondi. – Preocupa-me que milhões de turistas cristãos venham todos os anos da Europa Ocidental e dos Estados Unidos para ver pedras mortas. Eu quero ver as pedras *vivas*.

Enquanto Bishara punha café para nós dois e acrescentava creme e açúcar para mim, perguntou:

– E o que você faz quando encontra essas pedras vivas?

– Eu faço perguntas. Ouço. Aprendo. Visito lugares onde é difícil para a igreja. Quero saber como os cristãos estão vivendo e se estão sofrendo. Quero conhecer suas necessidades. E onde posso, ajudo. Na União Soviética e no Leste Europeu, isso significa entregar Bíblias, porque é extremamente difícil para a Igreja conseguir Bíblias legalmente.

– E o que você sabe a respeito da Igreja palestina?

– Há alguns anos, uma mulher me disse que existe uma igreja sofredora aqui entre os palestinos. Logo depois eu estava de viagem com Victor Hashweh.

Bishara acenou com a cabeça; ele conhecia o evangelista jordaniano.

– Estávamos conversando a respeito dos refugiados palestinos e eu perguntei-lhe por que os governos árabes insistiram para que eles fossem embora em 1948 até que a guerra acabasse e a volta fosse segura.

Meu novo amigo estremeceu e acrescentei rapidamente:

– Isto é o que muitos cristãos no Ocidente pensam.Victor começou a chorar e disse: "André, eu estava lá. Minha família estava lá. Nós fomos *expulsos* sob a mira das armas."

– Você ouviu falar de Deir Yassin? – Bishara perguntou calmamente.

– Ouvi algumas vagas referências ao lugar – disse eu –, mas na verdade sei muito pouco.

– Em 1948, um vilarejo todo, Deir Yassin, foi destruído. – Ele apontou para Jerusalém e continuou:

– Exatamente lá, onde fica agora o distrito de Har Nof, 250 homens, mulheres, crianças e bebês foram chacinados pelo Irgun.

– Estava se referindo aos paramilitares israelenses, também conhecidos como Haganah, em 1948.

– Isso foi exatamente três anos depois do Holocausto. Uns poucos homens foram deixados vivos e expulsos para outros vilarejos para contar a história; depois aqueles homens também foram mortos. O resultado foi o pânico. Por isso muitos palestinos fugiram. Vilarejos inteiros ficaram vazios, exatamente o que os israelenses queriam. Só precisaram tomar posse das casas daquelas pessoas.[1]

Bishara permaneceu sentado e imóvel enquanto eu ponderava aquela história horrível. Pude imaginar um pouco do que os palestinos sentiam. Lembrei-me também de como os alemães destruíram a cidade holandesa de Rotterdam durante a Segunda Guerra Mundial, apenas para nos intimidar e forçar a nos rendermos à autoridade deles. Apesar de ser apenas um adolescente, eu não sentia nada além de desprezo e rebeldia contra a ocupação da Holanda pelos alemães.

– Sinceramente, com você e Victor, foi a primeira vez que ouvi falar a respeito de refugiados sob a perspectiva palestina.

– Então você começou a descobrir a verdade – disse Bishara com brandura.

Mexi-me na cadeira com desconforto, sem estar plenamente seguro de que soubesse a verdade sobre aquele horrível conflito que já durava décadas. Eu sabia que amava os judeus. Como poderia não amar o povo escolhido de Deus? Mas também amava a Igreja de Jesus Cristo, onde quer que a encontrasse. O que deveria fazer com essa informação?

– Estou tentando compreender a situação – disse eu a Bishara. – Sei que existe um enorme abismo entre judeus e palestinos, mas estou particularmente preocupado em saber como essas diferenças afetam a Igreja. Quero encontrar cristãos palestinos para ver como eles vivem, ouvir suas preocupações, descobrir como eles ministram e com o que sonham para o futuro da Igreja. Obviamente você está bem familiarizado com a Igreja palestina. Eu gostaria muito que me ensinasse.

Fiquei surpreso com a rapidez com que havia exposto meus objetivos, mas senti que era o momento de agir e precisava de alguém para me orientar.

Bishara levantou-se e presumi que tinha a intenção de me levar de volta para Jerusalém, mas, ao contrário, convidou-me para segui-lo até uma sala em frente à escola. Parecia ser outra sala de aula, contudo dentro dela havia mapas bíblicos, o alfabeto grego e hebraico e pôsteres da Terra Santa.

– Talvez a melhor forma de começar seja mostrar-lhe minha visão – disse ele. – Esta sala é a sede da Faculdade Cristã de Belém.

– Maravilhoso! – disse eu. – Quero ouvir tudo a respeito dela.

– Vamos dar uma volta.

Pegamos o carro de Bishara e andamos por Beit Jala, passamos pelas igrejas Ortodoxa Grega, Católica e Luterana, todos prédios impressionantes. Bishara falava enquanto dirigíamos:

– Você quer saber a situação da igreja. A necessidade número um é liderança. Você verá lindos templos por aqui, mas edifícios não bastam. A Igreja está morrendo porque há cada vez menos pastores.

Passamos pela estrada Jerusalém-Hebrom e tomamos o rumo da praça da Manjedoura e da Igreja da Natividade. Apesar de ser fim de tarde, fervilhavam turistas curvando-se para entrar pela Porta da Humildade, com menos de um metro e meio de altura e única entrada para a igreja.

– Os cristãos daqui precisam de uma visão – disse Bishara enquanto observávamos a cena. – Você falou de pedras mortas e vivas. Acredita-se que esta seja a igreja mais antiga do mundo, construída sobre o lugar onde Jesus supostamente nasceu. Centenas de milhares de turistas vêm todos os anos, especialmente na época do Natal.

Depois ele me fez olhar em outra direção.

– Agora olhe para o outro lado do calçadão e me diga o que vê.

Exatamente na mesma direção da Igreja da Natividade, do outro lado da praça da Manjedoura, havia uma mesquita com um alto minarete em cujo topo havia uma lua crescente.

– Uma mesquita – respondi.

– Quando aquela mesquita foi erigida, os construtores a projetaram de tal forma que ela ficasse vários centímetros mais alta que as torres dos sinos da Igreja da Natividade. Irmão André, há uma batalha espiritual acontecendo aqui pelos corações e almas das pessoas e esses dois edifícios simbolizam isso. Agora, por favor, siga-me.

Hesitei. Alguma coisa a respeito daquela vista me calava fundo na alma, algo de que eu suspeitava, mas mal me atrevia a expressar.

Apressei-me para alcançar Bishara. Descemos as antigas escadas de pedras já gastas até a rua do Pastor, viramos à esquerda e andamos para a rua da Manjedoura, a apenas um quarteirão de distância. Tudo que se relacionava àquela área era antigo. As pedras que calçavam as ruas pareciam querer contar séculos de história por elas testemunhadas.

Bishara continuou a me ensinar:

— Aproximadamente dois terços de todos os cristãos palestinos vivem nesta área de Belém, Beit Jala e Beit Sahour. Esta área era quase toda cristã, mas depois da guerra de 1948, muitos cristãos começaram a emigrar. Muitos, como eu, saíram para estudar, mas muitos nunca mais voltaram. Outros encerraram seus negócios e se mudaram. No lugar deles vieram refugiados — temos muitos acampamentos de refugiados na área. Belém é agora composta de 60% de muçulmanos e 40% de cristãos, mas o número de cristãos continua caindo.

Dois quarteirões adiante, paramos em frente a um edifício de três andares, com uma fachada de pedras brancas.

— Este prédio está para ser alugado. É para aqui que eu gostaria de mudar a Faculdade Cristã de Belém. — Virou-se para mim enquanto falava. — O meu sonho é ver a Igreja crescer. Para isso, devemos começar a treinar líderes. E para isso, precisamos de uma escola bíblica. Precisamos de pastores, obreiros jovens e líderes de ministério. Precisamos de professores que conheçam bem a Bíblia para treiná-los e de aulas dadas em árabe, não em inglês. O meu sonho é ver dezenas de palestinos de todas as denominações vindo até aqui para estudar a Bíblia.

— Isso é fantástico! — disse eu. — Já compartilhou seu sonho com os líderes da igreja aqui? O que eles pensam?

— Apresentei esta visão a 14 líderes eclesiásticos, pastores e padres e todos eles me incentivaram a ir em frente. — Então ele riu. — Um deles, pastor Nazareno, me deu 20 dólares. Esse foi o dinheiro inicial para a faculdade!

— Você vai precisar muito mais do que 20 dólares! Diga-me, quanto custará a mudança para este prédio? Como a Portas Abertas pode ajudar?

Voltamos para a Escola Esperança e conversamos até tarde da noite depois de um jantar à base de frango preparado por Salwa, esposa de Bishara. Bishara me apresentou seu orçamento para a mudança e funcionamento, já no ano seguinte, da faculdade que estava se formando.

Naquele dia começou uma amizade especial. Durante minhas visitas subseqüentes, Bishara abriu meus olhos para um lado totalmente novo do conflito entre Israel e os palestinos. Até então eu tinha ouvido principalmente um lado da história. Eu admirava e apoiava Israel por acreditar que aquele era o povo escolhido de Deus, mas não havia parado para pensar que esse povo escolhido não era perfeito e que eu ainda podia amá-lo enquanto o criticava pelo que ele fazia.

Até Bishara me disse:

– Eu realmente não odeio Israel, mas acredito de fato que eles perderam a alma. E nós devemos ajudá-los a encontrá-la. – Bishara pareceria sinceramente triste.

Mais tarde eu pensei em suas palavras. Teria Israel realmente perdido a alma? Será que ele falara no sentido político? Ou ele quisera dizer que Deus se tinha se retirado do país? Independentemente disso, Bishara não estava condenando, mas oferecendo cura. Particularmente inquietante era o fato de existirem bem mais cristãos entre os palestinos do que entre os israelenses. Assim, a responsabilidade de fazer a diferença era maior no lado palestino e eles precisavam de mais encorajamento nesse esforço. Mas aquilo era um desafio. Muitos, talvez todos os cristãos árabes e palestinos tinham raízes na terra que remontavam a séculos. Muitos, como Bishara, tinham perdido suas casas na guerra de 1948. Guardavam rancor, estavam feridos e lutavam para compreender o significado de suas vidas. Ouviam a reivindicação de que os judeus eram o povo escolhido de Deus, mas para os cristãos palestinos era difícil amar os judeus quando esses mesmos judeus haviam tomado suas casas e destruído seus pomares para formar no local assentamentos judeus.

Bishara levou-me para um passeio perto da Escola Esperança e apontou alguns prédios que estavam sendo construídos na colina oposta.

– Aquele é Gilo – disse ele. – Israel o anexou. Dizem que é parte de Jerusalém. – Depois ele apontou a cidade de Beit Jala, que se espalhava abaixo de nós. – Mas aquelas pessoas cultivavam oliveiras e criavam ovelhas onde agora está Gilo. A terra foi simplesmente tomada, sem nenhuma consideração do fato de que meus vizinhos possuíam aquela terra há séculos.

– Eles não compraram as terras?

– Até onde eu sei não houve pagamento algum, apesar de haver rumores de que alguns palestinos de fato venderam. Mas se isso é verdade, eles nunca o admitiriam; seriam considerados traidores e mortos.

Harderwijk, final de 1981

Pela primeira vez entendi de fato por que os palestinos estavam irritados e magoados. Sentiam diariamente o impacto do sionismo e isso perturbava profundamente os cristãos da Cisjordânia. Apesar de eu não minimizar aquela perspectiva, algo ainda maior prendia minha atenção. Enquanto tentava entender por que me sentia atraído pelo sonho de Bishara de formar uma faculdade, pensava na mesquita e na igreja em lados opostos da praça da Manjedoura. Havia um aspecto maior que fazia daquele um projeto crucial a ser apoiado pela Portas Abertas.

Minha equipe de liderança demorou um certo tempo para aceitar minhas conclusões. Reunidos em meu escritório, eles me questionavam com as realidades práticas do nosso ministério.

— Estamos totalmente ocupados com o mundo comunista — disse Johan Companjen, um holandês alto e loiro, meu assistente pessoal.

Johan e a esposa, Anneke, tinham sido missionários no Vietnã, mas tiveram de fugir quando o país foi tomado em 1975. Desde então, Johan me acompanhara em muitas viagens, tendo sido uma importante liderança no nosso trabalho. Acabava de relatar os últimos gastos com o Projeto Pérola, um empreendimento imenso que, no início do ano, enviara um milhão de Bíblias para a China em uma única noite.

O relato de outro líder contava como a equipe da Portas Abertas levara uma gráfica para o Leste Europeu.

— Estamos começando agora a preparar nossos irmãos para que saibam imprimir seus próprios materiais.

Eu vibrava com aquelas notícias.

— Poderemos nos desobrigar de uma tarefa! — disse eu. — Poderíamos prepará-los para fazer seu próprio trabalho sem dependerem tanto de nós.

— Concordo — disse Johan. — Mas se vamos nos mudar para uma nova área de trabalho, minha pergunta é como essa faculdade em Belém se encaixa em nossa missão. Nós existimos para fortalecer a Igreja em lugares onde ela é perseguida, mas esse não é o caso no Oriente Médio. Certamente que a Igreja tem muitos desafios lá, mas qual é a causa dessa urgência?

Dei-me conta de que Johan estava pensando na Igreja em meio ao comunismo, mas eu estava convencido de que havia uma batalha muito maior avultando.

— O comunismo está morrendo — disse eu. Vários homens que estavam na sala pareceram confusos com minha afirmação. — É chegada a hora. O comunismo é um tigre sem dentes e certamente irá cair. Ele *deve* cair.

— Como pode dizer isso? — protestou um deles. — Você está falando de uma das duas superpotências.

– Porque, na essência, o comunismo é uma visão falida do mundo. Afirma que não existe Deus e que se pode mudar as pessoas mudando o ambiente delas. Como cristãos, sabemos que isso é tolice. Qual é a nossa visão do mundo?

Johan respondeu:

– A Bíblia diz que o homem deve mudar e que, depois disso, pode mudar seu ambiente.

– Exatamente! É exatamente por isso que o comunismo não pode ser bem-sucedido. Ele durou 60 anos. Não creio que chegue aos cem. Ele já está se esfarelando.

Pela primeira vez eu expressaria minhas observações à liderança do ministério.

– Existe outra ameaça que precisamos considerar com muita seriedade. Ela existe há mais tempo que o comunismo e irá desafiar a Igreja. Alguns de vocês devem lembrar-se de quando viajei à Ásia Central há alguns anos. Sabem o que eu vi? Mesquitas e escolas vazias que os muçulmanos chamam de *madrasas*. O islamismo sofreu tanto quanto os cristãos sob os soviéticos, mas a estrutura está lá. O islamismo pode ficar adormecido durante décadas, até séculos, mas não acabará. É um gigante adormecido, começou a despertar há dois anos no Irã com o aiatolá Khomeini. Penso que a forma fundamentalista de islamismo que Khomeini prega irá crescer e tornar-se muito poderosa nos próximos anos. A Igreja precisa estar preparada para esse desafio.

– Qual será a diferença entre o desafio islâmico e o desafio comunista? – perguntou um dos líderes.

– O comunismo fez uma declaração: "Não existe Deus!" O islamismo nos desafia com uma pergunta: "Quem é Deus?" Eles têm uma resposta e acreditam nela tão apaixonadamente que estão dispostos a levá-la ao mundo e morrer por ela se necessário for.

Minha equipe ouvia atentamente. Adiantei-me para dar três razões por que acreditava que o islamismo estava em ascensão.

– Primeira, eles têm uma escatologia bem desenvolvida. Acreditam que, no final, conquistarão e governarão o mundo. Segunda, aconteceu algo em 1973 que não devemos esquecer.

– O embargo do petróleo? – alguém perguntou.

– Correto! Foi quando os muçulmanos começaram a dar-se conta de que eles têm poder de fato. Acreditam que Alá colocou todo aquele petróleo sob seu solo arenoso por uma razão – dar-lhes uma riqueza imensa que pudesse ser usada para divulgar o islamismo em todo o mundo.

– E a terceira razão? – perguntou Johan.

– O colapso moral do Ocidente. Os muçulmanos vêem isso como um fracasso do cristianismo. Quando o comunismo também entrar em colapso, eles declararão ao mundo: "O islamismo é a resposta!" Com isso, acredito, irão mais longe do que jamais a Igreja foi com a Grande Comissão. Nós saímos para conquistar almas aqui e ali. Eles enfrentarão o mundo inteiro com um sistema total e pagarão qualquer preço necessário, mesmo que seja suas vidas.

Minha equipe já me vira apaixonado antes e às vezes me questionava sobre minhas visões proféticas. Naquele momento, um deles levantou a voz:

– Talvez você esteja certo, mas o que isso tem a ver com Israel? Aquilo não é um conflito entre palestinos e judeus?

– Isso é apenas parte do problema. Existe outro conflito. Jerusalém é uma questão crítica para os muçulmanos. O islamismo acredita que qualquer terra que já tenha estado sob seu domínio sempre pertence ao islamismo e deve ser recuperada. É por isso que nunca desistirão da convicção de que a Terra Santa toda deve estar sob o islamismo. *Esse* é o desafio que a Igreja enfrenta.

Houve silêncio na sala durante um momento. Finalmente, Johan disse:

– E o que vamos fazer?

– Fortalecer o que resta e que está a ponto de ser vencido em várias frentes. O sionismo, sim, é um fator, mas também o é a pressão econômica, motivada pelo problema dos refugiados e pela imigração de judeus do mundo todo. Entretanto, o maior fator será a ascenção do fundamentalismo muçulmano que, eu acredito, irá levantar-se e rebelar-se contra Israel. É por isso que *devemos* apoiar a Faculdade Cristã de Belém. Ela proporcionará aos líderes o treinamento de que necessitam desesperadamente para um movimento de resistência espiritual.

Conversamos durante alguns minutos sobre assuntos práticos. Havia pouco a fazer financeiramente naquele momento. Ainda estávamos pagando as contas do Projeto Pérola, além de termos muitos outros compromissos a cumprir. Mas podíamos doar alguns livros para a biblioteca deles. Podíamos encorajar Bishara e promover o seu trabalho. E no devido tempo – levaria alguns anos – poderíamos começar a canalizar mais recursos anteriormente destinados ao mundo comunista para aquela área.

Quando nossa reunião estava quase no fim, concluí com esta declaração:

– O islamismo está onde estará o principal conflito nos próximos cem anos. E o resultado decidirá como será este mundo nos próximos mil anos.

– A não ser que o Senhor volte! – disse um dos homens.

Quase automaticamente endireitei minhas costas. Como aquele vestígio fatalista permeava tão profundamente o pensamento e a teologia de muitos cristãos! Nós nos esquecemos de que a maior parte das profecias relacionadas a acontecimentos futuros está ligada a condições.

– Sim, claro – respondi com certa impaciência. – Até que o Senhor volte. Mas ele disse que o evangelho deve ser pregado a todas as nações e *então* virá o fim. Desistir de lutar significa, na verdade, que Jesus nunca voltará. Portanto, sejamos fiéis. Devemos andar atentos, alerta e ativos!

CAPÍTULO

QUINZE

O QUE SE ESPERA QUE FAÇAMOS?

Gaza, 1987

O jovem, quase ainda adolescente, estava agitado.

— Devemos perdoar nossos opressores. Essa é a mensagem do cristianismo.

— De onde você está tirando essas idéias loucas? — perguntou seu pai, igualmente agitado.

— Da Bíblia...

— Você quer dizer daquela igreja Batista que freqüenta. O que há de errado com sua igreja? Você sai por aí agindo como uma espécie de supercristão.

Hanna Massad e o pai discutiam por causa da igreja de Hanna havia anos. Durante gerações a família Massad pertencera à igreja Ortodoxa Grega, mas Hanna lutara com a fé tradicional de seus pais. Quando adolescente, ele começou a freqüentar a Igreja Batista de Gaza, a única igreja evangélica dali. Seu pai aceitou a rebeldia até que Hanna disse que ia ser batizado. Isso foi considerado um ato de traição e de humilhação. Já era muito difícil viver como uma pequena minoria entre um milhão de muçulmanos, mas agora o próprio filho rejeitava a fé.

— Eu não estou rejeitando a fé! — protestou Hanna. — Estou simplesmente respondendo ao chamado da Bíblia. Sua igreja pratica somente um ritual, mas não prega o evangelho. Eu deixei a igreja porque havia um vazio em minha vida. Eu quero a realidade de Cristo e a encontrei na igreja Batista.

Hanna sabia que estava provocando seu pai, mas não podia parar naquele momento.

— Penso que devemos tomar a sério as palavras de Jesus, amar nossos inimigos, oferecer a outra face, abençoar os que nos perseguem.

O homem mais velho fervia ao ouvir o filho.

— Você ficou louco? Esqueceu de onde viemos? Sua mãe foi expulsa de casa em Jaffa em 1948. A família dela chegou aqui a Gaza sem nada além da roupa do corpo. Eles perderam tudo.

Hanna tinha ouvido tudo aquilo antes. Mas daquela vez, seu pai queria forçá-lo a compreender a situação.

— Venha comigo!

O filho acompanhou o pai, que o levou para um lugar secreto. O homem pegou uma caixa, destrancou-a e tirou um maço de documentos e algumas chaves.

— Veja isto! — ordenou. — Esta é uma escritura de cem *dunams* de terra[1]. Ela pertence a mim, ao seu tio e à sua tia. E estas são as chaves da casa que os israelenses tomaram de nós. Aqueles judeus que você quer perdoar roubaram nossas propriedades. Eles roubaram a *sua* herança!

A violência irrompeu no início de dezembro de 1987. No dia seis de dezembro, um israelense foi morto a punhaladas em Gaza. No dia seguinte quatro palestinos do campo de refugiados de Jabalya foram mortos num acidente de trânsito e rapidamente espalharam-se rumores de que não fora um acidente, mas que na verdade os quatro tinham sido assassinados por israelenses como vingança. Aquilo foi a gota d´água para o início de grandes protestos e desordens por parte de palestinos em Jerusalém, Gaza e Cisjordânia. A rebelião, ou intifada, estava oficialmente acontecendo.[2]

Aquele conflito era de natureza bem diferente do que eu tinha observado antes – não eram alguns desocupados agindo sozinhos, mas um levante bem embasado, que não morreria. Milhares de meninos, muitos deles nem sequer adolescentes, iam para as ruas dia após dia e atiravam pedras nos soldados israelenses. No começo os soldados profissionais não sabiam como reagir, e os palestinos acreditaram ter assumido o controle da situação com fotos na imprensa que mostravam vários pequenos Davis combatendo o Golias fortemente armado da Força Israelense de Defesa. Mas o ódio se expressava de outras maneiras também. Havia greves gerais. Lojas eram fechadas. Trabalhadores recusavam-se a ir trabalhar em empresas israelenses. Os palestinos se negavam a comprar produtos israelenses. E em Beit Sahour, os moradores não admitiam a pagar impostos a Israel.

A explosão vinha se preparando havia anos. Apesar das condições econômicas terem melhorado na Cisjordânia e em Gaza sob o controle israelense, elas ainda permaneciam bem abaixo das de Israel. A Faixa de Gaza era um dos pedaços de terra mais densamente povoados do mundo. Por volta de 1987, 2.500 colonos ocuparam 28% da faixa de 11 por 48 quilômetros, ao passo que um milhão de pessoas ficavam apinhadas nos outros 72%, em campos de refugiados e cidades ao longo do mar Mediterrâneo.[3] Na Cisjordânia, soube-se que os colonos judeus tinham permissão para usar 12 vezes mais água do que os palestinos.[4]

Mas a principal força por trás da intifada, de acordo com meus amigos palestinos, era o sentimento generalizado de humilhação. Ano após ano os habitantes da Cisjordânia e de Gaza viveram sob restrição, experimentando toques de recolher (às vezes por dias a fio), com o fechamento (e às vezes a destruição) de casas de pessoas suspeitas de fazer resistência, revistas noturnas e o saque de casas, detenção de milhares de jovens sem acusação formal, para não mencionar as infindáveis verificações de identidade, revista pessoal e restrição de locomoção dentro da Cisjordânia e Gaza e entre os territórios e Israel. Os palestinos geralmente sentiam não ter direito algum e, depois de anos de humilhação, havia entre muitos uma profunda sede de mudança ou um desejo desesperado de fugir.

Israel, claro, tinha fortes contra-argumentos para defender seus métodos, normalmente relacionados à necessidade de segurança e a seu direito de existir. O fechamento e a destruição de casas tinha a intenção de intimidar os opositores, que reconsiderariam suas ações ao saber que poderiam ferir suas famílias. Os terroristas potenciais tinham de ser pegos e um palestino na cadeia era alguém que não poderia ferir Israel. Eu compreendia aquelas motivações, mas às vezes me perguntava se os métodos de Israel não tornariam seu povo *menos* seguro. A Cisjordânia e Gaza pareciam um campo de cultivo de resistência.

Em meio à insurreição estavam os cristãos palestinos. Como estariam eles reagindo?

Beit Sahour, 1988

Nawal Qumsieh colocou sobre a mesa de jantar *homus*, duas saladas, um prato principal de frango e arroz e pão fresco para a família. Depois que o marido agradeceu ao Senhor a refeição e todos começaram a comer, ela perguntou aos filhos como haviam passado o dia. Os dois colegiais estavam quietos e o instinto materno lhe disse que havia algo muito errado.

— Digam-me. O que está acontecendo?

O menino mais velho finalmente admitiu:

— Nossos amigos querem que atiremos pedras nos soldados.

O irmão mais novo apressou-se em dizer:

— Eles disseram que somos covardes...

— Traidores — acrescentou o irmão mais velho.

— O que devemos fazer? Achamos que não devemos atirar pedras. Mas eles nos empurram e nos batem se não fizermos isso.

— Podemos manifestar nossos pontos de vista pacificamente. Essa é a maneira cristã — disse Nawal com convicção.

— Nós sabemos, mãe — disse o filho mais novo. — Mas muitos meninos não concordam. O que devemos fazer?

O curso secundário do filho mais velho estava programado para terminar naquela primavera.

— Eu decidi ir embora — anunciou ele. — Irei para a universidade nos Estados Unidos ou no Canadá. E espero não voltar. Este não é lugar para se viver. Não há bons empregos. Quero me casar e constituir uma família, mas que futuro existe aqui para meus filhos?

Nawal suspirou. Ela sabia que o filho dizia a verdade. Depois do jantar, saiu furtivamente para um lugar sossegado onde sempre sentava-se e orava. Não podia fazer nada senão refletir com tristeza sobre a situação. Sua família vivia na área há pelo menos 400 anos. No começo viveram em cavernas enquanto cuidavam de suas ovelhas. Finalmente construíram casas e plantaram pomares. A casa atual era da família havia mais de cem anos.

Muitos dos mais de mil membros da família Qumsieh haviam se espalhado. O êxodo começara com a guerra de 1948. Mais pessoas haviam ido embora em conseqüência das guerras de 1956 e 1967, quando Israel conquistou a região da Cisjordânia.[5] Alguns se estabeleceram nos Estados Unidos, outros no Canadá. Eram aqueles parentes que davam opções a seus filhos. Os meninos não tinham de ficar em Beit Sahour e o que ela poderia fazer para convencê-los do contrário? Na América do Norte, poderiam conseguir uma excelente educação. Lá o futuro era brilhante. Ali, na Cisjordânia, ninguém sabia por quanto tempo persistiria a fúria da intifada. Aqueles meninos que atiravam pedras estavam sendo mutilados e mortos diariamente. Qual era o futuro deles?

Deveriam ela e o marido emigrar também? Em menos de dois anos, o último de seus cinco filhos iria embora; por que não ir com eles? O que os prendia àquela terra? Se de fato os israelenses queriam que fossem embora, por que não fazer a vontade deles?

Então Nawal pensou nas mulheres ao seu redor que estavam desesperadas — muçulmanas e cristãs, não fazia diferença. A depressão permeava a vida delas quando iam às compras de produtos frescos no mercado, quando penduravam a roupa lavada na sacada e, para as cristãs, quando iam à igreja Ortodoxa Grega local. Nawal compreendia aquela profunda depressão, porque ela mesma convivera com isso durante anos — às vezes era tão profunda que ela chegava a pensar na possibilidade de suicídio. Isto é, até 1982 e aquela noite maravilhosa quando estudantes da Faculdade Cristã de Belém, com um dos professores, visitaram sua casa. Nawal e o marido ouviram os testemunhos de como Jesus vivia na vida deles. Ela havia rido dos jovens e caçoado deles por seu entusiasmo ingênuo, dizendo:

— Eu não acredito em nada do que vocês dizem.

Quando perguntaram o porquê, ela explicou:

— Estou doente com problemas nas costas há 12 anos. Não posso dormir por causa da dor. Os médicos me disseram que vou ficar em uma cadeira de rodas pelo resto de minha vida. Eu desisto e não quero viver.

Os estudantes e o professor perguntaram se podiam orar por ela. Eles oraram e nada aconteceu. Contudo, na manhã seguinte, depois de 12 horas de sono maravilhoso, ela levantou sem dor. Telefonou para a Faculdade Teológica para relatar:

— O Senhor me curou!

Aquela experiência mudou tudo. Sua fé deixou de ser simplesmente uma expressão cultural, algo que a família Qumsieh sempre praticara. Agora, ao freqüentar os cultos, as palavras eram vivas. Celebravam o Senhor ressuscitado que habitava seu coração e o coração do marido e dos filhos. Fora Jesus que havia curado seu corpo e sua depressão — algo que nenhum médico ou remédio pudera fazer. Quando abriu a Bíblia, dava-se conta de que as palavras penetravam fundo em sua alma. Tinha fome de compreendê-las, de vivê-las. Com permissão do marido, matriculou-se na Faculdade Cristã de Belém. Estudou com afinco, conseguiu notas A em todas as matérias e diplomou-se como primeira da classe.

Nawal pensou novamente na conversa naquela noite à mesa de jantar. Nos próximos dois anos, seu ninho estaria vazio. O que faria então? Seguiria os filhos para a liberdade no Ocidente?

Pensou novamente em suas vizinhas, tanto muçulmanas como cristãs, e compreendeu a ansiedade e desesperança delas. Sentiam-se profundamente sozinhas, incapazes de desnudar o coração a qualquer pessoa. E se alguém lhes desse uma oportunidade de falar? Muitos maridos nunca permitiriam que suas esposas se abrissem, mas, e quanto aos que permitissem? Talvez ela pudesse fazer diferença mesmo que fosse somente para algumas pessoas.

Instantaneamente seus pensamentos se tornaram uma oração: "Ó Senhor, existe alguma esperança para as pessoas aqui?" Pensou nas missões na área de Belém. Muitos estavam indo embora por causa da intifada. Será que voltariam algum dia? "Senhor, se existe alguma esperança para essas mulheres que são minhas vizinhas, eu quero ser parte dela. Quero que elas tenham a mesma experiência que eu tenho de ti".

Naquele momento ela percebeu que não sairia da Cisjordânia com os filhos. O Senhor tinha um trabalho para ela fazer.

Jerusalém, 1988

A intifada estava no auge quando cheguei para falar em uma conferência médica cristã. Em um intervalo do programa, Bishara me levou até o Hospital Al-Maqassed, no monte das Oliveiras. Eu havia pedido anteriormente permissão para que os participantes, em sua maioria médicos, visitassem aquele hospital, mas o Ministério do Turismo, que havia ajudado a organizar a conferência, negara todos os pedidos. Por isso decidi que alguns de nós simplesmente fôssemos por conta própria, sem permissão. Enquanto subíamos o monte, eu não podia deixar de me lembrar de algumas de minhas primeiras viagens a Israel, quando ficava como hóspede em uma casa perto dali que tinha uma vista espetacular de Jerusalém. A mulher era uma cristã dedicada que comprara a casa para que pudesse ter uma vista privilegiada da volta de Cristo. Ela morrera fazia vários anos — sem testemunhar o fim da era.

O hospital que estávamos visitando era uma instituição particular administrada por muçulmanos, apesar de aberto a muçulmanos e cristãos, como explicara Bishara. Muitas das milhares de crianças feridas na intifada eram trazidas para ali. Todos os quartos estavam cheios e havia alguns pacientes em macas nos corredores. Ao redor de quase todas as camas havia familiares das crianças. Em várias ocasiões vi mães chorando por seus filhos.

As notícias sempre informavam que os soldados usavam somente balas de borracha e recebiam instruções para mirar abaixo do joelho. Entretanto, muitos ferimentos eram aterrorizantes. Parei junto a uma cama onde estava um menino paralisado em conseqüência de uma bala que se alojara em seu pescoço. A mãe dele falava árabe e Bishara traduzia.

— Eles não podem retirar a bala — disse ela com voz serena. — Os médicos dizem que ele nunca mais irá andar.

— Qual a idade dele? — perguntei.

— Onze anos — disse ela, começando a chorar.

Não pude deixar de pensar: *Onde está Deus nesta história?* A mulher usava um lenço tradicional que indicava sua origem muçulmana. Eu quis respeitar sua fé, mas me compadeci dela.

— Posso orar pelo menino? — perguntei.

Ela assentiu. Coloquei minha mão no ombro do menino e pedi a Jesus, a quem os muçulmanos reconhecem como Aquele que Cura, que curasse o menino de seus ferimentos e sua família da dor emocional.

Em outro quarto encontrei uma mulher mais velha, usando um simples colar com uma cruz, sentada com um adolescente cuja perna, envolvida por um pesado gesso, fora colocada em tração. Ela falava inglês, por isso eu lhe disse:

— Vejo que a senhora está usando uma cruz. A senhora é cristã?

— Sim — ela respondeu. — Católica.

— E este é seu filho?

— Meu neto.

— Posso perguntar o que aconteceu?

— Ele tem duas balas na perna. Uma fraturou o quadril. Os médicos acham que ele nunca mais irá andar.

— Sinto muito...

— Eu disse a ele para não ir. Seus pais lhe falaram que não fosse. Mas a pressão é muito forte. Os meninos acham que devem ir e provar que são bons palestinos. Ele teve sorte de não ter sido morto.

— Onde vocês moram? — perguntei.

— Em Jerusalém oriental.

— Vocês conseguem conservar a fé em Deus em meio a estes tempos difíceis?

A mulher olhou-me nos olhos, talvez interrogando-se até que ponto podia ser sincera com um estranho.

— O cristianismo é um compromisso diário — respondeu ela com voz firme. — Mas é uma luta diária perdoar meus inimigos. Como posso perdoar os que querem matar a mim e a meus irmãos e irmãs e vivem me negando minha terra natal? Mas *devo* perdoar. Sempre que oro o Pai Nosso, luto com as palavras "Perdoa as nossas dívidas, assim como perdoamos aos nossos devedores". Eu quero dizer: "Deus, eu perdôo meus inimigos". Eu os imagino; vejo o que eles estão fazendo cada dia. Vejo os corpos mortos, o sofrimento, o sangue. Tento perdoar, mas não posso. Por isso eu oro: "Deus, tu precisas me ajudar a perdoar, porque eu não consigo!"

Fiquei profundamente comovido com a sinceridade daquela mulher. Enquanto eu e Bishara íamos até seu carro, eu disse a ele:

— Acho que Deus está mais impressionado com a oração daquela mulher do que com todas as bobas e tolas orações que tentam 'zerar a conta' de uma só vez, dizendo: "Deus abençoe toda nossa família e amigos, amém". Aquela mulher está lutando com questões cuja magnitude muitos de nós no Ocidente nunca imaginamos.

Bishara concordou:

— Ela leva a sério a questão do perdão. Eu entendo a luta dela. Passei por isso e continuo passando.

Meu amigo me havia contado sua oração feita anos atrás, para que Deus tirasse seu ódio pelos judeus. Ele insistia que Deus havia respondido àquela oração; não sentia animosidade pessoal em relação aos judeus. Mas o conflito entre palestinos e Israel estava lhe causando sérios problemas. No início do ano, fora ordenado o fechamento da Faculdade Teológica de Belém — Israel havia fechado a maior parte das instituições educacionais na Cisjordânia e Gaza, alegando que elas eram a principal fonte de rebelião. Entretanto, com as escolas fechadas, os meninos não tinham nada para fazer a não ser atirar mais pedras.

Antes que a intifada irrompesse, eu havia solicitado que o coral da Faculdade Teológica de Belém cantasse na conferência onde eu iria fazer uma palestra.

– Que pena o coral não poder cantar para nós – disse eu enquanto voltávamos para o hotel.

– Não desista ainda! – Disse Bishara sorrindo. – Eu contatei todos os estudantes que cantam no coral. Vamos tentar fazê-los entrar no hotel amanhã!

– Por quanto tempo a escola ficará fechada? – perguntei antes de sair do carro.

– As notícias não são boas – ele admitiu. – Enquanto a intifada continuar, não acho que teremos permissão para reabrir. Tentamos dar aulas nas casas, mas isso não está funcionando bem. Cancelei as cerimônias de formatura deste ano porque os alunos não podem concluir seus cursos. Sinceramente, se isso durar muito tempo, não acho que a faculdade possa sobreviver.

– Você não deve desistir! – disse eu ao meu amigo. – Eu vou ajudá-lo. A Portas Abertas irá ajudá-lo. Sua missão é muito importante. Você está treinando os futuros líderes da igreja e me recuso a acreditar que seja a vontade de Deus que esse esforço fracasse.

– Então devemos continuar orando – disse ele resignado.

– É por isso que devemos manter a Faculdade Teológica de Belém em atividade! Os alunos precisam aprender as Escrituras e como aplicá-las. Isto mostrará aos cristãos e a toda a comunidade palestina que existe outro caminho. Um caminho melhor!

Na noite seguinte, ficamos boquiabertos quando Bishara apareceu com o coral da Faculdade Teológica de Belém, bem como com suvenires de oliveira para serem vendidos. A gerência do hotel ficou aborrecida porque os suvenires trazidos pelos alunos da Faculdade Teológica de Belém custavam a metade do preço dos mesmos itens vendidos na loja do hotel. Os jovens apresentaram um comovente programa de música e testemunho.

À noite houve outro ponto alto. Sharaf, estudante que eu apoiava na Escola Esperança havia vários anos, apareceu para me ver. Durante a nossa conversa, o assunto desviou naturalmente para a intifada. Contei a ele a respeito dos meninos que eu vira no hospital. De repente ele me disse:

– Irmão André, nunca atirei pedras contra soldados israelenses durante o tempo que estive na Escola Esperança.

– E você sabe por quê? Porque alguém orou por você!

Qual seria a mais adequada resposta cristã para o conflito? O que eu vi em Sharaf era uma pequena solução. Ele não era cristão, mas tinha aprendido os caminhos de Deus na Bíblia enquanto esteve na Escola Esperança. Nós precisávamos de milhares de pequenas soluções. Em vez de amaldiçoar as trevas na terra, precisávamos acender muito mais velas.

Gaza, 1988

Hanna Massad parecia jovem demais para ser pastor da Igreja Batista de Gaza. Na verdade, ele era o primeiro pastor nativo na congregação que os missionários Batistas do Sul haviam fundado em 1954, junto com um hospital. Até aquele momento, a maior parte dos pastores tinha vindo do Egito ou do Líbano. Hanna estava aprendendo na prática, freqüentando a Faculdade Teológica de Belém durante a semana e depois correndo para Gaza para pregar nos cultos de domingo.

Nos momentos em que a intifada estava muito intensa, Gaza não era exatamente o melhor lugar para estar. Contudo, eu sentia o desejo de visitar aquela congregação, a única igreja evangélica na populosa faixa. Queria apoiar Hanna e ficar ao lado da congregação que se reunia corajosamente no centro da Cidade de Gaza.

Durante anos a congregação se reunira na Igreja de São Felipe no terreno do hospital cristão, cujo controle os batistas transferiram para a Igreja Anglicana em 1982. No momento eles haviam se mudado para um prédio alugado no centro da Cidade de Gaza. Quando Hanna me recepcionou para o culto de domingo de manhã, explicou:

– Depois que começou o levante, ambulâncias começaram a chegar a todo momento à sala de emergência do hospital. O barulho atrapalhava as reuniões e finalmente achamos que era tempo de nos mudarmos.

A casa onde a igreja se reunia no momento pertencia a uma senhora que eu conhecia.

– Ela não quer vendê-la, mas podemos usá-la pelo tempo que quisermos. Algum dia vamos comprar o nosso prédio.

Hanna traduzia para mim enquanto eu pregava para uma congregação de cerca de 75 pessoas. Depois, conversamos mais durante a refeição. Mais tarde naquele dia ele voltaria a Belém para retomar os estudos.

– Estou limitado quanto ao que posso fazer agora – disse ele. – Mas esta igreja possui um grande potencial. Quero começar um ministério de crianças e ministrar para adolescentes, e as mulheres devem ser mais ativas. Mais importante, quero realizar algumas reuniões evangelísticas.

Confirmei sua visão.

– No devido tempo você terá a oportunidade de fazer todas essas coisas. Mas agora você não está preparado. Neste momento, você precisa ser treinado.

Hanna riu.

– No momento em que estamos, tão logo eu aprenda algo na escola, tenho a oportunidade de aplicá-lo aqui em Gaza!

CAPÍTULO

DEZESSEIS

REUNINDO OS DOIS LADOS

Belém, 1988

Salim Munayer transmitia energia mesmo quando esperava para conversar comigo depois de uma reunião na Faculdade Teológica de Belém. Como diretor acadêmico da instituição, Salim cuidava do programa do curso e dava também várias aulas. Bishara confiava muito nele. Eu me perguntava qual seria o segredo de seu entusiasmo e pensava que talvez fosse o fato de ele ter crescido numa comunidade mesclada, de árabes e judeus, onde os meninos lutavam diariamente nas ruas apenas pelo direito de brincar. Eu sabia que ele falava fluentemente o hebraico, o árabe e o inglês. Apesar de palestino, ele havia ajudado a fundar duas congregações messiânicas e lecionava tanto para estudantes universitários palestinos como para israelenses. Ele tinha uma surpreendente habilidade para movimentar-se entre muçulmanos, judeus e cristãos.

Quando me voltei para dar-lhe toda minha atenção, Salim disse:

– Irmão André, eu gostaria de propor um projeto para a Portas Abertas. – Acompanhei-o até seu escritório no prédio da administração. Nem bem sentamos e ele mergulhou no assunto. – Quero compartilhar um sonho com você. Como você sabe, eu tenho ministrado tanto a judeus messiânicos como cristãos palestinos. Na Faculdade Teológica de Belém, passo muito tempo explicando a Bishara e outros o que os israelenses pensam. E quando leciono em Jaffa, passo muito tempo explicando a judeus messiânicos o que os palestinos pensam. Dei-me conta de que, em vez de tentar explicar um grupo ao outro, seria melhor se pudesse reunir os dois.

— Você quer dizer cristãos dos dois lados?

— Inicialmente, sim. Penso que é o momento de cristãos dos dois lados começarem a conversar entre si. Sabe, tenho alunos que me perguntam sobre o que Jesus faria em meio a esta intifada. Eles querem saber como devem agir nos postos de controle. Os judeus messiânicos querem saber se devem servir no exército. Os palestinos querem saber se devem fazer algo a respeito do assentamento vizinho. Os estudantes da Faculdade Teológica de Belém dizem saber que os ensinamentos de Jesus os proíbem de se envolver em violência, mas se eles não se envolverem de alguma forma, sentem que estão traindo o seu povo. Eles lutam com a Bíblia, que fala que a herança espiritual deles vem do povo judeu. O nosso Messias era judeu, mas neste exato momento estamos em guerra com o povo judeu. Essas são questões emocionais e teológicas difíceis.

— Você acha que existe uma resposta?

— Acredito que deve haver um processo de reconciliação dos dois lados.

— Concordo. Mas como isso acontece?

— Tudo começa pela construção de um relacionamento. Muitas pessoas com as quais eu trabalho nunca passaram nem um momento sequer com uma pessoa do outro lado. Eu gostaria de tentar levar grupos dos dois lados para o deserto durante três dias. Acredito que quando estiverem longe de seu ambiente habitual, em uma situação onde puderem trabalhar juntos, podemos começar a ultrapassar os obstáculos e construir um relacionamento de confiança.

— Algo semelhante já não foi tentado antes? O que torna diferente o seu projeto?

— No passado, houve reuniões entre cristãos israelenses e palestinos, mas eles se concentraram em assuntos políticos. Aquelas reuniões acabaram sendo negativas. Existe a necessidade de desenvolver relacionamentos antes de tentar falar sobre essas questões. Mas, para iniciar relacionamentos, precisamos lidar com nossos preconceitos e a desumanização de cada lado. Acredito que um acampamento no deserto é o melhor lugar para desfazer preconceitos e construir relacionamentos para que então possamos lidar com essas questões.

Estendi a mão e agarrei o braço de Salim.

— Você é um apaixonado. Gosto disso! Mas você acha que isso realmente irá funcionar?

Entregou-me vários papéis com o esboço de um plano com os custos para o primeiro ano. Enquanto eu passava os olhos sobre eles, Salim disse:

— A realidade da nossa situação é que israelenses e palestinos estão vivendo como se fosse na mesma casa. Como vivemos muito próximos uns aos outros, é inevitável e até necessário que haja a mistura. Não há escolha a não ser viver lado a lado; portanto é essencial que haja reconciliação e a construção de relacionamentos.

Levantei os olhos e, refletindo em sua proposta, disse:

— Você pretende construir um modelo para os cristãos de ambos os lados?

— André, os cristãos podem desempenhar um papel importante na solução deste conflito porque, como conseqüência da nossa fé mútua no Messias, somos um só corpo. Foram-nos dados os instrumentos necessários à transformação de corações. Podemos responder ao ódio e à amargura com a mensagem de perdão e amor. Talvez possamos ser exemplos e modelos, mostrando que é possível viver lado a lado, livres da servidão do ódio.

— Estou convencido de que devemos tentar — eu disse. — Vou levar esta proposta à minha equipe e ver o que podemos fazer.

Levei a proposta à liderança da Portas Abertas, que concordou em assumir a responsabilidade por uma parte do orçamento de Salim.

— Vejamos como as coisas acontecem e talvez possamos fazer mais — disse Johan.

Salim deu ao projeto o nome de Musalaha, palavra árabe que significa "perdão e reconciliação". Dei-me conta de que aquele era apenas uma pequena parte do nosso trabalho mundial, mas que tinha enorme significação. Era um projeto único concebido por uma comunidade cristã local que estava tentando tratar as origens do conflito no Oriente Médio. Eu estava ansioso para ver como ele ia funcionar.

Neguebe, primavera de 1992

Yitzhak não podia evitar.[1] Ele havia sido ensinado a odiar os árabes. Para ele, o único árabe bom era o árabe morto. Contudo, ali estava ele sentado em tapetes dentro de uma tenda à moda dos beduínos com colegas judeus e árabes, tudo devido à delicada insistência de sua mulher em afirmar que ele, como judeu messiânico em Yeshua (Jesus), precisava conhecer cristãos do outro lado.

— Isso é ridículo! — Explodiu quando ela propôs pela primeira vez que participassem daquele encontro no deserto. — Os árabes não são pessoas em quem se pode confiar.

Em outro pequeno grupo, no lado oposto da tenda, Wa'el questionava por que ele precisava participar daquela reunião com judeus messiânicos.

— Se eles são crentes em Cristo — disse o palestino convertido do islamismo a seu amigo, Salim Munayer — então não precisamos de reconciliação. Já estamos reconciliados.

Mas ele sabia que não havia correlação entre aquela verdade teológica e a realidade da vida diária na Cisjordânia. Incomodava-o que judeus, cristãos ou não, insistissem na reivindicação histórica da terra onde ele vivia, devorando os direitos dos palestinos que viviam naquela região havia centenas de anos. Ele também se enfurecia com rótulo "judaísmo messiânico".

— Eles são judeus cristãos, não são? — insistia ele. — Será que nós, como cristãos de origem muçulmana, deveríamos começar um movimento muçulmano messiânico?

Contudo, sempre se esforçava para ter a mente aberta. Estava disposto a conversar com muçulmanos que desafiavam sua conversão a Cristo, bem como com judeus humanistas que trabalhavam pela paz. Por tudo isso, acabara aceitando a oferta de Salim para ter um encontro e conversar com aqueles judeus messiânicos.

O circunspecto grupo de 30 participantes — um número igual de palestinos e de judeus — organizou-se em grupos menores que se sentaram cada um ao redor de uma tigela com frango e arroz, alimento do qual cada um deveria servir-se com o auxílio de pedaços de pão sírio. Por ser a semana da Páscoa, alguns judeus messiânicos estavam comendo pão ázimo em vez do pão sírio. Em um círculo, Wa'el sentava-se perto de uma mulher palestina, que observava Evan Thomas, co-pastor de uma igreja messiânica em Betânia e membro do conselho do Musalaha. A jovem olhou para o pão ázimo na mão de Evan e perguntou:

— Por que você ainda está preso à lei?

A pergunta era motivada por uma preocupação sincera e Evan respondeu da mesma forma, afirmando calmamente:

— Uma forma que escolhi para expressar minha fé em Yeshua é pela celebração das festas judaicas. A celebração da Páscoa aponta para o derradeiro sacrifício dele, feito de uma vez por todas pelo mundo.

A mulher, que freqüentava uma igreja ortodoxa, não pareceu convencida. Wa'el, que por acaso ouviu a conversa, perguntou-se como um abismo tão grande — de idiomas, culturas e práticas religiosas — tinha a possibilidade de ser transposto em três dias.

No início da manhã seguinte o grupo saiu para explorar a antiga Rota das Especiarias que ia do sul da Arábia até a costa do Mediterrâneo. Cada camelo estava carregado com mais de 50 quilos de comida, água e equipamentos e levava ou um palestino, ou um israelense. Um companheiro do outro lado guiava o animal. Yitzhak foi o primeiro a montar enquanto seu parceiro, Wa'el, andava. Quando o sol nasceu, a caravana dirigiu-se para o sul, rumo ao vale de Timna, uma viagem de três dias e três noites ao local das minas de cobre do rei Salomão.

Ao longo do dia, Wa'el e Yitzhak trocaram de posição várias vezes. Não conversavam muito, mas trabalhavam bem juntos, principalmente persuadindo o teimoso camelo em uma íngreme ladeira rochosa até a primeira área de acampamento. Esgotados no fim do dia, cada um adormeceu rapidamente sob as estrelas. Foram acordados antes de o sol nascer por trovões e relâmpagos que iluminavam o céu. Todos ficaram encharcados com a tempestade que se seguiu. Depois o céu clareou e o calor voltou à medida que o grupo continuava a viagem, consciente de outro fenômeno — todos eles, junto com os camelos, tinham o mesmo cheiro.

Naquele dia Wa'el e Yitzhak, que viram suas defesas desabando, começaram a conversar. Yitzhak ouvia, balançando para trás e para frente no camelo, enquanto Wa'el andava ao lado do animal e falava sobre sua infância em um acampamento para refugiados na Cisjordânia. Quando garoto, sua casa fora seriamente danificada quando a casa vizinha foi destruída como punição pela participação de um membro da família em um ataque contra colonos israelenses.

— Ficamos sem ter para onde ir — disse Wa'el. — Uma família vizinha nos acolheu até que pudéssemos consertar a nossa casa.

Dois anos depois minha mãe ficou muito doente e, apesar de meus irmãos, irmãs e eu orarmos por sua recuperação, ela morreu. Eu estava convencido de que minha mãe era a melhor pessoa do mundo; então, por que Deus não a salvara? Foi uma grande decepção para mim.

— Vocês eram uma família muçulmana? — Perguntou Yitzhak.

— Éramos muçulmanos, mas não devotos. Quando eu era adolescente, meus tios começaram a me levar para as orações na mesquita. Mas eu não via por que deveria adorar a Deus já que ele não nos ajudava de forma alguma em nossos problemas. Comecei a ler filosofia — os clássicos gregos, Lênin, Marx. Passava longas horas discutindo com muçulmanos. Não podia juntar-me àqueles que diziam que não havia Deus. Eu cria na existência de um Deus, mas não tinha certeza de que era o Deus descrito no Alcorão.

Wa'el andou em silêncio por alguns minutos, até Yitzhak perguntar:

— E o que o levou a converter-se a Jesus?

O jovem palestino riu ao responder:

— Quando adolescente eu comecei a ler a enciclopédia. Ela me deu informações concretas sobre muitas coisas, incluindo o cristianismo. Depois, durante quase dois anos, fiz um estudo bíblico por correspondência. Finalmente, concluí que Jesus Cristo é o caminho para Deus. Aquilo foi como uma luz lançada por Deus em meu coração. Assim, eu cri em Cristo e quis crescer nele e saber mais a respeito dele.

Yitzhak ficou espantado ao ouvir as palavras do novo amigo. Ele tinha mais em comum cultural e espiritualmente com aquele palestino do que com muitos judeus que haviam imigrado para Israel vindos de lugares como os Estados Unidos, a Rússia e a Europa. Estava surpreso com as semelhanças entre o seu próprio testemunho e o de Wa'el.

— Eu nasci em uma família judaica tradicional — disse ele. — Meus pais se mudaram para cá em 1948 vindos do norte da África. Quando terminei meus três anos no exército israelense, considerei-me um agnóstico. Depois viajei pela Europa durante alguns meses. Um amigo me deu uma Bíblia antes de eu partir e não pude parar de ler. Pouco antes de voltar para Israel, tornei-me cristão.

— Como sua família reagiu a tudo isso? — perguntou Wa'el, sabendo que, assim como as famílias muçulmanas, as famílias judaicas podem se dividir quando um integrante professa a fé em Jesus Cristo.

— Minha mãe tornou-se cristã. Mas no início meu pai foi extremamente contra. Pela graça de Deus, ele tornou-se mais aberto porque viu o que tinha acontecido à minha mãe e a mim, e não pôde deixar de admitir que era bom. Ele ainda não é cristão, mas agora nos aceita e, de vez em quando, até vai a reuniões.

O que Yitzhak não podia dizer a Wa'el — o relacionamento dos dois era recente demais — era que em seu retorno a Tel Aviv ele se envolveria com uma congregação messiânica que celebrava a fé em Jesus como

Messias no contexto do judaísmo, da nação de Israel e do sionismo. Tal como seus companheiros cristãos, Yitzhak havia ignorado completamente os árabes até um ano atrás, quando se casara com outra judia messiânica. Ela trabalhava com árabes em um hospital e o chocou ao dizer:

— Acho que gosto deles!

~

Na última noite, Evan Thomas pediu a dois homens que construíssem uma mesa de pedra, que ele então cobriu com um *kaffiyeh*[2] limpo. Como um dos membros fundadores do Musalaha, Thomas compartilhava a visão de Salim para o que estava acontecendo naquele momento no deserto. Ele e a esposa, Maala, tinham imigrado para Israel vindos da Nova Zelândia em 1983. Eles se juntaram a David e Lisa Loden para liderar uma congregação messiânica, Beit Asaf, em Betânia. A primeira vez que Thomas pensou na possibilidade de fundar o Musalaha fora durante uma campanha evangelística em Haifa, onde a um grupo de judeus messiânicos juntaram-se 15 cristãos palestinos. Thomas sorriu ao recordar-se daquele evento de três dias. Havia oito israelenses que oravam para receber Jesus como seu Messias e sete deles foram levados ao Senhor pelos cristãos palestinos. Aquilo o estimulou a visitar congregações árabes na Galiléia e ele se viu sentindo empatia por aquelas comunidades. Para ele fora lógico ampliar aquele encontro num ministério de reconciliação entre os dois grupos.

Todos os participantes estavam agora reunidos ao redor da mesa de pedra em tapetes beduínos enquanto Evan punha pão ázimo e vinho sobre a mesa.

— Esta é a última noite da Páscoa — disse ele quando o serviço religioso começou. Resumidamente, explicou as origens do sacramento da Comunhão dentro da tradição da refeição da Páscoa.

Depois leu pausadamente Efésios 2. Wa'el sentiu as palavras reverberando com novo impacto em sua mente: "Portanto, lembrem-se de que anteriormente vocês eram gentios por nascimento e chamados incircuncisão pelos que se chamam circuncisão, [...] [lembrem-se] que naquela época vocês estavam sem Cristo, separados da comunidade de Israel, sendo estrangeiros quanto às alianças da promessa, sem esperança e sem Deus no mundo. Mas agora, em Cristo Jesus, vocês, que antes estavam longe, foram aproximados mediante o sangue de Cristo".

Yitzhak também sentiu um impacto quando Evan leu as palavras de Paulo: "Pois ele é a nossa paz, o qual de ambos fez um e destruiu a barreira, o muro de inimizade, anulando em seu corpo a Lei dos mandamentos expressa em ordenanças. O objetivo dele era criar em si mesmo, dos dois, um novo homem, fazendo a paz, e reconciliar com Deus os dois em um corpo, por meio da cruz, pela qual ele destruiu a inimizade".

Ao ouvir aquelas palavras, Yitzhak teve de admitir perante Deus que ele de fato odiava os árabes e que isso contrariava o que Deus dissera. Deus havia trazido a paz entre árabes e judeus. E, depois de ouvir o testemunho de Wa'el, ele tinha de reconhecer que Deus estava trabalhando entre os palestinos exatamente como estava fazendo entre o povo judeu.

Evan Tomas levantou um grande pedaço de pão ázimo e o partiu.

— Isto é o corpo de Cristo, partido por vocês.

Em seguida, levantou o copo de vinho.

— Isto é o sangue de Cristo que foi derramado por vocês. Eu gostaria que cada um de vocês viesse aqui e pegasse os elementos, mas deles não se servisse. Em vez disso, peço que vocês sirvam os elementos a outro irmão ou irmã, a quem o Senhor estiver indicando que você sirva.

Nos minutos seguintes houve silêncio, amplificado pela árida paisagem ao redor. Não havia vento; nenhum barulho de inseto rompia o silêncio; havia somente o bufar de um camelo no campo a alguns metros de distância. Evan começou a duvidar da sabedoria de suas instruções. Certamente, aquelas pessoas nunca haviam participado da mesa do Senhor daquela maneira, mas não podia pensar em um modo melhor de transpor as barreiras e ajudá-las a ver que eram uma só pessoa em Cristo.

Wa'el e Yitzhak levantaram-se ao mesmo tempo, foram à frente, pegaram os elementos e ficaram de frente um para o outro. Muitos no grupo tinham lágrimas nos olhos quando os dois serviram a comunhão um para o outro. O poder do que se via dispensava qualquer palavra. Todos podiam ver: Por meio de Cristo, tanto palestinos como judeus tinham acesso ao Pai por um só Espírito. Logo os demais seguiram o exemplo deles e à medida que o faziam, captavam a visão que Evan e Salim tinham para o Musalaha. Um enorme abismo fora transposto; a verdadeira reconciliação havia começado.

Se Deus podia reunir um judeu e um palestino, por que não o faria com um milhão de judeus e um milhão de palestinos?

QUAL SERÁ O RESULTADO DESTE SOFRIMENTO?

Cisjordânia e Gaza, dezembro de 1992

Dois ataques armados haviam deixado seis soldados israelenses mortos e o sargento Nissim Toledano fora seqüestrado. O grupo fundamentalista islâmico Hamas assumiu a responsabilidade pelos acontecimentos. Eles exigiam que, em troca de Toledano, Israel libertasse da prisão o xeque Ahmad Yassin, fundador e líder espiritual do Hamas. Em vez de ceder ao pedido de resgate, o primeiro ministro Yitzhak Rabin ordenou uma poderosa operação de busca e resgate em todo Israel.

Três dias depois o corpo de Toledano foi encontrado próximo à rodovia Jerusalém-Jericó.

A retaliação foi planejada com rapidez. Uma lista de nomes foi preparada. Os soldados receberam suas incumbências. Seria uma operação relâmpago.

— Isto irá cortar a cabeça — disse um dos oficiais no comando — e porá um fim ao Hamas.

~

Abd al-Fattah al-Awaisi descansava em sua sala de estar, revendo anotações para sua aula de história no dia seguinte na Universidade de Hebrom, quando soldados irromperam pela porta da frente. Dois deles arrancaram o professor da cadeira enquanto os outros apontavam as armas para sua esposa e filhos e ordenavam que fossem para os fundos da casa.

— Prepare-se. Você será a próxima! — disse o soldado com voz ameaçadora enquanto a esposa de al-Awaisi levantava as mãos e se afastava. Uma venda foi colocada de maneira brusca sobre os olhos de Awaisi, e um fino cordão de plástico amarrado firmemente em seus pulsos atrás das costas. Trinta segundos depois ele era levado de casa.

Na manhã seguinte, o xeque Abdul Aziz Kajuk estava em um pequeno quarto aguardando tratamento no Hospital de Shefa quando chegaram os soldados à sua procura. Ele também foi vendado, amarrado pelos pulsos e levado.

Ao meio-dia Taher Lulu, pediatra do Hospital Nasser em Gaza, preparava o almoço quando soldados israelenses o interromperam. Ele não comeria nada nos dois dias seguintes.

O comerciante Adly Rifaat Yaish recebeu um telefonema naquela tarde.

— O senhor poderia, por favor, vir até a delegacia de polícia? — foi o pedido educado que recebeu. — Temos algumas perguntas para fazer. Só levará alguns minutos.

Yaish achou aquilo estranho. Para um palestino, ele tinha liberdade excepcional para viajar a negócios para Jerusalém e Jordânia. Nunca fora detido ou interrogado. Pegou o casaco, disse à secretária que ia sair por alguns minutos e foi para a delegacia, onde teve imediatamente as mãos e pés amarrados com fio plástico, foi vendado e empurrado para dentro de um ônibus.

Yaish sentiu outro homem sentado ao seu lado no banco duro.

— O que está acontecendo? — perguntou ele.

— Silêncio! — veio a ordem ríspida, acompanhada de uma pancada de cacetete nas costas. — Nada de conversa no ônibus.

Alguns minutos depois, Yaish ouviu a porta do ônibus fechar-se e o motor a *diesel* acelerar. *Por quê?*, ele se perguntou. *Aonde estão nos levando? O que fiz para receber este tratamento?*

Ninguém falava. Não foram dadas explicações. Ele estava grato por haver pegado o casaco — era a única coisa que o protegia do vento que entrava pelas janelas do precário ônibus.

~

Passaram-se horas. Não houve paradas para irem ao banheiro, nenhuma comida ou água. A julgar pela escuridão, al-Awaisi achava que o sol já havia se posto. Ele tentou cochilar, mas, forçado a manter a cabeça abaixada atrás do assento à sua frente e com os braços amarrados às costas, era impossível encontrar uma posição confortável. Ainda sentia os efeitos da noite que passara confinado em uma cela fria. Os músculos das costas estavam rígidos. Ele se perguntava como sua fraca saúde poderia resistir sob tais condições.

No meio da noite, houve uma parada breve. Al-Awaisi ouviu vozes lá fora. Depois a porta se fechou e o ônibus continuou. Na manhã seguinte, quando notou que a luz do dia começava a aparecer pelo parte inferior de sua venda, al-Awaisi percebeu que o ônibus subia com dificuldade uma colina íngreme. Obviamente estavam se dirigindo para as montanhas. Até ali, nada de explicação. Ele precisava ir urgentemente ao banheiro, mas nenhuma necessidade física estava sendo considerada naquela situação.

Finalmente — não sabia ao certo se alguns minutos ou algumas horas depois — al-Awaisi sentiu um golpe de ar frio quando a porta do ônibus se abriu. Um soldado cortou os fios ao redor de seus tornozelos.

— Todos em pé! — veio a ordem. — Andando, andando!

Os gemidos dos outros homens expressavam o desconforto de al-Awaisi, cujos músculos rígidos se rebelavam. Seus pulsos estavam inchados devido ao fio. Teve dificuldade para se equilibrar quando se levantou e tropeçou no corredor, quase caindo ao sair do ônibus.

A venda foi arrancada dos olhos de al-Awaisi. Um soldado agarrou seus braços e cortou a corda em torno de seus pulsos, no mesmo gesto acrescentando um corte ao seu braço esquerdo. Depois ele foi empurrado para junto de um grupo de homens amontoados a alguns metros do ônibus.

Levou uns momentos para seus olhos se acostumarem à luz. Era um dia cinzento, com nuvens cobrindo as montanhas ao redor. Para onde olhava, via rochas irregulares e nem um pouco de vegetação. Outro homem se chocou com ele ao cambalear após o empurrão de um soldado. Parecia não ter percebido a presença de al-Awaisi e esfregava os braços tentando restabelecer a circulação, mantendo as mãos abaixadas para encobrir o vexame de uma grande mancha molhada — obviamente não conseguira prender a bexiga por mais tempo.

— Ouçam com atenção! — gritou um soldado em um árabe truncado. — Vocês foram deportados por um período de dois anos. Talvez um de seus vizinhos árabes abrigue vocês. Caso contrário, é aqui que vocês vão ficar.

Depois o soldado voltou para o ônibus. As rodas espirraram pedriscos nos homens quando o ônibus arrancou, para depois dar a volta e desaparecer.

— Onde estamos? — perguntou um dos homens.

— Estou congelando! — Disse outro deportado. — Não posso imaginar um lugar mais miserável e desolado.

— Dois anos — resmungou al-Awaisi. — Como vou sobreviver aqui por dois anos?

Holanda, dezembro de 1992

Eu estava descansando em uma das salas do Centro Internacional de Exposições em Utrecht, Holanda, dando uma pausa no divertido mas exaustivo desafio de falar a 700 jovens na conferência de Missões de 1993. Uma hora antes havia terminado uma palestra sobre como, desde a queda da Cortina de Ferro, o islamismo aparecia como o maior desafio para os cristãos e para o mundo ocidental.

– O que o comunismo foi para o século 20, o islamismo será para os próximos cem anos – dissera eu aos estudantes universitários que estavam avaliando seu chamado para o campo missionário.

Eu estava quase terminando de rever minhas anotações para a próxima palestra quando o telefone tocou.

– André, aqui é Len Rodgers.

– Len, que surpresa! – Rodgers era um velho amigo do Líbano que dirigia um grupo chamado Projeto Oriente Médio. Eu quis saber como ele me encontrara ali. – De onde você está falando?

– Estou em Beirute. Você tem acompanhado as notícias daqui?

– Sobre os deportados?

– Sim. Estou indo vê-los no dia de Ano Novo. – Que seria dali a dois dias. – Ouvi dizer que eles mal sobrevivem em condições absolutamente miseráveis. Por que não vai comigo e vê o que Cristo pode fazer por eles?

Eu soubera de alguns fatos da história, pelo noticiário da BBC. Um total de 415 palestinos da Cisjordânia e de Gaza, muitos deles médicos, advogados, professores universitários, negociantes e outros profissionais, haviam sido levados – tirados de suas casas e locais de trabalho, mais alguns da prisão – e transportados pela fronteira até o Líbano e deixados na escarpa de uma montanha. O governo israelense declarou que aqueles homens eram os mentores intelectuais do Hamas, grupo que reivindicava a responsabilidade pela morte de seis soldados israelenses. Entretanto, a comunidade mundial levantara um clamor contra as deportações, alegando que violavam a Convenção de Genebra. A ONU aprovou a Resolução 799 condenando a ação e exigindo que os palestinos fossem devolvidos a suas casas.

Ainda sem compreender por quê, senti que aquela era uma viagem que precisava fazer.

– Adoraria ir com você – disse eu a Len. – Mas amanhã à noite, véspera de Ano Novo, dirijo uma reunião de oração com sete mil jovens. Vou pedir a eles que orem por esses homens. Depois, em uma semana desço até o Líbano.

Ao desligar o telefone, eu tentava compreender minha compulsão de visitar aqueles homens em particular. Nos últimos anos eu conhecera líderes do Hezbollah, o grupo muçulmano radical muito conhecido por seus seqüestros de estrangeiros famosos. Apesar de suas ações serem detestáveis, eu saíra impressionado com a devoção deles tanto a sua fé como a sua causa. Tinham uma disciplina que eu raramente havia encontrado entre os cristãos do Ocidente. Mais surpreendente ainda, aqueles homens estavam dispostos a manter um diálogo. De fato, o xeque Fadlallah me convidara para discutir abertamente o cristianismo com ele. Eu me perguntava se haveria a mesma abertura entre o Hamas.

Em 1988, eu ouvira um pouco a respeito do Hamas por intermédio de amigos em Gaza. O fundador do grupo, o xeque Ahmad Yassin, definhava em uma prisão israelense, envolvido em vários atos de violência contra Israel, incluindo a morte de dois soldados. Durante a década de 1970, ele estabelecera em Gaza um ramo da Sociedade de Irmãos Muçulmanos (o primeiro grupo fundamentalista islâmico, iniciado no Egito na década de 1920) para conclamar os palestinos de volta à essência das virtudes islâmicas. Seu método consistira em estabelecer um centro islâmico a partir do qual vários serviços médicos e sociais eram oferecidos na Cidade de Gaza e por toda a faixa. Desse modo, construíra uma base de poder que acabou vindo a ser considerada por Israel como uma alternativa viável para a Organização para a Libertação da Palestina (OLP) de Yasser Arafat. Ouvi inclusive boatos de que Israel tinha ajudado a custear o trabalho nos primeiros anos, até começar a compreender o radicalismo do programa político de Yassin.[1] Em 1987, o grupo ficou conhecido como Movimento da Resistência Islâmica (ou Hamas, seu acrônimo árabe, que significa "entusiasmo" ou "coragem"),[2] com o objetivo declarado de enfrentar e destruir Israel.

Um amigo da Igreja Batista de Gaza explicou a significação do grupo:

– Eles recrutaram em universidades e mesquitas milhares de jovens, que se sentem atraídos por um islamismo radical e apaixonado; a freqüência às orações aumentou de forma impressionante. Têm conseguido impor a reforma da moralidade na maior parte de Gaza, fechando cinemas e locais que vendem bebidas alcoólicas. Então, em março último, organizaram sua primeira operação militar. Estamos preocupados, porque estão totalmente comprometidos com o islamismo e acreditam que a insurreição é uma expressão de sua fé.

Fiquei sabendo por intermédio desse amigo que o Hamas publicara recentemente um documento oficial. Consegui uma cópia e li. Tratava-se de uma manifestação explicitamente anti-semítica declarando que seu objetivo era "levantar a bandeira de Alá sobre cada centímetro da Palestina", rejeitando toda conferência de paz e outras soluções pacíficas e anunciando que a solução para o problema palestino era a "jihad".[3] Naquela época havia negociações de paz acontecendo em Madri, mas o Hamas declarava que tais conversações eram inúteis.

Meu amigo da Igreja Batista de Gaza tinha razão de estar preocupado. Havia centenas de milhares de muçulmanos na Faixa de Gaza, comparados a, talvez, dois mil cristãos, sendo apenas um punhado deles evangélicos. O que a Igreja poderia fazer para combater essa esmagadora vantagem se os muçulmanos estavam assim tão organizados e determinados? Eu havia conhecido alguns clérigos de igrejas tradicionais em Gaza e eles eram tão ostensivamente anti-Israel que eu temia que não ajudassem seus rebanhos a encontrar uma resposta cristã.

Por que deveria eu, um cristão e amigo de Israel, pensar em falar com aqueles fanáticos muçulmanos? Levantei-me e comecei a andar pelo quarto. Algo me preocupava. Teria sido certo, mesmo legal, expulsar aqueles homens de suas casas? Eu podia compreender o medo de Israel. Ao atacar o exército israelense, o Hamas tornava-se certamente uma ameaça à segurança do país, mas aqueles homens em particular não tinham sido acusados de nada; as autoridades de Israel tinham até admitido que os deportados não eram cúmplices das mortes. Eles não tinham cometido crime algum nem sido julgados, contudo haviam sido jogados na encosta de uma montanha num país estrangeiro que não os queria e viam-se agora obrigados a sobreviver como pudessem em condições miseráveis. Aquilo não era certo. Aquilo não era justiça!

Mas, talvez mais importante, eu sentia que, visitando aqueles homens, eu poderia abrir uma porta em nome da Igreja em Gaza. Não havia dúvida de que o Hamas já era uma influência significativa. Como a Igreja deveria reagir? Poderia ignorar aqueles homens, mas o islamismo fundamentalista não desapareceria — proporcionava uma alternativa atraente à OLP e uma "resposta" potencial à presença de Israel. Não, a Igreja precisava adiantar-se e mostrar uma alternativa à violência. O primeiro passo era ir ao Hamas e expor-lhe o verdadeiro cristianismo. Aquilo, eu cria, era o que Deus estava me pedindo que fizesse.

Na noite seguinte dirigi um longo período de oração com estudantes de toda a Europa. Quando se aproximou a meia-noite, anunciei:

— Ontem, recebi um telefonema do Oriente Médio. Foi um apelo urgente para ir passar o dia de Ano Novo com 415 palestinos que tremem de frio na encosta de uma montanha no Líbano. Mas decidi estar com vocês aqui e pedir-lhes que orem por aqueles homens.

Um silêncio incomum abateu-se sobre o auditório. Vários estudantes agitavam bandeiras diversas, sua forma de orar por muitos países. Entre elas, notei algumas bandeiras azuis e brancas, cores israelenses.

— Ir até aqueles homens não significa concordar com suas idéias. Eu não concordo. Mas eles são pessoas, e pessoas não devem ser tratadas dessa forma. Por isso estou indo visitá-los e levar-lhes o amor de Jesus Cristo.

Quando terminou o momento de oração, vários estudantes vieram até mim com lágrimas nos olhos e admitiram:

— Irmão André, que Deus me perdoe. Nunca antes eu orei por um árabe ou palestino.

Havia também uns jovens que estavam irritados.

— Por que você ama os palestinos? — questionaram eles. — Não sabe que Israel pertence aos judeus?

Olhei para uma jovem que gritava para mim agitando uma bandeira israelense. Balançando a cabeça, perguntei-lhe:

— Que mal há em orar pelos palestinos?

Não acredito que ela tenha me ouvido.

Marj al-Zohour, Líbano, dezembro de 1992

Abd al-Fattah al-Awaisi sentia-se enclausurado. Estava com dificuldades para respirar naquela altitude elevada. Quando as nuvens subiam um pouco, conseguia ver o monte Hermom a leste, coberto de neve. Mas na maior parte do tempo as montanhas onde ele e seus companheiros deportados tinham sido deixados ficavam sufocadas por nuvens, produzindo uma névoa fria que gelava até os ossos. Os homens estavam agitados, ansiosos por escapar de sua prisão no deserto, mas para onde iriam? O exército libanês os impedia de viajar para o norte. Montanhas intransponíveis os cercavam a leste e a oeste. Perto de cinco quilômetros para o sul, o exército israelense patrulhava a fronteira.

Os líderes, especialmente o dr. Abdulaziz Rantisi, tentavam impor ordem à situação. Organizados de acordo com suas cidades de origem, os homens foram distribuídos em cerca de quarenta barracas. Havia 11 médicos no acampamento e eles estavam empenhados em tratar dos homens com lacerações nos pulsos e tornozelos e aconselhá-los quanto a procedimentos de saúde. A Cruz Vermelha Internacional, que armara as barracas, fornecia aos homens uma pequena quantidade de comida e água. Até então nenhuma outra agência humanitária havia entrado no acampamento.

Quatro dias depois da chegada deles, al-Awaisi foi acordado com um solavanco. Lenvantara mais cedo para as orações e depois pegara no sono de novo.

— Todos em pé! — vieram os gritos ríspidos em árabe. Os homens se arrastaram para fora das barracas e se depararam com integrantes do exército libanês apontando metralhadoras para eles. — Vocês vão marchar! — veio a ordem.

Os homens, impelidos pelos soldados, desceram marchando pela estrada de terra em direção a Israel. Al-Awaisi lutava para se manter em pé. Sua respiração era ofegante; seu peito doía. Mas, ao se aproximarem da fronteira, uma onda de entusiasmo o encheu — estavam indo para casa! À noite dormiriam em suas próprias camas!

Uma rápida rajada de metralhadora destruiu aquelas esperanças. Balas voavam sobre as cabeças no momento em que o grupo se jogava no chão encharcado. Os soldados libaneses recuaram disparando algumas salvas em direção ao exército israelita. Os tiros do contra-ataque rasgaram o chão ao redor dos homens aterrorizados. Dos canhões dos tanques reverberaram estrondos mais profundos. A terra, revolvida pelas explosões, chovia sobre eles.

Em seguida, silêncio. Os soldados libaneses haviam desaparecido. Com voz forte o dr. Rantisi ordenou que os homens retrocedessem até o acampamento. À medida que o grupo se arrastava voltando para as tendas, al-Awaisi viu um dos homens segurando o braço, aparentemente ferido por uma bala ou estilhaço. Outro jovem sangrava na mandíbula e no queixo. Quando chegou à tenda, exausto da marcha, um terrível desespero se abateu sobre al-Awaisi. Sofria pela mulher e oito filhos e se interrogava se algum dia os veria novamente. Ele se perguntava: *Qual o significado deste sofrimento? A que ele poderá levar?*

CAPÍTULO

DEZOITO

CADA BARRACA É UMA MESQUITA

Líbano, janeiro de 1993

Incluindo o tempo gasto em alguns postos de fiscalização militar, levou cerca de três horas para ir de carro, na chuva, do aeroporto de Beirute até as desoladas montanhas de Marj al-Zohour, no extremo sul do Líbano. Os primeiros raios de luz da manhã lutavam para ultrapassar as grossas nuvens quando passamos por um vilarejo e paramos num posto de fiscalização bloqueando a estrada que subia para o acampamento. Eu estava contente pelo fato de a emissora conhecida como Omroep Evangélica (de origem holandesa) ter-me cedido uma câmera e um *cameraman*, proporcionando-me uma cobertura jornalística.

Depois de conferir nossos passaportes, um soldado examinou cuidadosamente o nosso carro, à procura de alimentos e outros suprimentos.

— O que ser estes livros? — perguntou ele em inglês truncado.

— São Bíblias — disse eu. Mostrei-lhe também exemplares do meu livro *O contrabandista de Deus*, em árabe, e *O refúgio secreto*, de Corrie ten Boom.

O soldado conversou com seu superior e, juntos, foram até o carro.

— Não pode levar todos estes livros — disseram eles. Agarraram uma pilha, dizendo: — Pegar eles na volta.

Que estranho, pensei, que tivessem confiscado somente alguns livros. Por que não todos? Por que confiscar livros, afinal? Decidi que não pegaria os livros na volta — talvez aqueles soldados pudessem lê-los.

Avançamos com o carro ao longo de cerca de seis tortuosos quilômetros até o melancólico acampamento, formado em sua maior parte por barracas verde-oliva que emprestavam o único colorido em meio às rochas cinzentas e pontiagudas. Desci e me agaselhei bem com meu cachecol e sobretudo para repelir o vento cortante. Havia pouco sinal de atividade – a maior parte dos homens estava amontoada nas barracas. Alguns jarros de água vazios estavam jogados no chão. Pedaços de plástico rodopiavam ao vento. Do lado de fora de uma das barracas, roupas penduradas num varal improvisado tremulavam ao vento.

Rapidamente dois homens com capas de chuva vieram ao meu encontro. Mostrando mais coragem do que realmente sentia, eu disse:

– Eu sou Irmão André e vim da Holanda para visitá-los.

O líder do acampamento estendeu-me a mão direita enquanto mantinha o casaco fechado com a esquerda.

– Sejam bem-vindos! – disse ele. – Sou o dr. Abdulaziz Rantisi.

Reconheci o nome pelo que eu já havia lido. Ele era o segundo no comando do Hamas, depois do xeque Yassin. Rantisi estava acompanhado pelo imã[1] do acampamento. Juntos eles se ofereceram para me levarem para conhecer o lugar.

Andamos por uma vereda lamacenta, ao longo da qual a água da chuva escorria num fluxo. Fazia muito frio e eu me perguntava se iria nevar. Em determinado momento o imã parou e tirou cada uma das botas para despejar a água que se acumulara nelas. Meus sapatos também estavam enchendo-se de água, mas achei que seria inútil esvaziá-los.

Como pode alguém iniciar uma conversa com estrangeiros ensopados e mortos de frio e que, além disso, podiam ser terroristas?

– Sabem, na Holanda, fazemos isto nos feriados – disse eu. – Juntamos lenha, nos alojamos em barracas e andamos na chuva. Suponho haver algo no homem que deseja o retorno a um estilo de vida primitivo.

O dr. Rantisi me deu uma olhada, talvez querendo saber como estava a minha sanidade, depois soltou uma risada.

– Na verdade vocês fazem isso por escolha própria. Mas nós somos forçados a isso, e agora é inverno.

– Não sei como vocês conseguem suportar estas condições – disse eu com um suspiro. – Mas, sem bom humor, não se pode sobreviver.

O líder do acampamento balançou a cabeça em assentimento e sorriu; nesse momento pude perceber que começávamos a quebrar o gelo.

– Ainda bem que não está nevando – disse o imã. – Fomos informados de que a neve pode se acumular chegando à altura de um metro e meio. Se isso acontecer, nossas barracas ficarão cobertas até o topo.

Fora de uma das barracas havia uma caixa de batatas.

– Isso é o que temos para comer! – disse Rantisi, segurando uma batata. – Isto é tudo. E porque está tudo molhado, não podemos acender fogo para cozinhar as batatas. Hoje não temos nada para comer.

Um menino saiu da barraca e eu pedi para falar com ele por um momento.

– Qual a sua idade? – perguntei por intermédio do imã, que traduziu o que eu disse para o árabe.

– Dezesseis anos – respondeu.

Olhei para ele e pensei em meus filhos na mesma idade e me perguntei como se sairiam naquela situação miserável.

– Você sabe por que está aqui?

Ele balançou a cabeça para dizer não e pareceu que ia romper em prantos.

Continuando o nosso roteiro, perguntei ao imã:

– Vocês fazem suas orações, cinco vezes ao dia?

– Sim, claro – respondeu ele.

– E onde vocês oram? Não vejo nenhuma mesquita.

O imã alisou a barba irregular durante um momento, depois respondeu:

– Cada barraca é uma mesquita.

Aquela resposta me chocou. De repente percebi que o islamismo não dependia de edifício. Para muitos cristãos, a igreja não podia funcionar sem um prédio. Que diferença faria em nosso mundo se acreditássemos que cada casa fosse uma igreja?

Perguntei ao dr. Rantisi:

– O senhor é integrante do Hamas?

– Não. Fui integrante, agora não sou mais.

Eu estava surpreso com a resposta e não tinha certeza de como interpretá-la. Talvez ainda não confiassem em mim. Ou talvez estivessem fazendo jogo de palavras. Quando nos enfiamos debaixo do toldo de uma barraca para fugir da chuva, observei:

– Tenho lido em jornais que o senhor se sente contente de estar aqui porque isso lhe dá a oportunidade de tomar o controle da OLP.

O dr. Rantisi ficou confuso e falou ao imã, que traduziu minhas palavras. Os dois homens conversaram durante um momento, depois o imã traduziu a resposta de Rantisi:

– Não estamos buscando tomar o lugar da OLP. Ela representa os palestinos e nós fazemos parte do povo palestino. Somos um grupo de intelectuais, um grupo de médicos, advogados, homens de negócios, professores. Nós e a OLP somos irmãos – do mesmo sangue.

– Antes de ir para o Líbano, eu conversei com um representante da OLP em Haia. Ele me disse que a OLP está fazendo um jejum de dois dias por semana por vocês.

– Segundas e quintas-feiras! – disse o imã rindo. Olhei pra ele surpreso.

– Essa é a nossa tradição quando não é o Ramadã – jejuamos às segundas e quintas-feiras. Queremos estar bem perto do nosso Senhor e do Senhor de vocês e do Senhor dos céus e da terra, o nosso criador. Sentimos que aqui estamos perto dele.

– Aqui estamos mil metros mais perto do céu – disse eu – mas o clima não é muito agradável.

Eles riram e eu senti que começava a estabelecer uma conexão com aqueles homens. Alguém estava ali para compartilhar da miséria deles, pelo menos por alguns momentos.

– Estou aqui como cristão para representar Jesus Cristo e expressar solidariedade a todos vocês porque achamos terrível o que aconteceu.

Rantisi me respondeu diretamente em inglês:

– Muito obrigado. Os cristãos são as pessoas no mundo mais próximas dos muçulmanos porque Deus é o nosso Senhor e Senhor deles. Sendo assim, nós somos realmente irmãos.

– Tenho uma pergunta muito importante a vocês dois. Depois que tudo isto acabar, acham que haveria a possibilidade de perdoarem a Israel pelo que tem feito?

Rantisi e o imã conversaram, e foi o imã que respondeu:

– De fato, como muçulmanos, gostaríamos de perdoar sempre. Podemos punir qualquer um que nos pune. Mas o Alcorão diz que se você perdoa, é melhor para você e para os outros.

– Espero que consigam – disse eu. – Todos nós precisamos de perdão.

– Se o governo israelense nos levar de volta amanhã, nós perdoaremos.

Eu não esperava que Israel voltasse atrás e queria saber como aqueles homens reagiriam se vivessem muito mais tempo naquelas condições.

Saímos de novo para a chuva, que então caía mais forte do que quando eu chegara. Nossa próxima parada foi numa barraca com a palavra "clínica" escrita claramente em inglês na aba. Não havia ninguém dentro. Sobre um banco havia quatro caixas de remédios e suprimentos. No chão úmido estava outra caixa e junto a ela, uma única muleta de madeira. Não parecia muito para um acampamento de mais de 400 homens. Enquanto isso, um dos homens que se juntara ao nosso pequeno grupo para ouvir a conversa, correu para encontrar o médico responsável. Sugeri que esperássemos dentro da barraca.

— Caso contrário vamos nos afogar.

Instantes depois eu era apresentado ao dr. Mahmoud Zahar. Era um homem baixo, com barba preta bem aparada e olhos pretos, penetrantes. A chuva fazia barulho ao cair sobre a barraca e praticamente tive de gritar para ser ouvido:

— Há muitos doentes aqui? — perguntei.

Em um inglês claro, o dr. Zahar fez uma avaliação clínica da situação.

— Temos doenças respiratórias em conseqüência do frio e da umidade. Muitos homens têm disenteria e diarréia, porque a água é ruim. Há dez homens no acampamento com diabetes e tudo o que temos para comer são batatas — essa não é uma boa dieta para pessoas com diabetes. Nesta clínica, como você pode ver, não temos aquecimento, não temos luz. Realizamos várias pequenas cirurgias com anestesia local.

— Devo dizer que estas condições são miseráveis. Gostaria de poder ter trazido mais, mas tenho aqui algumas pílulas para purificar a água de vocês.

Entreguei ao médico a sacola plástica com as pílulas. Ele ficou grato:

— Pelo fato de estar aqui, você está falando à consciência do mundo.

— É por isso que estou aqui.

— Você está compreendendo a nossa situação. Não se pode imaginar quanto tempo vamos ficar aqui. Eu estou falando ao mundo. Qual é a nossa culpa? Qual é a nossa culpa? Nós somos inocentes!

— Você é integrante do Hamas? — perguntei.

— Não! Somos membros de associações. Somos médicos, advogados e professores — profissionais. Qual é a nossa culpa? Se têm acusações a fazer, que nos levem ao tribunal!

Fiquei surpreso com a energia daquele homem. Enquanto falava, apontava para mim, enfatizando:

— Qual é a nossa culpa?

Respondi perguntando a ele:

— O que lhe dá forças para continuar?

— É a nossa religião! — respondeu ele, e isso o fez mudar o discurso. — Não se proíbe que um cristão seja um verdadeiro cristão. Não se proíbe que um judeu seja um verdadeiro judeu. Da mesma forma, não se proíbe que um muçulmano seja um verdadeiro muçulmano. Nós somos de paz. A nossa solução é a paz. Estamos à procura de um método pacífico para alcançar a justiça em nossa região.

Os métodos do Hamas não pareciam muito pacíficos mas aquele não era o momento para confrontação. Eu estava ali para conhecer aqueles homens, observá-los e ouvi-los.

– O meu desejo é *shalom*! – disse eu, usando intencionalmente o termo hebraico para paz.

– Nós estamos buscando a paz! Acreditamos que as conversações de paz de Madri não nos trarão nada. Estamos à procura de um verdadeiro método pacífico de alcançar a justiça em nossa região.

Enquanto conversávamos, um homem entrou na barraca e me entregou um pedaço de papel, dizendo:

– Este é o nome e o endereço de minha mulher. Se você estiver em Israel, poderia, por favor, visitar minha família? – Durante a hora seguinte, outros também me deram papéis com nomes, endereços e números de telefone de entes queridos.

– Eu trouxe alguns livros para vocês lerem – anunciei na barraca, que agora já estava cheia de gente.

– Sei que vocês são intelectuais. Quando estiver chovendo, tenho certeza de que vocês gostariam de ter alguns bons livros.

Entreguei exemplares de *O refúgio secreto* a Rantisi e Zahar e fiz uma pilhéria:

– Este livro dirá como vocês também podem se tornar famosos salvando vidas de judeus.

Os dois homens me olharam surpresos, mas então começaram a sorrir e depois riram de verdade.

– Queremos organizar uma biblioteca – disse Rantisi. – Estes livros serão lidos.

– Então eu tenho mais alguns. Este é o meu livro, intitulado *O contrabandista de Deus*. Ele trata de minhas experiências na Rússia e no Leste Europeu. Os cristãos lá não têm Bíblias, e por isso, eu quis garantir que as teriam. Trouxe também algumas Bíblias para vocês. Este é o livro mais importante que posso lhes oferecer. Ele lhes mostrará como ter paz verdadeira, paz neste mundo e paz no nos seus corações.

Eu estava começando a sentir o frio e a umidade em meu peito e temia que, quando voltasse para a Holanda, já estivesse doente. Ao me despedir daqueles homens, sabia que eles não podiam escapar de sua terrível situação. Sem dúvida, muitos deles sofreriam com enfermidades. Decidi então que tinha de ajudá-los de alguma forma e que voltaria ali com certeza.

~

Uma rajada de vento agitou a barraca onde Nabil dormia um sono inquieto. Levou um minuto para que ele se orientasse e se desse conta de que tinha sido acordado por gemidos do irmão mais novo, Ibrahim.

— Hei — Nabil cochichou. — Como você está?

— A dor está insuportável esta noite. A umidade, o frio, as rochas... — disse Ibrahim entre dentes.

Não concluiu o pensamento, mas Nabil compreendeu. Não havia muito mais a fazer pelo irmão a não ser apertar seu braço demonstrando com isso que alguém se importava com ele. Ibrahim fora atingido por seis balas israelenses durante um protesto no túmulo de Raquel e havia passado várias semanas em um hospital de Belém. Duas balas ainda estavam em seu corpo e ele vivia com dores constantes. Os médicos do acampamento não podiam fazer nada para ajudá-lo.

Totalmente desperto agora, Nabil deixou que seu pensamento vagasse até a vida antes de Marj al-Zohour. Começara a ter uma renda decente como colunista de um jornal semanal palestino e como correspondente para algumas revistas estrangeiras. Seu trabalho o ajudava a aliviar a recordação dos tempos difíceis — as detenções, semanas na prisão, sempre sem nenhuma acusação formal. Nabil tivera contatos superficiais com política, tendo até participado por curto espaço de tempo de reuniões do Hamas. Gostava da ênfase que davam ao retorno dos princípios islâmicos. O programa deles se encaixava bem com seus objetivos de ver Israel eliminado e toda a terra devolvida aos palestinos. Entretanto, por natureza, ele não era um combatente. Faria sua parte escrevendo artigos sobre o sofrimento palestino.

Os soldados haviam chegado em uma tarde em que ele estava fora, num trabalho jornalístico. Ibrahim fora detido e uma mensagem havia sido deixada com a mãe e a irmã — ele teria de ir ao quartel militar em Belém até as seis horas daquela noite. Histericamente sua irmã, Hanan, lhe disse:

— Se você não for, demolirão a nossa casa.

Nabil sabia que os soldados cumpririam a ameaça se ele não aparecesse em tempo.

— Rápido, me dê um pouco de comida! — Enquanto Hanan correu para a cozinha, Nabil foi até seu quarto pegar um agasalho e depois abraçou a mãe e a irmã. — Vocês precisam ser fortes, as duas — disse ele, olhando-as nos olhos. — Ibrahim e eu estaremos logo de volta.

Claro que eles não voltaram para casa e não havia como se comunicarem com a mãe e a irmã. Por isso Nabil entregara uma anotação ao holandês que visitara o acampamento alguns dias antes, apesar de duvidar completamente de que algo resultasse daquilo. Ele se preocupava com a família. Sua mãe lutava com uma artrite que piorava cada vez mais. Hanan, que logo deveria se casar, arcava com a maior parte das responsabilidades da casa. Como sua mãe sobreviveria sem renda e sem a irmã para ajudar na casa?

Nabil entrou em desespero. Desejava clamar a Alá, mas queria saber se Deus ouviria suas orações. Às vezes se perguntava por que fazia suas preces rituais cinco vezes por dia. Queria gritar: *Alguém se importa?* Israel menosprezava os palestinos. As nações árabes não faziam nada para ajudar. E o mundo ignorava a situação deles.

Pela primeira vez Nabil sentiu que a vida era completamente sem sentido. Ninguém viria resgatá-lo, porque ninguém se importava com os palestinos.

Holanda, janeiro de 1993

Quando voltei à Holanda, sentia minha cabeça congestionada, meu peito estava pesado e tossia. Contudo, senti-me compelido a aceitar várias entrevistas sobre o que descobrira em Marj al-Zohour.

Logo antes da minha primeira aparição na televisão, o embaixador de Israel na Holanda foi entrevistado a respeito dos deportados. A notícia apenas informava que Israel admitira a deportação de 11 homens por engano incluindo o adolescente que eu encontrara em minha rápida viagem. Seria permitida a volta dos 11, mas não dos outros. Ouvi atentamente quando o embaixador disse:

– Não se trata de refugiados inocentes. São criminosos insensíveis.

Naturalmente o entrevistador perguntou por que, se eram criminosos insensíveis, eles não eram detidos e levados a julgamento. O embaixador gaguejou, depois disse:

– Aquelas pessoas que estão agora nas montanhas do Líbano não são pessoas com sangue nas mãos, caso contrário não as teríamos deportado.

Portanto, eles eram criminosos insensíveis (apesar de nunca terem estado na prisão), mas não tinham responsabilidade pelas mortes que haviam precipitado a deportação? Então, por que os deportaram? O embaixador respondeu:

– Aconteceram seis assassinatos reivindicados pelo Hamas até o banimento desse grupo. Depois disso, não houve nenhum.

Em um programa de televisão cristão, fui indagado:

– O que o senhor aprendeu com essa viagem?

– Foi a viagem mais estranha que já fiz – respondi, tentando não tossir. – Visitei um pedaço de terra abandonada por Deus e por Alá. Vivemos aqui confortavelmente em nossas casas e em nossos países. Os 415 palestinos vivem em barracas numa terra de ninguém. É um absurdo que pessoas tenham de viver em tal miséria, na chuva, no frio e em terríveis condições.

– E por que o senhor foi?

– O amor de Deus por eles me motivou a ir. Queria estar lá. Queria ver a necessidade e descobrir o que podemos fazer. Talvez precisem apenas de um ombro no qual chorar. Se eles nunca encontrarem um mensageiro de Jesus, nunca conhecerão o amor de Cristo e nunca terão a experiência do verdadeiro perdão. Também, para amar a Jesus, eles precisam primeiro me amar. É por isso que temos de ir visitá-los, estabelecer ligações entre as pessoas e Deus.

– Mas o senhor esteve lá apenas umas poucas horas. Pôde voltar para casa; eles não. O senhor pôde realmente fazer algum bem?

– Você tem razão. Eu consegui deixar a miséria daquele acampamento. Mas pelo menos eles agora têm a Bíblia. Bíblias, Evangelhos e alguns de meus livros, tudo em árabe. Antes não tinham nada para ler porque não era permitido. Agora podem ler a Bíblia.

– Mas eles são muçulmanos.

– Quando se oferece uma Bíblia a um muçulmano, ele nunca a recusa. Mas o segredo é que temos de ir até eles. Essa é uma oportunidade para compartilhar o evangelho.

Várias pessoas ficaram surpresas de eu ter chegado a considerar a possibilidade de ir até os muçulmanos. Duvidavam que um muçulmano, especialmente um fundamentalista como os integrantes do Hamas, daria ouvidos a um cristão. E quanto a Israel – as pessoas que eu havia visitado eram inimigas declaradas de Israel. Eu não deveria manter-me afastado delas?

Quando Len Rodgers e eu comparamos, pelo telefone, as anotações que tínhamos feito durante nossas respectivas visitas a Marj al-Zohour, Len me falou da recepção que teve lá. Quando entrou no acampamento, um dos deportados disse:

– Sabíamos que Cristo viria até nós!

Aquela era uma declaração surpreendente e eu refleti no que ela significava. Sabia que na escatologia deles, os muçulmanos acreditam que Cristo voltará a Terra – esse será um sinal da vitória definitiva do islamismo. Mas eu senti que a manifestação era mais pessoal. Talvez fosse sua forma de reconhecerem que nós nos importamos com eles.

Qualquer que tenha sido a interpretação que deram às nossas visitas, nosso propósito foi apresentar aqueles homens ao Cristo *vivo* que habita em nós. Cristo disse para irmos e fazermos discípulos de *todas* as nações. Como poderíamos ignorar mais de um bilhão de pessoas a quem Deus diz que ama? É verdade que muitos muçulmanos se opõem ao evangelho, mas muitos outros não o fazem. Esses homens no Líbano – sim, muçulmanos fundamentalistas – pareceram respeitar Len Rodgers e a mim. Meu amigo George Otis disse certa vez:

– O islamismo nunca respeitará uma igreja que se esconde.

Eu sou cristão e, com amor agressivo, fui em obediência a Deus e anunciei Cristo àqueles homens.

Mas não bastava para mim ir ao acampamento. O entrevistador estava certo – eu podia visitar e retornar ao conforto do meu lar na Holanda. Não importava que uma única pessoa às vezes visitasse alguns deles. Deus precisava de uma presença permanente em Israel, Cisjordânia e Gaza – onde quer que houvesse conflito entre israelenses e palestinos. Não uns poucos estrangeiros, mas era necessário uma igreja viva, de fôlego e importante. Cristãos compromissados que vivem na área poderiam demonstrar aos muçulmanos, a fundamentalistas que ardiam de ódio, que o jeito amoroso de Deus é muito mais poderoso do que o ódio deles. Mas estavam os cristãos que viviam como vizinhos do Hamas e de outros grupos fundamentalistas preparados para a tarefa? Era o que eu precisava descobrir.

Qual seria o passo seguinte? Sobre minha mesa havia uma pilha de pedaços de papel, cada um contendo um nome e endereço. Os 400 homens abandonados no sul do Líbano tinham esposas e filhos – pelo menos outras três mil pessoas foram afetadas pela deportação. Elas não precisavam do amor de Jesus também? Eu poderia começar indo até elas. Mas não sozinho – levaria um líder cristão palestino local. E conhecia exatamente a pessoa certa.

Peguei o telefone e disquei para meu agente de viagens:

– Preciso de uma passagem para Israel.

CAPÍTULO

DEZENOVE

AS FAMÍLIAS DO HAMAS

Marj al-Zohour, março de 1993

Abd al-Fattah al-Awaisi ouvia a chuva fina cair sobre a barraca onde estavam ele e dezenas de outros homens de Hebrom aguardando o chamado à oração. Tarde da noite anterior, o grupo se reunira em torno de um rádio transistor alimentado por duas baterias já fracas. Como historiador, sentia falta de muitos jornais, revistas e periódicos que estudava regularmente na universidade. Tinha de se contentar com notícias da BBC e de uma estação local libanesa.

A notícia era que a suprema corte de Israel havia determinado que não seria revertida a ordem de deportação do governo. Entretanto, a corte também estabelecera um processo pelo qual os deportados poderiam apelar, individualmente, de seus casos. *Como faremos isso?* — perguntou-se al-Awaisi. *Nem sequer estamos em Israel. Não temos acesso a advogados que possam nos ajudar, mesmo que conseguíssemos entrar com uma apelação.*

Mas aquela não era a única notícia. Em um acordo feito com os Estados Unidos, Israel disse que permitiria o retorno imediato de aproximadamente cem homens e reduziria de dois para um ano o prazo de expulsão dos outros. Um porta-voz do governo americano elogiara a decisão e afirmara que não havia necessidade de mais ação pelo Conselho de Segurança. Al-Awaisi e seus amigos esperavam que os Estados Unidos pressionassem Israel a obedecer a Resolução 799 da ONU, que determinava o retorno de *todos*. Agora parecia que a comunidade internacional havia perdido o interesse pela situação deles. *Apenas seis curtas semanas,* pensou ele. *Como o mundo se esquece rapidamente de nós e muda de assunto.*

Ao primeiro chamado à oração, al-Awaisi saiu do seu saco de dormir, enfiou seu casaco e enrolou o cachecol no pescoço, tentando isolar a fria névoa. Pegou seu tapete de orar, que estava enrolado com outros no canto da barraca e dirigiu-se para a área aberta onde o acampamento se reunia para a oração e para as últimas notícias dadas pelo líder do acampamento, o dr. Rantisi.

Ao final das orações, com os homens ainda ajoelhados, o dr. Rantisi levantou-se para falar aos homens, agora em número ligeiramente menor que 400 depois que os 14 "enganos" foram levados de volta de helicóptero e outros cinco, retirados por motivo de saúde. Rapidamente ele reviu a situação, concluindo que Israel sabia estar violando leis internacionais e ainda assim se recusava a deixá-los voltar para suas casas.

Rantisi colocou a situação em votação.

— Aqueles que rejeitam o acordo americano-israelense levantem a mão.

Todos levantaram a mão. O único ruído que se ouviu foi do rebobinador da câmara de um fotógrafo, registrando o momento para a imprensa internacional.

— Aqueles que aceitam o acordo levantem agora a mão.

Mão nenhuma se levantou. Rantisi encerrou a reunião gritanto:

— Deus se vingue daqueles que nos oprimiram. Deus se vingue por nós daqueles que nos expulsaram!

Belém, primavera de 1993

A Faculdade Teológica de Belém alugara os prédios da Sociedade Bíblica Britânica e Internacional, na Estrada de Hebrom, e esperava ao final comprar aquelas dependências. Antiga sede da Escola Helen Keller para Cegos, era ideal para a faculdade. Daquele momento em diante eu planejava fazer dela a minha base de operações sempre que visitasse Israel e a Cisjordânia.

Na cozinha próxima aos apartamentos de hóspedes, Bishara Awad, presidente da faculdade, e eu tomávamos café e discutíamos minha missão. Eu havia relatado a ele minha visita a Marj al-Zohour e mostrado o maço de papéis com nomes e endereços.

– Quero visitar tantas pessoas quantas for possível – disse eu.

– Você percebe que essas são provavelmente todas famílias muçulmanas – disse o meu amigo.

– É verdade, mas são pessoas que precisam de encorajamento. Esta é uma oportunidade para mostrar-lhes o amor de Cristo.

Bishara sorriu.

– Você sabe o que irá encontrar nessas casas?

– Provavelmente pessoas com ódio, amedrontadas e preocupadas com seu futuro.

– Certo. Os homens que você conheceu no sul do Líbano eram provavelmente os principais mantenedores de suas famílias. Quando o homem sai, a renda sai com ele.

– Então eu deveria levar-lhes dinheiro? Não poderia fazer muita coisa.

– Não. Isso na verdade complicaria a sua missão. Você vai e lhes diz o que viu nas montanhas. Diga-lhes como estão os homens e como eles sentem saudade de suas esposas e famílias.

– Haveria algum problema em ler a Bíblia ou orar com elas?

– Não, na maioria das casas, isso ficaria bem. Mas é preciso ter sensibilidade.

Bishara escolhera entre os endereços que eu havia recolhido.

– Há vários aqui perto – disse ele, pensando em que ordem deveríamos visitar as famílias. – Vamos começar pelo acampamento de refugiados em Dheihshe.

Existem três acampamentos de refugiados perto da Faculdade Teológica de Belém. Todos foram formados logo depois que Israel foi declarada nação e centenas de milhares de palestinos fugiram do conflito entre árabes e as forças israelenses, estabelecendo-se perto da fronteira com o Líbano ou em terras controladas pela Jordânia e pelo Egito. Muitos se fixaram em Belém, pertencente à Jordânia na época. O acampamento de Al-Azza ficava exatamente em frente à Faculdade Teológica de Belém; o de Aida, logo a alguns quarteirões de distância. O de Dheihshe, entretanto, era o maior deles e ficava a cinco minutos de carro da faculdade, na Estrada de Hebrom.

Bishara estacionou na entrada, onde uma placa registrava o reconhecimento a vários grupos que haviam ajudado o acampamento. A Faculdade Teológica de Belém figurava na lista; obviamente estava envolvida com a comunidade. Passamos por um portão giratório que antes servira como posto de fiscalização militar para impedir a saída de refugiados. Por volta de 1993, entretanto, as pessoas ficaram livres para circular sem restrições em Belém. Mas o contraste entre aquele acampamento e o restante da cidade era gritante. Centenas de prédios de apartamentos de concreto cinza se amontoavam em uma área de meio quilômetro quadrado. Duas ou mais famílias sempre viviam em cada um dos diminutos apartamentos. Quando descemos uma rua estreita, dei-me conta de que se esticasse os braços poderia tocar as paredes nos dois lados da rua.

Rapidamente me perdi e fiquei contente pelo fato de Bishara saber como navegar por entre aquelas passagens estreitas.

– Chegamos! – finalmente ele disse e parou para bater à porta de um apartamento térreo.

Houve uma longa espera, apesar de podermos ouvir vozes femininas dentro. Finalmente, ouvimos passos se arrastando em direção à porta, que foi entreaberta. Uma mulher vestindo uma túnica lisa de cor marrom e um lenço branco, carregando um bebê no quadril, olhou-nos cautelosamente. Bishara, apontando para mim, explicou em árabe:

– Este é Irmão André. Acaba de chegar de Marj al-Zohour e pediram que ele visitasse a senhora.

O rosto da mulher iluminou-se e a porta abriu-se por completo.

– Entrem, entrem!

Entramos cautelosamente na sala de estar.

– Entrem e sentem-se, por favor! – disse ela em um inglês titubeante. Depois falou em árabe, digirindo-se para a cozinha, e vários rostos apareceram para nos observar. Uma das mulheres chamou um menino. Depois de receber instruções, ele passou por nós às pressas e saiu pela porta da frente.

A sala de estar era pequena. Um par de tapeçarias pendia da parede. Um ventilador permanecia quieto em um canto, aguardando tempos mais quentes. Uma velha televisão estava em outro canto e, no alto, havia uma foto da família que incluía dois jovens, agora ocupando uma barraca no Líbano. Um sofá velho, algumas cadeiras dobráveis e uma pequena mesa para café completavam a mobília. Três mulheres se comprimiam na entrada da cozinha. Perscrutando atentamente entre elas, uma jovem chamou minha atenção e sorriu. Ouviu-se uma batida à porta e entraram vários homens, seguidos depois por outra mulher de lenço branco carregando um bebê. Da cozinha, uma adolescente veio até nós com uma bandeja com meu café favorito e um prato de biscoitos.

Enquanto bebericávamos nosso café, a sala se encheu e vários homens se comprimiam na porta da frente ou ouviam da rua. Bishara fez algumas perguntas, depois me explicou que a velha senhora que sorria para mim era mãe de dois homens que estavam no acampamento – Nabil e Ibrahim. Sorri para a mulher e observei suas mãos inchadas, provavelmente do trabalho pesado.

– Perto dela está a irmã de Nabil e Ibrahim, Hanan – disse Bishara. – Eles têm duas irmãs mais velhas que são casadas – são as que estão com os bebês.

– E quem são os outros? – perguntei, referindo-me aos vizinhos curiosos que enchiam o apartamento.

– Provavelmente primos, todos pertencentes à família. Estão ansiosos para ouvir o que você tem a dizer.

– Visitei o acampamento algumas semanas atrás – expliquei e puxei uma pilha de fotografias para que eles vissem. Nos minutos seguintes, descrevi as condições em Marj al-Zohour. Uns bebês choraram e as mães tentaram aquietá-los enquanto ouviam as notícias. Bishara ia traduzindo para mim.

Quando terminei meu breve relato, acenei para Bishara, que abriu sua Bíblia e disse:

– Quero deixar com vocês uma palavra de encorajamento das nossas Escrituras.

Abriu em Mateus e começou a ler em árabe:

– Bem-aventurados os pobres em espírito, pois deles é o Reino dos Céus.

Leu todas as bem-aventuranças lentamente, sem nenhum comentário. A multidão ouvia atentamente as palavras pastorais. Depois ele perguntou à família se permitiam que eu orasse a Isa – Jesus – por eles. A maior parte das pessoas na sala assentiu com a cabeça.

Ficamos todos em pé. Muitos mantiveram as mãos na altura da cintura, com as palmas para cima. Orei por todos na sala, para que Deus atendesse suas necessidades. Orei por seus queridos em Marj al-Zohour e concluí orando para que todos experimentassem a paz de Isa, o Príncipe da Paz.

Quando nos preparávamos para sair, alguém notou minha câmera e sugeriu que eu tirasse uma foto do grupo.

– Vou levar essas fotos a Marj al-Zohour para que seus filhos, irmãos e tios possam vê-los.

Vários homens e rapazes quiseram uma foto separada comigo. Quando me ajoelhei no chão no meio deles, um jovem segurou minha mão e pôs seu outro braço em torno do meu ombro, expressando com aquele gesto, muito mais eloqüente que palavras, o quanto ele e sua família haviam apreciado nossa presença.

Visitamos várias outras famílias na área de Belém, depois fizemos o mesmo em Hebrom no dia seguinte. A reação era sempre a mesma. Cada casa visitada nos recebia bem e em poucos minutos estava cheia com a família e vizinhos, ansiosos por ouvir notícias dos entes queridos. Bishara normalmente encerrava a visita com uma palavra da Escritura e depois eu orava.

~

Depois das visitas em Hebrom, Salwa e Bishara serviram-me um jantar em seu apartamento na faculdade. Bishara estava em silêncio, obviamente pensando em algo.

— O que passa pela sua cabeça? — perguntei.

— Esta foi minha primeira oportunidade significativa de ministrar na comunidade muçulmana — respondeu ele.

— Mas você tem amigos muçulmanos — argumentei. — Notei que a Faculdade Teológica de Belém teve reconhecimento público na entrada do campo de refugiados. E conheci vários muçulmanos nos eventos da faculdade.

— Claro, fiz muitos amigos na comunidade. Queremos ser bons vizinhos. Mas visitar de fato muçulmanos em suas casas, mostrar-lhes como estamos tristes pelo fato de seus entes queridos terem sido deportados — para mim, esta é a primeira vez que exerço esse tipo de ministério.

Os pensamentos de Bishara também me fizeram refletir.

— O que me impressionou hoje foi a forma como a mídia representa essas pessoas bem diferente de como as vemos em suas casas. Quando leio a respeito do Hamas nos jornais, é como se fossem um programa político. Ninguém pensa que têm famílias. Todos foram hospitaleiros. Todos nos ofereceram chá e café, frutas, tortas e bolos.

Fiz uma pausa para saborear um rosbife que Salwa tinha preparado. Depois acrescentei:

— Meu amigo, você e eu não podemos fazer isso sozinhos. Certamente existem outros cristãos que podem visitar as casas dos muçulmanos e mostrar-lhes o amor de Jesus.

Bisahra recostou-se e pensou. Depois disse:

— Duvido que esse tipo de iniciativa esteja sendo tomada.

– Certamente alguns estudantes aqui da faculdade poderiam ajudar. Em parte é para isso que você os está treinando, para que a comunidade cristã local possa ser uma luz nas trevas.

Meu amigo concordou:

– Tem razão. É para isso que devemos treiná-los, para que possam fazer o que você e eu fizemos hoje.

CAPÍTULO

VINTE

UMA REFEIÇÃO COM TERRORISTAS

Marj al-Zohour, primavera de 1993

Al-Awaisi sabia que algo estava errado quando viu entrar a sinistra delegação. Vários colegas seus de barraca saíram quando os visitantes sentaram-se no chão.

— Temos más notícias — disse o dr. Rantisi. — Acabamos de receber uma informação de Hebrom. Sua mulher e seus filhos foram deportados.

— As autoridades disseram que sua mulher não tinha os documentos adequados — disse outro integrante da delegação.

Com um aperto no peito e a respiração curta, al-Awaisi perguntou:

— Minha família. Para onde foram levados?

— Para a Jordânia. Para um acampamento de refugiados. Não sabemos qual, mas vamos tentar descobrir.

Naquela noite al-Awaisi sentiu forte dor de cabeça, como se estivesse queimando. A barraca parecia girar sobre ele. Tentava falar, contar aos colegas da barraca que algo estava errado, mas conseguia produzir apenas alguns sons inarticulados. Ainda assim, alguém percebeu que havia um problema.

Alguns minutos depois, Mahmoud Zahar entrou na barraca. Um lampião e duas lanternas a pilha produziam o mínimo de iluminação. Examinou cuidadosamente al-Awaisi.

— Você sofreu um derrame — concluiu finalmente o dr. Zahar. — Precisa ir para um hospital!

Um profundo desespero envolveu o professor universitário. Mesmo que seus amigos tentassem, ele sabia que a viagem ao hospital não seria feita. Naquele momento, sentia sua vida esvair-se e nem sequer tinha certeza se queria continuar vivendo. Primeiro, fora tirado de sua casa e de sua profissão. Agora, perdia a família e a saúde.

Questionou-se: *Existe alguma razão para continuar?* Instintivamente ele orou:

— Alá, existe alguma esperança?

Marj al-Zohour, agosto de 1993

Voltei ao acampamento de Marj-al-Zohour com integrante da Sociedade Bíblica de Beirute. Era um dia claro e ensolarado e fiquei surpreso ao ver como o acampamento havia mudado desde a época em que o vira no final do inverno. O acampamento fervilhava como uma de colméia. Homens lavavam roupas em grandes bacias de plástico e as penduravam em varais esticados entre as barracas. Outros cuidavam do fogo, cozinhando arroz e carne para a refeição do meio-dia. Várias barracas funcionavam também como lojas e estavam fazendo um ativo comércio. Notei que os cigarros e filmes eram mais baratos que em Beirute.

Contudo, todos os esforços dos homens não conseguiam mudar o local, que continuava desolado. As rochas secas e douradas refletiam o sol, fazendo-me piscar. Entretanto, o ar da montanha era fresco e a maior parte dos homens usava jaquetas leves ou suéteres. À distância, a neve se insinuava no monte Hermom. O único sinal de vida vegetal no acampamento estava em um canto protegido, um jardim de cerca de um metro quadrado onde alguém plantara hortelã e condimentos. As preciosas plantas estavam protegidas do sol forte por um pequeno toldo de aniagem.

A população do acampamento diminuíra desde a minha primeira visita. Sob pressão mundial, o governo israelense levara de volta cerca de cem homens. O restante, comentava-se, poderia ir depois de um ano – redução de um ano da sentença original de deportação. Estava claro que nos oito meses desde que ali chegaram, os homens haviam imaginado formas de criar uma economia, comerciando alimentos e outras necessidades com os vilarejos próximos. Aqueles homens não tinham desistido da vida; na verdade estavam orgulhosos, ativos, determinados a transformar no melhor possível uma situação ruim.

Apesar de os deportados ainda não poderem sair, os soldados libaneses do posto de fiscalização na estrada permitiam que muitos visitantes entrassem no acampamento. Dessa vez não houve limitação ao número de livros que eu tentava levar. Meu amigo da Sociedade Bíblica e eu tínhamos muitas Bíblias para oferecer. Entretanto, foi a pilha de fotos de famílias da Cisjordânia e Gaza que reuniu uma grande multidão. Eu escrevera os nomes no verso das fotos e entregava aos homens à medida que cada um reconhecia sua família. Um jovem, falando um excelente inglês, apresentou-se como Nabil e olhou demoradamente as fotos tiradas em seu apartamento. Com freqüência alguém corria para encontrar um amigo e contar-lhe que tinha uma foto de casa. Aqueles homens haviam conseguido, de alguma forma, uma câmera de vídeo e foram-me entregues fitas para levar de volta às suas famílias.

Antes de dar uma volta pelo acampamento, conversei com o dr. Rantisi. Sua barraca ficava a cerca de 45 metros acampamento para que tivesse privacidade ao reunir-se com os líderes, mediar disputas e planejar o dia em que todos pudessem voltar para casa. Entreguei-lhe um exemplar de uma recente tradução da Bíblia para o árabe.

— Temos uma excelente biblioteca — disse-me ele. — Vou lhe mostrar.

Enquanto caminhávamos até o acampamento, Rantisi explicou que os homens haviam aproveitado bem seu tempo. Apontou para uma placa: Universidade Marj al-Zohour. Do lado oposto havia uma grande barraca.

— Esse é o nosso salão de reuniões e a nossa mesquita. E aqui é a nossa biblioteca.

Entrei. Dentro do belo salão havia fileiras de estantes em ambos os lados, cheias de livros de consulta de toda espécie e uma pequena mesa no centro.

Eu estava boquiaberto.

— Como vocês conseguiram todos estes livros? — perguntei ao bibliotecário de Hebrom.

O homem deu um grande sorriso ao dizer:

— No começo as pessoas no Líbano nos traziam comida. Depois lhes dissemos que precisávamos de livros. Assim, negociamos livros!

— Parece que existe uma grande variedade de livros aqui. Que assuntos vocês estão estudando?

— Muitos — matemática, idiomas. Temos inglês, espanhol, alemão, russo, italiano, hebraico.

— Há 17 professores aqui — explicou Rantisi — e atualmente 66 alunos matriculados oficialmente.

– Vocês aplicam exames e dão notas?

– Sim, os alunos escrevem trabalhos, prestam exames e os professores lhes dão notas. Os resultados são enviados para a sede da universidade e os alunos recebem créditos para o seu diploma. Há muitos outros estudando, mas não com a finalidade de crédito acadêmico.

– Qual é a matéria preferida? – perguntei.

Um arrepio percorreu minha espinha quando ele respondeu:

– A lei da Sharia.

A lei da Sharia é o sistema legal islâmico. Eu sabia que muçulmanos sérios acreditavam que não deveria haver separação entre governo e religião. A intenção da lei da Sharia era governar cada aspecto da vida diária. E qual o resultado final de tal sistema? Se é que eu conhecia os planos de ação do Hamas, aqueles homens tramavam expulsar Israel da terra e estabelecer um estado governado pelo islamismo. As implicações eram de causar espanto. Será que o mundo sabia o que estava acontecendo ali? Eles haviam usado uma situação terrível para fortalecer sua decisão. Não havia dúvida de que, em vez de destruir o Hamas, Israel o tornara mais forte. Talvez aqueles homens fossem ingênuos em pensar que poderiam derrotar Israel e seu forte poderio militar, mas eles e seus seguidores em casa certamente iriam desafiar aqueles que consideravam ocupantes. Tive então a certeza de que Israel criara uma bomba-relógio![1]

Depois o dr. Rantisi disse que queria me apresentar a um professor de Hebrom que estava confinado à sua barraca devido a uma enfermidade. Fui apresentado ao dr. Abd al-Fattah al-Awaisi. Ele estava em uma cama de lona – a única, pelo que observei, no acampamento – paralisado devido a um derrame quatro meses antes. Usava um turbante preto e branco quadriculado e estava coberto por uma manta leve. Fitou-me fixamente através dos óculos com olhos inteligentes. Ele falava um inglês razoavelmente bom, por isso ajoelhei-me ao lado de sua cama para conversar.

– Como você está se sentindo? – perguntei.

– Estou um pouco melhor. Nos primeiros dois meses eu não conseguia falar. Ainda tenho o lado esquerdo paralisado.

– Você gostaria de me contar um pouco a seu respeito?

Ele pareceu receber bem a oportunidade de conversar.

– Eu nasci em 1959. Fiz meu doutorado na Universidade Exeter na Grã-Bretanha. Sou professor assistente na Universidade de Hebrom. Sou casado e tenho oito filhos.

— Você foi tirado de sua casa?

— Sim, de minha casa, no dia 14 de dezembro.

— As autoridades disseram alguma coisa à sua esposa e a seus filhos a respeito da situação?

— Quando eles chegaram para me levar para ser deportado, disseram à minha esposa: — "Prepare-se; você será a próxima". Na hora não consegui compreender o que eles quiseram dizer, porque não sabia para onde estavam me levando. Mas quando ouvi dizer que deportaram minha esposa e meus oito filhos para a Jordânia no dia 27 de março, lembrei-me daquelas palavras e as compreendi muito bem.

— Sabe por que sua família foi mandada para a Jordânia?

— Eles não têm cidadania israelense. São chamados de visitantes e não têm permissão para ficar em Hebrom. Por isso todos eles estão vivendo agora na Jordânia em circunstâncias...

Extremamente emocionado, al-Awaisi não conseguia falar. Demorou um instante para que concluísse o pensamento:

— ...que eu mesmo não posso imaginar. Minha esposa tem passaporte jordaniano. Meus filhos, não. Portam documentos de viagem egípcios e, por isso, não têm permissão para viver na Jordânia. Os israelenses não permitem que fiquem da mesma forma os jordanianos. Assim, estamos esperando pela ajuda de Alá, para ver o que acontecerá em seguida.

— Posso fazer uma pergunta muito pessoal? Como eles estão sendo sustentados agora?

— Desde que me deportaram, minha esposa tem recebido o meu salário da Universidade de Hebrom. Mas, desde que a deportaram para a Jordânia, nada chega a ela. Foi o que me disse há dois dias quando lhe telefonei.

Fiquei curioso em saber onde havia um telefone no acampamento, mas não perdi tempo perguntando. Obviamente aqueles homens tinham seus meios.

— Ela vive com parentes ou está sozinha?

— Ela e nossos oito filhos estão vivendo com o irmão dela, que é casado com duas mulheres e tem vários filhos. Todos vivem em uma pequena casa no campo de refugiados de Al Wahdaat, perto de Amã. Meus filhos não tiveram permissão para freqüentar escolas.

Como homem instruído, obviamente ele estava aflito com aquele fato.

— Quando você tiver permissão para voltar, sua esposa conseguirá retornar para Hebrom?

– Não, eles entregaram-lhe um documento indicando que os israelenses não permitirão que ela volte para Hebrom.

– Então você planeja juntar-se a ela na Jordânia?

– Não planejo nada. Estou aguardando. Já passei dois meses do jeito que você me vê agora. Os médicos dizem que preciso ir para um hospital.

– Então isso é algo pelo que podemos orar, que você possa conseguir cuidados médicos e que se reúna à sua família.

Segurei a mão dele.

– Não posso fazer promessas neste mundo louco. Mas vou ver o que consigo fazer. Vou tentar de fato.

Eu disse aquelas palavras com sinceridade. A situação do dr. Al-Awaisi era deplorável. Em uma prisão normal, ele teria recebido cuidados médicos. Mas ali, mesmo com 11 médicos, havia pouco a ser feito em seu benefício sem acesso a um hospital. Desde uma operação aérea feita no início da deportação, nenhum homem tivera permissão para ir a um hospital.

Quando saí da barraca de al-Awaisi, meus olhos se ressentiram do sol forte. Então vi o jovem bibliotecário correr em minha direção. Ele prendeu o fôlego e disse:

– Quer almoçar conosco?

– Claro! – respondi. – Adoraria participar de uma refeição com terroristas!

O homem sorriu enquanto meu companheiro da Sociedade Bíblica para aquele dia olhou-me chocado.

– André, não se pode dizer isso!

– Claro que sim – respondi. – Se você sorrir!

– Venha comigo! – disse o jovem, ansioso por mostrar-me a tradicional hospitalidade palestina. Levou-me até a "barraca Hebrom". Lá, um banquete estava posto sobre uma manta no chão – cordeiro, frango, arroz, várias "saladas" e pilhas de pão sírio. Cerca de uma dúzia de homens me receberam e depois nos sentamos no chão da barraca. Ofereceram-me um pão e eu parti um pedaço e o imergi num prato de *homos*.

A comida estava deliciosa e os elogiei. Pareciam muito orgulhosos de seu banquete e, como eu, começaram a partir seus pães e a mergulhá-los nos vários pratos. A conversa estava animada e variada. Um jovem me disse que estava trabalhando bastante em seus estudos e planejava retornar para a Universidade de Jerusalém, e acrescentou:

– Estou também procurando uma esposa.

— Você não vai achar uma aqui! — disse eu enquanto engolia um bocado de quibe.

— Não sei por que me prenderam — disse ele. — Entre o meu trabalho, os estudos e o cuidado com minha mãe doente, não havia tempo para nenhuma outra atividade. Minha mãe estava na UTI quando me levaram. Fiquei muitos dias sem saber se minha mãe estava morta ou não. Uma pessoa que trabalha para o Serviço Mundial da BBC telefonou para minha família e foi informada de que agora ela está bem.

Olhando em volta da barraca, vi muitos livros — aqueles eram homens estudiosos. Quando observei os livros, o bibliotecário disse:

— Todas as barracas têm livros. Os livros que você trouxe, especificamente as Bíblias, são sempre retirados da biblioteca.

Quando terminamos a refeição, agradeci-lhes o convite:

— Sem dúvida, foi maravilhoso. Quando voltarem para casa, quero visitá-los e quero que sejam *meus* convidados para uma refeição!

Foi a fagulha de uma idéia. Aqueles homens haviam respondido de uma forma muito calorosa a minhas visitas. Talvez eu pudesse fazer algo por eles. Eu fizera uma pilhéria a respeito de uma refeição com terroristas. O que eles não sabiam é que, sem Cristo em minha vida, eu mesmo poderia ter terminado como um terrorista. Não podia deixar de recordar minha própria vida quando menino sob a ocupação alemã. A exemplo de muitos meninos palestinos, eu havia atirado pedras em soldados — soldados alemães em minha cidade. E se os alemães não tivessem sido derrotados em 1945? E se a ocupação houvesse durado décadas? Não foi o caso na Holanda, mas os palestinos acreditam que vivem sob ocupação desde 1967 e, para alguns muçulmanos fundamentalistas, isso os motivava a tomar medidas drásticas.

Todos nós éramos religiosos. Aqueles homens eram muçulmanos compromissados; eu um cristão compromissado. Então, qual a diferença entre nós? Por que eles estavam empenhados em eliminar Israel, enquanto eu estava seriamente envolvido em fortalecer a Igreja na terra para que israelenses e palestinos pudessem encontrar sua verdadeira identidade?

Em uma única palavra, a diferença era Jesus.

Por que não oferecer a eles todos uma refeição e falar-lhes da esperança que eu tinha, a única esperança de paz verdadeira no Oriente Médio?

No dia 17 de dezembro de 1993, exatamente um ano depois que os 415 "líderes" do Hamas foram deportados, os que ficaram no acampamento de Marj al-Zohour voltaram para Israel. Alguns foram imediatamente mandados para a prisão. Outros tentaram reorganizar a vida, restabelecendo a ligação com a família e voltando ao trabalho. Entretanto, isso foi difícil porque todos eles ficaram confinados no perímetro da cidade – não tinham permissão para viajar para fora de sua comunidade.

Abd al-Fattah al-Awaisi enfrentava um dilema. Se voltasse para Hebrom, sua família não poderia juntar-se a ele. Continuavam retidos num campo de refugiados na Jordânia. Infelizmente, nenhum país do Oriente Médio parecia disposto a recebê-los. Por isso ele procurou amigos que fizera na Inglaterra durante os anos de estudo. Foi transportado para Londres onde sua família finalmente juntou-se a ele. Telefonei para ele algumas vezes. O reencontro com a família pareceu revivê-lo fisicamente e, com o necessário cuidado médico intensivo, seu estado melhorou. Mas lamentava que nem ele nem a família nunca mais veriam sua casa em Hebrom.

CAPÍTULO

VINTE E UM

ATÉ ONDE AVANÇAR?

Hebrom, fevereiro de 1994

Na madrugada de 25 de fevereiro de 1994, um médico nascido no Brooklin caminhava resoluto para a mesquita Ibrahimi, em Hebrom. Vivia em um assentamento próximo de Quiriate-Arba, para onde se mudara em 1983 depois de formar-se pela escola de medicina de Nova York. Crescera em uma família estritamente sionista que exigia a segregação de todos os não-judeus. Orgulhava-se de nunca ter tratado de um paciente árabe.

Para o dr. Baruch Goldstein, a simples existência dos palestinos era um problema, pois acreditava firmemente que toda a Terra Santa pertencia somente aos judeus. Por sua lógica, mesmo que pacíficos, todos os palestinos deveriam ser expulsos de Israel e dos territórios disputados, e ele estava preparado para fazer sua parte naquela causa. Visitara muitas vezes aquela mesquita em particular, construída sobre a caverna onde Abraão e sua mulher, Sara, bem como os patriarcas Isaque e Jacó haviam supostamente sido enterrados. Várias vezes ele e outros colonos haviam tido confrontos verbais com os palestinos ali. Naquele dia haveria mais do que discussão.

Por ser aquele o mês do Ramadã, a mesquita estava cheia. O médico entrou pelos fundos e avançou rapidamente enquanto os homens oravam juntos em direção a Meca. Abriu o casaco, pegou uma granada, puxou o pino e a jogou entre os fiéis. Depois surgiu a metralhadora e ele começou a atirar.

Entre os gritos, a fumaça e o ecoar dos disparos, era difícil descobrir de onde vinha o ataque. Perderam-se momentos preciosos enquanto homens se acotovelavam em busca de saídas ou tropeçavam em corpos, ao passo que outros tentavam localizar o agressor. Finalmente, através da fumaça, viram o assassino. Um grupo de homens caiu sobre ele e o espancou até a morte.

Na confusão que se seguiu, foi difícil saber exatamente o que aconteceu nas próximas horas. Ambulâncias tocavam a sirene pela cidade, tentando levar os feridos aos hospitais. Tiros e explosões soavam ao redor da cidade. No Hospital Al Ahli, houve tiros enquanto pacientes eram descarregados e os médicos tentavam fazer uma triagem. Mais palestinos foram feridos e mortos na porta do hospital.

Segundo o relato oficial, 29 homens morreram naquela manhã, assassinados pelo dr. Baruch Goldstein, e pelo menos outros cem ficaram feridos. Os números extra-oficiais chegaram a patamares bem mais elevados depois de contados as vítimas fora da mesquita.[1]

Hebrom, março de 1994

Hebrom fora fechada. Todavia, fizemos o curto percurso até o sul a partir de Belém.

– Tem certeza de que quer fazer isso? – perguntou Bishara novamente.

– A cidade está sob toque de recolher de 24 horas. Ninguém tem permissão para sair de casa.

– Obrigado por sua preocupação – disse eu, repetindo a resposta que lhe dera no início daquela manhã. – Mas dei minha palavra de que estaria em Hebrom na quarta-feira às 11 horas. Eles sabem que eu vou. Mesmo que não apareça ninguém, estarei lá.

Bishara balançou a cabeça, sorrindo levemente. Ele me conhecia o bastante para saber que nada iria me dissuadir. A cerca de cinco quilômetros de Hebrom, ele saiu da estrada principal, avançou por cerca de 800 metros e depois voltou para uma estrada de pistas dupla. Havíamos avançado cerca de mais três quilômetros e meio quando chegamos a uma imensa pilha de pedras e entulho, jogados no meio da estrada para impedir a entrada de pessoas como nós na cidade. Bishara estacionou e disse:

– Daqui em diante, vamos a pé.

Subimos na pilha de entulho e vimos um caminhão para o transporte de tropas israelenses estacionado cerca de 180 metros à frente. Obviamente, aquele caminho estava bloqueado. Eu estava começando a pensar que não havia um meio de entrar na cidade quando notei um grupo de meninos que nos observava. Descemos do monte de pedras e perguntamos aos meninos o que estavam fazendo ali. Eles riram e encolheram os ombros.

Bishara estava obviamente preocupado. Tentei acalmá-lo.

— Você não deve ir em frente. É muito perigoso. Quanto a mim, se for pego, tudo o que podem fazer provavelmente é me deportar.

Tirei do bolso algumas moedas e mostrei-as aos meninos. Os olhos deles brilharam. Apontei para Hebrom e disse:

— Preciso entrar na cidade, para uma reunião muito importante. Podem me ajudar? — traduziu Bishara.

Um menino corajoso deu um passo à frente, pegou meu dinheiro e gesticulou para que o seguisse. Peguei minha sacola de Bíblias e vídeos no carro e parti. Mais dois meninos e Bishara me seguiram.

— Você não precisa vir — disse eu ao meu amigo. — Dou um jeito de voltar.

— Se você vai, eu vou também — respondeu ele enquanto corria para me alcançar.

Passamos por um campo cheio de entulho em direção a um pequeno grupo de casas, atravessamos o vilarejo e depois seguimos por uma trilha que levava à cidade. Poucos minutos depois, estávamos nos arredores de Hebrom, mas eu me sentia irremediavelmente perdido. Não tinha idéia de como chegaríamos ao local da reunião. O menino bateu a uma porta. Uma mulher a entreabriu e ouviu o menino falar rapidamente em árabe. Ela fechou a porta e nós aguardamos enquanto o menino se mantinha à distância. Um minuto depois, a porta se abriu e um homem olhou para Bishara e para mim e gesticulou para que entrássemos. Quando olhamos para trás, os três meninos estavam indo embora apressados.

— Qual o endereço que vocês procuram? — perguntou o homem num inglês inteligível.

Entreguei-lhe um papel. Ele o olhou, assentiu com a cabeça e disse:

— Esperem aqui um minuto.

Em seguida ele fez vários telefonemas. Já eram quase 11 horas, horário em que eu havia prometido chegar. Eu planejara comprar comida no caminho, mas não haveria lojas abertas. Calculei que apenas comparecer era o melhor que eu poderia fazer. Enquanto esperávamos, a mulher — supus, pela idade, que fosse a mãe daquele homem — serviu-nos café.

Cinco minutos depois, nosso anfitrião me disse:

– Está resolvido. Quando terminarem o café, podemos ir.

Avançamos evitando as ruas principais, correndo por vielas estreitas e escondendo-nos juntos às portas enquanto meu novo amigo – eu nem sequer sabia seu nome – verificava à frente se o caminho estava livre. Em algum lugar do percurso, ele bateu à uma porta e outro homem nos fez entrar rápido em seu carro. Nosso táxi improvisado girou por outras tantas ruazinhas secundárias, evitando as vias principais onde tanques e carros blindados faziam a patrulha.

Pensei no homem que nos levava. O que lhe aconteceria se fosse pego? A resposta me dava arrepios. Ele poderia levar um tiro ali mesmo. E eu poderia ser detido e deportado. Detestava pensar em Bishara. O Colégio Bíblico dependia de sua liderança. Para combater o medo, orei outra versão da oração do contrabandista que costumava fazer muitas vezes nos postos de fiscalização nos países comunistas:

– Senhor, Tu fizeste o cego ver. Hoje, faze que os soldados isralenses não vejam este carro. Proteja estes homens que estão arriscando a vida para me levar à reunião.

Alguns minutos depois, tendo passado por mais ruas estreitas e vielas mais estreitas ainda, chegamos a um edifício que parecia ser um salão de reuniões. Meu motorista saltou e bateu à porta. Assim que Bishara e eu saímos do carro, ele foi embora.

A porta se abriu e ali, sorridente, estava o imã do acampamento que eu conhecera em Marj al-Zohour.

– Rápido, entrem! – Ele me recebeu com um grande abraço. – Sinceramente, não pensamos que você conseguiria chegar até aqui.

Assim que meus olhos se ajustaram ao salão escuro, tenho certeza de que fiquei de queixo caído. Havia quarenta homens me aguardando. Lutei para manter as emoções sob controle. Aqueles homens haviam literalmente arriscado a vida para vir ao meu encontro!

Mas o imã ficou se desculpando pelas condições:

– Estes são dias muito difíceis. Não temos liberdade. Ninguém pode trabalhar. Ninguém pode comprar alimento. Queríamos dar a você um bom presente de Hebrom.

– E eu gostaria de oferecer a vocês um bom jantar – disse eu em resposta.

Olhei em torno do salão à procura do meu amigo, o bibliotecário cuja hospitalidade me possibilitara realizar aquela reunião, mas não o vi. Reconheci um dos 11 médicos de Marj al-Zohour, que disse:

— Hebrom está a ponto de morrer de inanição. Depois do massacre na mesquita Ibrahimi, fecharam a cidade. Eles nos punem há três semanas. E nós somos as vítimas! Uma vez por semana, durante duas horas, temos permissão para fazer compras. Como podemos sobreviver?

Era um típico desabafo árabe. Eu compreendi as emoções, mas notei também que o médico que se queixava parecia bem alimentado, a julgar pelo tamanho de sua barriga. Ainda assim, aqueles eram dias penosos. Talvez eu não pudesse prover uma refeição, mas, ainda assim, podia alimentar aqueles homens.

— Sinto muito que tenhamos de nos reunir nestas condições — disse eu aos homens enquanto o médico traduzia para o árabe. — Apesar de não ter alimento material para lhes oferecer, eu trouxe alguns presentes que, espero, vocês considerem como alimento espiritual. Ttrouxe Bíblias e cópias do filme *Jesus* dublado em árabe.

Segurando uma Bíblia, contei a história de um menino holandês que notou a existência de uma Bíblia juntando pó dia após dia na sala de estar. Finalmente, ele a pegou e a levou para sua mãe e perguntou:

— Este é o livro de Deus?

A mãe disse que sim. Então o menino disse:

— Por que não o devolvemos a Deus, já que não o usamos?

— Eu insisto com vocês, não deixem que o pó se acumule nestas Bíblias — acrescentei.

Passei então a falar àqueles homens a respeito de minha jornada espiritual. O centro da minha mensagem era a cruz e como Jesus perdoou meus pecados ao morrer por mim.

Quando comecei a relatar como a cruz se aplicava a cada vida, um homem, trajando uma túnica branca, levantou-se e, agitando os braços, gritou para mim em árabe.

Agora fui longe demais, pensei. Hesitei durante um momento enquanto o xeque se sentava. Os demais me ouviam atentamente. *Bem, tenho toda a atenção deles. É melhor terminar minha mensagem.* E então falei o quanto Deus ama o mundo todo, tanto que mandou Jesus para morrer no lugar de cada um de nós.

Depois de eu ter concluído, o imã levantou-se e disse:

— Eu tenho um presente para você!

Orgulhosamente ele levantou um exemplar de bolso do Alcorão. O livro parecia usado, provavelmente o exemplar pessoal que carregava consigo.

Então o médico disse:

– André, não deixe que o pó se acumule nele! Use-o! – Todos riram comigo quando aceitei o presente.

Depois da reunião, o imã deu alguns telefonemas e providenciou um táxi, que viajaria pelas ruas secundárias para nos apanhar e nos deixar fora da cidade. Enquanto esperávamos, perguntei ao médico:

– Por que o xeque gritou quando eu falava?

– Ah, é simples, André – ele respondeu. – Você disse que Jesus morreu na cruz, mas não falou a respeito da ressurreição.

Eu estava aturdido. O xeque estava certo. *Haveria eu transigido na mensagem do evangelho?* A única esperança deles estava na apresentação impoluta e radical de Jesus – morto e *ressuscitado* por nossos pecados. Eu sabia que a doutrina muçulmana acreditava que Jesus não morrera na cruz, mas que, ao contrário, fora levado ao Céu para voltar outro dia. Contudo, aqueles homens haviam arriscado a vida para me ouvir falar. *Então por que eu minimizara a mensagem?* Eles sabiam que eu era cristão, e assim como não transigiam em sua fé, esperavam que eu não transigisse na minha.

Eu fora corretamente repreendido pelo Hamas! Decidi então que, nas futuras reuniões, apresentaria o evangelho completo.

~

Dias depois, alguns companheiros e eu descemos a Gaza para a próxima refeição que eu ofereceria aos homens que havia conhecido no sul do Líbano. Bishara convidara um jovem chamado Labib Madanat, que fora recentemente nomeado diretor da Sociedade Bíblica Palestina. Labib tinha uma personalidade muito atraente que me fazia querer conhecê-lo. Como tínhamos à frente mais de uma hora de carro, ele começou a contar sua história.

Mossul, norte do Iraque, 1985

Labib Madanat sentou-se em sua cama tarde da noite para ler a Bíblia. Seus três colegas de quarto dormiam. O dia fora emocionalmente difícil. A guerra Irã-Iraque, que já durava mais de quatro anos, entrara em nova fase, com os principais centros populacionais sendo atingidos de ambos os lados. Embora a Universidade de Mossul, distante a 400 quilômetros ao norte de Bagdá, estivesse aparentemente fora do alcance da luta, todos estavam no limite, preocupados com suas famílias. Um de seus colegas de quarto acabara de ter notícia da morte de um primo, que estava no exército iraquiano. As orações vespertinas feitas pelos muçulmanos naquela noite haviam sido extraordinariamente intensas.

Apesar de nascido em Jerusalém, onde seu pai fora pastor da Igreja Aliança de Jerusalém Oriental, Labib vivia com sua família na Jordânia desde 1977. Tinha bom relacionamento com os muçulmanos. Todos os seus colegas de escola eram muçulmanos, assim como a maior parte de seus colegas na universidade. Alguns eram devotos; outros eram simplesmente muçulmanos culturais. Os cinco chamados diários à oração das mesquitas próximas eram tão normais para ele como o gorjear dos passarinhos ao nascer do dia. A igreja evangélica mais próxima ficava tão longe que ele fora aos cultos somente duas ou três vezes durante seus anos na universidade.

Mas Labib nunca escondeu seu cristianismo dos colegas. Orava abertamente, lia sua Bíblia e sua coleção de livros cristãos e conversava francamente a respeito de sua fé. Fora até abordado por um integrante do partido Baath de Saddam Hussein, com o objetivo de convidá-lo a tornar-se membro.

— Fico contente pelo fato do meu nome ter sido lembrado — respondeu Labib — entretanto, devo recusar. Não posso servir a dois senhores. O meu senhor é Jesus Cristo.

Labib sentia-se à vontade entre aquelas pessoas. Ele se identificava como árabe e como cristão e não se aborrecia pelo fato de a maioria de seus colegas ser muçulmana. Mas eram momentos como aquela noite, com muita dor e sofrimento emocional ao seu redor, que ele ansiava para que seus colegas conhecessem Jesus, aquele que lhes podia dar a verdadeira paz. Sentia no coração o amor que Cristo tinha por aquelas pessoas. Apesar de estudar irrigação e gerenciamento da água, ele sabia que fosse qual fosse sua atividade profissional, sua missão verdadeira era disseminar o amor de Cristo o mais que pudesse.

Jerusalém, 1992

Labib estava atrasado. Encontraria um amigo na Cidade Antiga, exatamente do outro lado da Porta de Damasco.

— Posso ver sua identificação? — Um soldado israelense barrou seu caminho e Labib censurou-se em silêncio por não ter previsto o tempo gasto naquela inevitável intrusão.

— Claro — respondeu Labib, tirando seu passaporte Jordaniano e o visto israelense.

— Fique junto ao muro — ordenou o soldado, indicando com um aceno da cabeça que deveria alinhar-se a vários outros palestinos e esperar. A mensagem era clara — os soldados estavam no controle.

Estavam mesmo? Labib riu em silêncio da situação. Claro que se atrasaria para a reunião, mas isso não significava que não havia um chamado maior.

— Posso dizer-lhe algo? — disse ele num hebraico aceitável ao soldado que estudava vários conjuntos de documentos. — Eu sou cristão.

Vários outros palestinos que também estavam sendo revistados olharam surpresos para ele, mas Labib falou suficientemente alto para que o soldado, que tentava ignorá-lo, não pudesse deixar de ouvir suas palavras.

— O que eu quero dizer é que sou um crente em Jesus Cristo, não um cristão que somente professa a religião. Você conhece Jesus Cristo? Vou falar a respeito dele! — E então Labib começou a contar a história de seu Senhor.

De repente o soldado fechou o passaporte de Labib e virou-se para encarar o pregador. Labib fitou o homem nos olhos enquanto recebia os documentos.

— Vou orar por você — disse ele com sinceridade. — Sei que está longe de casa. Vou orar para que quando terminar o seu serviço, Deus o leve de volta em segurança para a sua família.

— Você pode ir! — falou o soldado, virando-se para interceptar outro palestino voltado para o portão.

Labib riu quando passou pelo portão e entrou no *souk*, a feira do quarteirão árabe. *Os soldados pensam que estão no controle*, pensou ele. *Mas quando começo a falar de Cristo, eu estou no controle.* Apesar de a maioria dos palestinos ter pavor daqueles inevitáveis postos de fiscalização que restringiam severamente a mobilidade deles, Labib passou a gostar dos encontros. E ele sabia que a liberdade que experimentava nesses momentos era algo que valia a pena compartilhar com seus colegas palestinos.

Labib logo apresentaria aquela mensagem a um público bem maior. Ele voltara a Israel à procura de trabalho em sua área de especialização — irrigação. Aquela era uma terra que não podia sobreviver sem irrigação e ele calculava que havia muitos empregos. Mas todas as oportunidades pareciam estar bloqueadas. Em vez disso, depois de alguns meses como pastor interino na Igreja Aliança de Jerusalém Oriental, ele fora contatado para dirigir uma nova divisão da Sociedade Bíblica. Desde 1967 a Sociedade Bíblica de Israel vinha distribuindo livros e Bíblias por toda a região, mas agora o pessoal do escritório central na Inglaterra resolvera dividir o trabalho em duas áreas — uma para distribuição em Israel; a outra para distribuição na Cisjordânia e Gaza. Labib seria o primeiro secretário executivo da Sociedade Bíblica Palestina.

Gaza, março de 1994

No percurso para Gaza com Bishara e o meu novo amigo, Labib, eu tinha perfeita consciência de que estava entrando no berço do Hamas. Aquela era a última das reuniões programadas nas quais eu retribuía a gentileza daquela agradável e inesperada refeição na barraca em Marj al-Zohour. As quatro primeiras, em Belém, Nablus, Hebrom e Ramalá tiveram uma freqüência média de 20 a 40 homens. Pelo fato de a maioria dos deportados viver em Gaza, eu esperava cerca de 50 naquela reunião.

Aqueles homens estavam em casa há cerca de três meses. Alguns, como o líder do acampamento Abdulaziz Rantisi, estavam na cadeia. Outros, como Mahmoud Zahar, haviam retomado a vida profissional e a liderança do movimento.

O ataque do dr. Goldstein em Hebrom produziu grande tensão na Cisjordânia. Nas quatro primeiras reuniões, havia uma determinação entre aqueles homens que dava a sensação de uma bomba-relógio. Eu me perguntava se sentiria tensão igual em Gaza. E havia motivos para isso: o processo de paz era ferozmente combatido pelo Hamas. Apenas um mês depois da minha segunda visita a Marj al-Zohour, Israel e a OLP assinaram um acordo que permitia aos palestinos uma autonomia limitada na Cisjordânia e em Gaza. Os acordos de Oslo, nomes dados às negociações secretas acontecidas em Oslo, Noruega, eram um avanço porque Israel reconhecia formalmente que a OLP representava o povo palestino e a OLP reconhecia o direito de Israel existir. Muitas questões permaneciam sem solução, mas o acordo dava vários passos na direção de se construir uma confiança mútua que poderia levar a negociações posteriores.

Entretanto, o Hamas não estava aceitando o processo. Deixavam claro que Yasser Arafat e a OLP não os representavam nem a muitos outros palestinos. O principal problema não era que os Acordos de Oslo não respondessem a questões críticas, como a Palestina tornar-se estado; o retorno dos refugiados que viviam na Cisjordânia, Gaza, Jordânia e Líbano; ou a disposição de Jerusalém. O problema era muito mais fundamental. O Hamas não acreditava que devesse haver *quaisquer* negociações com Israel. Não acreditavam que Israel devesse existir.

Havia outro aspecto do Hamas que poucas pessoas pareciam compreender. Era o sentimento de vergonha que havia sido infligido àqueles homens. Muitos deles eram os principais mantenedores da família e estavam incapacitados de alimentar e proteger seus filhos. As deportações eram uma dolorosa lembrança de que os palestinos não tinham nação, não tinham direitos legais e, portanto, não tinham futuro. Muitos se apegavam a documentos de propriedades agora ocupadas por Israel, acreditando em vão que um dia poderiam voltar para aquela terra. Pior ainda, a contínua invasão por colonos israelenses os fazia sentir que a terra que então ocupavam poderia ser-lhes tirada a qualquer momento. Tratava-se de homens orgulhosos que recusavam aceitar tal humilhação.

Além disso, sentiam-se isolados porque o mundo árabe não se levantava para defendê-los. Seguramente, aqueles países emprestavam apoio verbal, mas o trabalho de garantir o próprio estado era somente deles. A única superpotência mundial, os Estados Unidos, apoiava Israel francamente. E os palestinos não conseguiam confiar na ONU, que emitia uma resolução atrás da outra, todas ignoradas por Israel. Estavam convencidos de que ninguém os ajudaria, por isso tinham de agir sozinhos.

Os problemas estavam na intransigência dos colonos israelenses, que já aclamavam o dr. Goldstein como um dos grandes heróis de Israel. Depois de minha visita a Hebrom, fui a Quiriate-Arba, o assentamento judeu próximo dali e vi que o túmulo de Goldstein estava se tornando um santuário. Armários com livros de orações tinham sido ali colocados para reuniões espontâneas. Vários visitantes estavam lá, adorando. Um deles era um colono americano, que explodiu de raiva quando o cumprimentei dizendo: "Shalom".

– Você não tem o direito de nos dizer shalom! – gritou ele.

Apesar de estar claro que eu não era judeu, me surpreendi com sua raiva. Talvez tivesse me ouvido falando em holandês e pensado que eu fosse alemão.

– Um momento – disse eu. – Não lhe desejo mal nenhum.

O homem me olhou com palpável hostilidade. Com frio desprezo na voz, disse:

– Nós lustramos nossas armas todos os dias. Estamos aguardando o dia do Purim, quando vamos sair e matar *todos* os árabes.

Eu sabia o que ele queria dizer. O dia do Purim era celebrado todos os anos, relembrando o dia registrado no livro de Ester, quando os judeus ganharam o direito legal à vingança, no império persa, contra os que tentaram destruí-los. Alguns colonos judeus estavam na expectativa de outro dia do Purim, quando finalmente se livrariam dos árabes e a terra seria totalmente deles.

Percebi que muitos judeus não compartilhavam os sentimentos daquele homem. Contudo, eu estava abalado pelo ódio que vivia nos assentamentos. Apesar de nunca poder apoiar o Hamas, compreendia por que haviam chegado à conclusão de que não tinham escolha a não ser lutar. Mas lutar com o quê? Não tinham exército, não tinham armas pesadas para enfrentar o poder de fogo de Israel. Assim, podiam atirar em alguns soldados – o que isso representaria? Seus adolescentes poderiam atirar algumas pedras – o que poderia ser cômico, a não ser pela tragédia de muitas vidas jovens extintas e corpos permanentemente incapacitados. Apesar de não poder ver quaisquer recursos militares, eu tinha certeza de que o Hamas daria o troco. Eles não transigiam. Tinham bastante certeza de sua fé e de seus direitos à terra.

Eu estava ali para falar aos seus líderes. O que diria? O que lhes ofereceria? Eu não tinha poder para fabricar um tratado de paz ou de conceder-lhes uma nação que fosse deles mesmo. Para aqueles homens, eu representava a Igreja. Já que se mostravam bastante sinceros a respeito de quem eram e de suas intenções, por que eu não deveria, de igual modo, ser aberto a respeito de quem eu era como cristão? Não podia resolver o conflito entre eles e Israel, mas podia apresentar-lhes ao Príncipe da Paz.

~

Labib Madanat estivera em Gaza somente duas vezes e nas duas ocasiões sentira-se nostálgico. Sua idéia principal sempre fora terminar seu trabalho e escapar o mais rápido possível. Enquanto aguardava que os soldados examinassem seus documentos no posto de fiscalização de Eretz, pensava na esposa, Carolyn, que vivera na Cidade de Gaza com uma família muçulmana durante alguns meses antes de os dois se casarem. *Não posso compreender como ela gosta deste lugar,* pensou. *Odeio este lugar!*

Desde que assumira a liderança da Sociedade Bíblica Palestina, dez meses antes, Labib havia se concentrado em duas áreas. Primeiro, estava tentando reconstruir os relacionamentos com as igrejas históricas da área, incluindo as igrejas Ortodoxa Grega e Católica de Gaza. Seu segundo esforço tinha por objetivo centenas de milhares de turistas que afluíam para Israel. Em um esforço para melhorar o fluxo de caixa da sociedade, estava vendendo Bíblias com lindas capas de oliveiras, que os peregrinos podiam levar para casa como presentes e suvenires.

Labib estava fazendo aquela visita a Gaza a convite de Bishara Awad, que ia traduzir o Irmão André para um grupo de líderes do Hamas. Labib fora à Faculdade Teológica de Belém para encontrar-se com o Irmão André e ouvi-lo falar. Ele havia lido o primeiro livro de André quando menino e ainda se lembrava do impacto que ele causara em sua vida. Em árabe o título não era *O contrabandista de Deus*, mas uma frase que significava "apesar do impossível". Bem, aquela missão parecia mesmo impossível. Mesmo assim Labib estava curioso. Os membros do Hamas apareceriam para a reunião? O que André lhes diria? Como aqueles homens reagiriam?

Apesar da curiosidade, assim que a reunião terminasse, ele fugiria daquele lugar e voltaria para Jerusalém.

CAPÍTULO

VINTE E DOIS

O QUE VI HOJE SÃO PESSOAS QUE BUSCAM A DEUS

Gaza, março de 1994

Meu contato dissera que o Hamas alugaria um local para a nossa reunião, encomendaria as refeições e que eu pagaria a conta. Como os guardas israelenses não permitiriam que eu entrasse de carro em Gaza, meus amigos e eu carregamos as pesadas malas, cheias de Bíblias e de vídeos *Jesus*, pela terra de ninguém e pegamos um táxi.

Fomos deixados no centro cultural no coração da Cidade de Gaza. O dr. Mahmoud Zahar nos encontrou e acompanhou até o auditório principal, um grande salão banhado pela luz do sol através de uma clarabóia. Pisquei durante um momento, surpreso com o que via. Sentados em cadeiras dobráveis colocadas em fileiras após fileiras estavam palestinos, alguns trajando ternos; muitos com as tradicionais togas árabes e turbantes quadriculados de branco e vermelho, amarrados com cordões pretos (*iqals*). À frente do salão, próximo ao púlpito, via-se uma mesa decorada com um pano verde. Oito de nós estávamos sentados ali. Enquanto os homens continuavam entrando no salão, examinei o auditório e fiz um cálculo rápido. Havia cerca de 400 homens presentes (e nem uma única mulher). Eu os havia chamado como meus convidados e quase não tinha dinheiro suficiente!

Aquela foi uma ocasião alegre. Quatro homens que haviam aprendido a cantar juntos em Marj al-Zohour cantaram para nós — *a versão árabe de um "barbershop quartet"*[1], pensei. Um homem que havia saído da prisão exatamente no dia anterior foi reconhecido com uma entusiástica ovação. Um imã pediu que orássemos. Virou-se para Meca, abriu o Alcorão e iniciou um canto. Tinha uma voz bonita e fiquei profundamente emocionado quando mantive minhas mãos abertas e orei em silêncio ao meu Pai celestial. Não podia compreender a oração do imã, mas podia sentir a dor e a angústia em suas melódicas palavras. De repente me dei conta de que eu não tinha de concordar com os muçulmanos para me identificar com seus profundos e sinceros clamores a Deus.

Uma espécie de fusão se operou em mim naquele momento. Dei-me conta de que estava gostando sinceramente de estar com aqueles homens. Eu os conhecera em suas terríveis necessidades e agora estava sentado com eles, com uma pequena Bíblia na mão, pronto para lhes oferecer esperança. Não estava ali para combater o islamismo, mas me identificava com eles porque sofriam. Muitos deles não tinham emprego e não podiam sustentar a família. Tinham ódio e eu sabia que ódio era uma prisão tão real quanto qualquer prisão física onde tivessem sido trancados. Precisavam ser libertados. *Senhor*, orei, *faze que eu possa abrir a porta para que estes homens encontrem a verdadeira paz em ti.* A paz me envolveu e reconheci o encontro como um momento sagrado.

Houve vários discursos, a maior parte deles concentrada em política, antes que eu fosse convidado a falar. Mahmoud Zahar me apresentou, dizendo:

– Nosso convidado especial, André, foi nos visitar em Marj al-Zohour. Ele foi até lá para estar conosco e sentir conosco em nossa dificuldade. Ele nos confortou com sua presença. Onde quer que a história de Marj al-Zohour for contada, Irmão André estará nela. E agora ele e uma equipe vieram nos visitar em Gaza. Ele nos convidou para nos reunirmos, comemorarmos e fazermos uma refeição juntos.

Voltou-se para mim e acrescentou:

– Nós apreciamos seu trabalho com todos os povos que passam dificuldade – cristãos e muçulmanos. Apreciamos sua visita e o agradecemos.

Levantei-me e, por um momento, fiquei profundamente comovido pelo fato de todos os homens estarem aguardando para ouvir minhas palavras. A última vez que estivera com eles, compartilháramos uma refeição sentados no chão de uma barraca. Agora eu os estava alimentando e esperava deixá-los com algo muito mais valioso que o alimento material.

– Quando recebi pela primeira vez um telefonema a respeito de vocês e da horrível situação em Marj al-Zohour, meu desejo foi ir imediatamente para estar com vocês. Mas era véspera de Ano Novo e eu estava falando a sete mil jovens, dirigindo-os em oração. Naquela noite eu lhes falei a seu respeito e aqueles sete mil jovens oraram por vocês.

Os presentes interromperam minha fala com um entusiástico aplauso.

– Não estou aqui como político. Ao contrário, estou aqui como alguém que procura compreender o que vocês estão sentindo.

Eu sabia que provavelmente seria aplaudido de pé se lhes contasse que quando menino, atirara pedras em soldados alemães, mas resisti à tentação. Não era o meu objetivo. Não estava em busca da aprovação deles. Senti que era mais importante que, de alguma forma, aqueles homens compreendessem que me identificava com eles para que pudesse apresentar o evangelho. Com isso em mente, comecei a contar-lhes minha história.

– Há muito tempo, quando eu tinha apenas 20 anos, estava num leito de hospital na Indonésia, onde fora mandado como soldado para acabar com uma insurreição. Uma bala rasgou meu tornozelo. Eu estava sozinho, sofrendo, com vontade de voltar para minha família. Não tinha a quem recorrer, ninguém para preencher os dias solitários e as noites mais solitárias ainda.

Eu sabia que aqueles homens haviam sentido as mesmas emoções.

– Foi naquela ocasião que comecei a ler um pequeno livro que minha mãe me dera quando eu saíra de casa.

Ergui nas mãos um exemplar da Bíblia e admiti que não quisera receber aquele presente e que, na verdade, o enterrara no fundo de minha mala.

– Mas naquele momento, no hospital, sem nada mais para fazer, iniciei a leitura, começando em Gênesis com a história da criação. Li todas as histórias e pulei a lei e os profetas. Depois de algumas semanas comecei a ler os Evangelhos e fui atingido por seu profundo significado. A pessoa de Jesus era diferente de qualquer homem que jamais vivera. Sua história era tão incrível que eu quis saber: "Seria aquilo de fato verdadeiro?"

Os muçulmanos reverenciam o homem Jesus como um dos maiores de todos os profetas. Desenvolvi esse assunto quando lhes falei que não foi apenas o que Jesus ensinou que me impressionou, mas a forma como ele viveu. Fiquei surpreso pela maneira como ele lidava com as controvérsias, como reagia às críticas e como suportou o sofrimento nas mãos de governantes injustos. Depois falei-lhes de como Jesus morreu na cruz. Dessa vez falei-lhes também sobre a ressurreição e da oferta que ele fez de entrar em minha vida para perdoar os meus pecados, para transformar-me em novo homem.

Finalmente eu clamei a Deus esta simples oração: "Senhor Jesus, se o Senhor me mostrar o caminho, eu o seguirei".

– Eu não podia mudar minha situação – disse eu aos homens, concluindo meu testemunho. – Eu ainda mancava em conseqüência do meu ferimento de guerra e sabia que talvez nunca mais andasse normalmente. Eu não sabia o que o futuro me reservava mas, pela primeira vez, eu tinha paz. E aprendi que todo aquele que vai a Jesus pode ter essa paz. É uma paz que está acima das circunstâncias.

– Não posso mudar a situação que vocês enfrentam aqui em Gaza. Não posso resolver os problemas que vocês têm com seus inimigos. Mas posso oferecer-lhes aquele que é chamado de Príncipe da Paz. Vocês não podem ter paz verdadeira sem Jesus. E não podem experimentá-la sem perdão. Ele se oferece para perdoar todos os nossos pecados, mas não podemos receber esse perdão se não o pedirmos ele. A Bíblia chama a isso de arrependimento e confissão do pecado. Se vocês realmente quiserem, então Jesus perdoa. Ele me perdoou e fez de mim uma nova pessoa. Agora eu não tenho medo de morrer porque meus pecados estão perdoados e eu tenho a vida eterna.

Os homens ouviam atentamente as minhas palavras. Apesar de não poder saber como minha mensagem os afetara, ao menos fora ouvido. Tinha de confiar que Deus usaria minhas palavras da forma que julgasse mais adequada.

O programa não se encerrou quando acabei de falar. Outro líder, um imã, presumi, levantou-se para falar. Bishara cochichava a tradução em meu ouvido. Era um pedido adicional a mim:

– Quais são algumas das nossas solicitações? Primeiro, pedimos ao Irmão André que leve ao seu povo na Holanda e ao Ocidente o verdadeiro quadro do sofrimento dos palestinos na Palestina – sob Israel, que tomou a nossa terra e desalojou centenas de milhares de pessoas e colocou outras dezenas de milhares na prisão. Eles profanaram nossos locais sagrados, destruíram nossas casas e nossas árvores.

Depois ele passou a refutar minha mensagem, dizendo que a Bíblia afirma que os judeus: "mataram os profetas sem um tratamento justo. Nós acreditamos que eles de fato tentaram crucificar Jesus, mas de acordo com nossa crença, Deus o levou e outra pessoa foi crucificada em seu lugar. Por favor, leve essa história ao seu povo."

Durante vários minutos, o orador me disse que os homens naquele salão não eram terroristas, extremistas ou fundamentalistas.

– Somos muçulmanos comuns. Menosprezamos o extremismo e a separação. Nós seguimos a Palavra de Deus.

Continuou fazendo citações tanto da Bíblia como do Alcorão para explicar como os cristãos não haviam seguido os mandamentos de Jesus de amar seus inimigos, enquanto os muçulmanos haviam protegido os locais sagrados cristãos em Jerusalém, particularmente a Igreja do Santo Sepulcro.

— Não há soluções verdadeiras até que as pessoas venham a Deus. Toda a humanidade sofre porque adora mais de um deus — trabalho, dinheiro, materialismo. Foi por isso que Deus mandou profetas como Adão, Moisés e Jesus. Nós, muçulmanos, estendemos a mão a todo aquele que crê, para trazer paz e felicidade. Novamente, nós damos as boas-vindas a você e sua equipe.

Finalmente, chegara a hora de comer. A refeição, composta de *kebab*, coalhada, pão sírio e doces, foi servida em todas as salas do edifício e até nos corredores para acomodar a todos. Nossas Bíblias e vídeos estavam em mesas separadas. Mas eu estava tendo dificuldade para apreciar a festa — ainda teria de pagar a conta. Pelo aluguel do local mais a refeição, o total chegava a 2.500 dólares. *Senhor*, orei rapidamente, *sua reputação está em jogo aqui. Assumi o compromisso de pagar a comida. O Senhor poderia, por favor, providenciar o que preciso?*

Puxei Labib e Bishara de lado e, em voz baixa, perguntei-lhes quanto de dinheiro eles tinham no bolso.

— Posso tomar emprestado? Eu não esperava tanta gente.

Eles foram generosos, mas não foi o bastante.

Então Bishara conversou com meu contato e acertou mandar-lhe o restante do dinheiro. Agradeci a meu amigo e prometi reembolsá-lo daquelas despesas assim que voltasse à Holanda.

Quando o problema foi contornado, os homens começaram a se dispersar. Nesse momento, uma equipe de reportagem da ABC apareceu no local.

— Ouvi falar que algo grande estava acontecendo aqui — disse o repórter, prendendo a respiração. Ele olhou para mim e eu sorri, mas não disse nada. — Cheguei tarde? Ouvi dizer que era uma reunião do Hamas.

— Sim, é isso. Terminamos.

— Bem, posso entrevistá-lo? Precisamos de algo para o noticiário da noite.

Eu sorri e balancei a cabeça.

— Não, não tenho nada a dizer à imprensa.

Antes de sairmos, Mahmoud Zahar me agradeceu por ter ido e sido anfitrião da reunião.

— André, acho que você sabe que leciono em uma universidade islâmica. Que eu saiba, nunca tivemos uma palestra sobre o cristianismo. Enquanto você falava, eu estava pensando que seria útil aos nossos estudantes saberem a respeito do verdadeiro cristianismo. Você não poderia ir à universidade e proferir uma palestra sobre as diferenças entre cristianismo e islamismo?

Fiquei aturdido com o convite, mas me senti incapaz. Uma oportunidade daquelas deveria ser concedida a alguém que falasse árabe. Senti-me como Paulo, o "a parte mais frágil" para aquela tarefa.

– Mahmoud, fico contente pelo fato de você querer que eu fale a seus alunos. Deixe-me pensar a respeito. Minha preocupação é que não tenho a formação acadêmica. Talvez eu consiga providenciar alguém com mais credenciais e que possa ir.

~

Meus amigos e eu estávamos eufóricos quando entramos em nossa *van* no estacionamento de Eretz para a viagem de retorno a Belém. Nenhum de nós em nossa fé mais arrebatada imaginara que 400 líderes do Hamas pudessem comparecer àquela reunião. Mas agora, ao me sentar e afrouxar a gravata, eu estava preocupado com o que pudesse acontecer em seguida. Fora ótimo apresentar o evangelho àqueles homens, mas era necessário mais. Muito mais! Não era certo entrar, ter uma ótima reunião e depois sair como se nada tivesse acontecido. Precisávamos de algum tipo de plano de seguimento.

– E então, o que você achou da reunião? – perguntei ao meu novo amigo Labib quando deixamos o posto de fiscalização de Eretz.

– Acho que o meu Deus é pequeno demais – disse ele. Virei-me para olhá-lo e vi que seus lábios se abriam num grande sorriso. – Irmão André, eu nunca pensei que um cristão pudesse falar a fundamentalistas radicais e fanáticos. Mas mesmo que alguém tivesse essa oportunidade, nunca me ocorreu que de fato eles quisessem sentar-se e ouvir o evangelho. Hoje Deus me mostrou o quanto ele é grande.

Enquanto conversávamos, Labib falou-me de seus anos de estudos universitários no Iraque.

– Aquela experiência foi despertada hoje – disse ele. – Lembrei-me de como eu gostava de testemunhar a muçulmanos. Mas na maioria dos casos, aqui a igreja se esconde. Ela não vai aos muçulmanos. Contudo, eu acredito que eles ouviriam se pudéssemos achar uma forma de ir até eles.

– Bem, vamos pensar numa forma – disse eu, sentindo que aquele era um momento significativo na vida do meu novo amigo. – Eu tive uma reunião. Essa foi a parte mais fácil. Agora, o que vamos fazer? Pode haver homens lá que queiram saber mais. Como vamos dar a eles essa informação? E haverá outros que ficarão sabendo da reunião e desejarão ouvir a mensagem também.

– As igrejas locais têm, de um modo geral, evitado falar a muçulmanos a respeito de Cristo – disse Labib. – Algumas agências missionárias ocidentais têm vindo e tentado testemunhar a muçulmanos, mas muitos de seus convertidos têm sido das igrejas tradicionais. As pessoas pensam que os muçulmanos não são abertos a Cristo, mas, francamente, acho que eles estão mais próximos dele do que os europeus ou americanos seculares. O que vi hoje são pessoas que buscam a Deus.

– Exatamente! A maior parte dos europeus é naturalista. De modo geral, não buscam a Deus. Mas se você estiver conversando com um desses membros do Hamas e for a hora da oração, ele não ficará ao seu dispor. Irá orar. Não mais o atenderá. Ele está ali para Deus. Raramente vemos esse tipo de devoção no cristianismo. Se estamos em oração e o telefone toca, atendemos o telefone. Muitos desses homens não fariam isso. Por isso é mais fácil falar-lhes a respeito de Jesus. Para os muçulmanos, a hora da oração é um momento de obediência a Deus. Não queremos que deixem de buscar a Deus. Queremos apresentar-lhes o caminho de Cristo – que é Deus buscando-os!

A mente de Labib estava obviamente agitada e fiquei em silêncio para que ele pudesse pensar. Finalmente, ele disse:

– André, gostaria de tentar abrir uma livraria em Gaza.

Meu coração deu um pulo de emoção.

– Até este momento, estive limitando minha visão – disse ele, olhando-me com grande animação. – Estive concentrado apenas em levar a livraria cristã em Jerusalém ao seu potencial máximo. Afinal, é lá que estão muitos cristãos. Mas os homens que vi hoje precisam também da Palavra de Deus.

– E não tínhamos exemplares suficientes em nossa reunião – lembrei-o.

– Se tivéssemos uma loja em Gaza, eu poderia ter garantido que cada um deles recebesse um exemplar da Bíblia.

Percebi então que aquele era um dia de grande importância devido ao que Deus fizera, não somente na reunião, como também no coração do meu amigo.

– Labib, vou fazer o que puder para ajudá-lo a realizar essa visão.

Estacionamos junto à Faculdade Teológica de Belém e Labib dirigiu-se ao seu carro, depois parou, voltou-se para mim e coroou um dia de tantas surpresas.

– Vou sempre me lembrar deste dia como o dia em que me apaixonei por Gaza!

Apesar de os resultados das reuniões em Hebrom e Gaza terem sido extremamente positivos, eu não podia me livrar da persistente sensação de que a bomba-relógio do Hamas estava a ponto de explodir. Depois de nossa refeição em Gaza, Mahmoud me disse calmamente que o massacre de Goldstein seria vingado cinco vezes. Nos meses que se seguiram, houve exatamente cinco ataques. No dia seis de abril, ao final do período de quarenta dias de jejum muçulmano, ouvi as notícias pela BBC. Um homem de 25 anos de idade detonara a si mesmo com um carro bomba, matando oito pessoas e ferindo quarenta e quatro em Afula, cidade logo ao sul de Nazaré. O Hamas reivindicou a responsabilidade, dizendo que se tratava de vingança pelo massacre na mesquita Ibrahimi.

Uma semana depois, um homem detonou uma bomba, suicidando-se e matando cinco outras pessoas em um ônibus na cidade litorânea de Hadera. Novamente o Hamas reivindicou a responsabilidade. Eu me dei conta, horrorizado, de que o conflito atingira um nível em que seres humanos estavam dispostos a entrar em Israel e se matarem, levando consigo tantos civis quanto fosse possível. Pela primeira vez ouvi os repórteres usarem o termo *homem-bomba.*[2]

A notícia me causou um sentimento de desconforto. Certamente, pensei, minhas palavras deveriam ter evitado aquelas bombas. Teriam aqueles homens realmente escutado o que eu dissera? Sentia-me um fracassado.

Não podia deixar de me questionar sobre o que levava aqueles homens a agir de maneira tão desesperada. Uma explicação era a complexa perspectiva de vergonha e honra que permeava sua cultura. Um palestino me explicara isso da seguinte forma:

– Podemos viver de joelhos ou morrer de pé.

O Hamas decidira que preferiam literalmente morrer a viver submissos a um odiado conquistador. Não me solidarizava com eles – acreditava que estavam completamente desnorteados – mas eu tentava compreender que o Hamas, na sua perspectiva, estava mandando soldados para a batalha. Todo soldado tem consciência de que pode não voltar para casa. O general lhe diz para que não volte; que apenas vá e mate tantos inimigos quantos for possível. Essa era a lógica de um homem-bomba. Acrescido a isso havia o componente religioso, a crença de que a morte na *jihad* mandava o soldado imediatamente para o paraíso.

Teria eu podido fazer alguma coisa para deter o Hamas? Pensei em Gênesis 4, na história do primeiro ataque terrorista da história, quando Caim matou seu irmão, Abel. Deus falou a Caim antes que ele realizasse seu intento criminoso e tentou convencê-lo a fazer o que era certo e a resistir ao pecado que rondava sua porta. Mas Caim ignorou a Deus e, apesar de tudo, realizou sua vingança. Pensei: *Teria Deus desejado falar ao Hamas?Deus não tinha ninguém para enviar até Caim, por isso foi ele mesmo. Mas como enviaria tal mensagem hoje? Provavelmente por intermédio de um mensageiro disposto a realizar essa função.*

Por alguma razão Deus me enviara para falar ao Hamas, para oferecer-lhes uma forma de controlar a raiva em seu coração, para mostrar-lhes a resposta de Deus por intermédio da pessoa de seu Filho, mas eu não podia forçá-los a escutar. Se Deus não pôde demover Caim de sua intenção criminosa, então eu certamente não tinha poder para mudar o coração do Hamas.

Pelo menos eu fora até eles, aproveitando o caminho que estava aberto a mim. Havia feito o que podia, mas isso não bastava.

CAPÍTULO

VINTE E TRÊS

DE CERTA FORMA ESTAMOS FAZENDO DIFERENÇA

Jerusalém, outono de 1994

O ódio podia voltar. Yitzhak se deu conta disso quando viu as notícias do último ataque suicida.

— Foi fácil quando estávamos no deserto com o Musalaha. Ninguém nos observava e podíamos dizer que amávamos uns aos outros — desabafou ele à esposa. — Mas agora estamos de volta à realidade.

A mulher tentou, com brandura, lembrá-lo de que somente uma minoria de árabes era terrorista.

— Lembre-se, deixe que a verdade da palavra de Yeshua toque fundo em seu coração.

Yitzhak sabia que havia sido genuinamente tocado durante o encontro no deserto dois anos antes. Mas mudar definitivamente foi mais difícil quando voltou para casa. Recordava com sofrimento de um recente incidente, quando jogava futebol com irmãos judeus messiânicos num campo em Jerusalém. Em outro campo ao lado estava acontecendo outro jogo, quando apareceram vários baderneiros e começaram a expulsar os jogadores. Yitzhak parara para observar e viu que os agressores estavam chutando e espancando os jogadores e depois percebeu que os baderneiros eram judeus e os jogadores, árabes. Eles haviam gritado para os jogadores que não tinham permissão para usar parques públicos. Yitzhak sabia que isso não era verdade, mas simplesmente ficou observando enquanto os árabes eram expulsos.

Desde então, o incidente vinha assombrando seus pensamentos. Como pudera ele, que se envolvera com o Musalaha, que se preocupara com a causa árabe e com a busca da justiça, que sabia que aqueles homens tinham direitos, simplesmente ficar olhando sem fazer nada? Para piorar as coisas, ele fazia parte de uma congregação de orientação direitista. Muitos de seus irmãos na fé estavam muito mais interessados em promover o sionismo do que em reconciliação e não compreendiam seu envolvimento nas atividades do Musalaha. Não podiam entender como uma pessoa podia ter fé em Yeshua e também amar os árabes. Ele tivera várias discussões e até perdera alguns amigos devido a sua posição. Mas o incidente nas quadras esportivas mostrou-lhe que sua transformação não era completa. Não era simplesmente uma questão de dizer: "Ama ao próximo como a ti mesmo". Ele precisava de fato colocar isso em prática.

Então os atentados terroristas aumentaram e ataques suicidas feitos por homens-bombas começaram a ocorrer com regularidade. Ele estava horrorizado pela carnificina e sua reação natural era se afastar de tudo o que dissesse respeito aos palestinos. Ao ver o noticiário, sentiu seu velho ódio se insinuando em seu coração e não fez nenhum esforço para extingui-lo.

Foi então que o telefone tocou. Yitzhak ouviu a voz familiar de Wa'el no outro lado.

— Acabo de ver as notícias e quero saber se você está bem.

Imediatamente sentiu-se envergonhado por ter alimentado seu velho ódio.

Depois do telefonema, Yitzhak admitiu à esposa:

— Wa'el me faz lembrar que temos de mostrar o verdadeiro evangelho. Somos salvos pelo sangue da nova aliança, o que significa que somos salvos para sermos luz para o mundo. E não podemos ser luz para o mundo se defendermos um povo e não defendermos também o outro.

~

Algumas semanas depois, Yitzhak passou pelo posto de fiscalização de Belém para visitar a igreja de Wa'el. Uma sala naquela igreja estava sendo reformada com o objetivo de tornar-se um centro para crianças. No fim daquela manhã, quando os dois amigos empunhavam seus pincéis lado a lado, Wa'el agradeceu a ajuda:

— Eu não tinha certeza se você viria, com todas as nossas diferenças.

Yitzhak riu.

— Você pensa que temos diferenças! Deveria ouvir as discussões que temos sobre teologia em nossa própria igreja. Temos um ditado: "Onde há dois cristãos judeus, há três igrejas!"

Durante o almoço, Wa'el admitiu que estava pensando em sair do país.

— Tudo tem sido tão difícil. Não existe nada aqui a não ser frustração. Quero ir embora apenas porque a situação aqui está difícil demais. Mas... não sei para onde iria, onde me encaixaria.

Por um momento, Yitzhak lembrou-se, com vergonha, de seus antigos sentimentos de que um árabe bom era um árabe morto. Sempre pensara que seria melhor se os palestinos simplesmente fossem embora e muitos em sua igreja defendiam esse ponto de vista. Mas agora era diferente. Não se tratava de um árabe anônimo, mas de um irmão em Cristo e amigo.

— Espero que você não vá — disse ele.

Wa'el olhou para o amigo com um ar sério, sem saber o que dizer.

— Sei que é difícil, mas talvez de alguma forma estejamos fazendo diferença. Talvez possamos mostrar às pessoas ao nosso redor que há um caminho melhor do que lutar.

— Não vejo como.

— Não sei se a resposta é um estado palestino, autonomia ou apenas vivermos juntos. Não estou em condições de resolver o problema. Sei que não posso salvar o mundo todo, mas sei que posso salvar o mundo para uma pessoa, o árabe à minha frente — reconciliando-me com ele, ouvindo seus problemas e ele os meus, compreendendo nossos temores mútuos, nossas amarguras.

Uma hora depois, quando Yitzhak teve de voltar para casa, os dois homens, irmãos em Cristo, se abraçaram. Transcorreu um longo tempo até que a situação permitisse que se encontrassem novamente, mas estavam comprometidos em manter contato e orar um pelo outro.

Quando Yitzhak voltou para casa em Jerusalém Ocidental, pensou na profunda mudança que Deus havia operado em seu coração. Ele se dera conta de que, como cristão, estava atingindo uma posição acima da face política do conflito, adotando uma perspectiva segundo a qual todos são criados à imagem de Deus. Portanto, todos merecem aprender a respeito da salvação de Deus. Queria usar sua energia espalhando aquela mensagem a judeus e árabes — não importava a quem; queria que *todos* ouvissem.

CAPÍTULO VINTE E QUATRO

QUE TIPO DE PESSOAS O LIVRO PRODUZ?

Belém, primavera de 1996

Havia um hóspede no quarto vizinho ao meu na ala de hóspedes da Faculdade Teológica de Belém. Nós nos encontrávamos durante o café da manhã na pequena copa em frente aos nossos quartos. Ele se apresentou como pastor de uma igreja de Nazaré.

– Estou aqui à procura de um pouco de sossego e descanso – disse ele.

Olhei para o rosto dele, que parecia exausto.

– Você veio ao lugar certo. É bom ter um lugar para ficar sossegado, orar e, se precisar, conversar com amigos.

Ele deu um sorriso cansado e disse:

– Receio que não esteja mais conseguindo enfrentar os problemas.

Eu o ouvi recitar a lista. Já ouvira antes a maioria desses problemas em minhas conversas com pastores ao longo dos anos. Sua congregação estava minguando à medida que várias famílias emigravam para o Ocidente. Havia conflito entre a liderança mais velha e os membros mais jovens. Estava se formando uma disputa na cidade entre os muçulmanos e a Igreja da Anunciação, local, de acordo com a tradição, em que o anjo Gabriel visitou Maria. Os muçulmanos mantinham uma tenda do outro lado da rua e pretendiam construir uma mesquita. Além disso, havia a contínua tensão de sentir-se cidadão de segunda classe em sua própria cidade – uma queixa comum que eu ouvia entre os árabes residentes em Israel.

O pastor de Nazaré estava bem melhor no dia seguinte. Estivera visitando uns amigos e, na casa de um deles, viu o meu livro em árabe: *A Time for Heroes* [Tempo de heróis].

— Li o primeiro capítulo — disse ele.

— Aquele sobre Jó!

— Sim. Posso ter afinidade com Jó, mas não acho que meus problemas sejam tão ruins quanto os dele.

— E o que você aprendeu com o nosso amigo Jó?

— Que Deus está conosco em meio às provações. Precisei ser lembrado disso. A fé não significa que Deus eliminará meus problemas. Ao contrário, percebo que Deus está comigo e com minha igreja em meio aos nossos problemas.

— E ele é suficiente.

— Jó não teve todas as suas dúvidas solucionadas, mas teve um encontro com Deus; ouviu Deus e isso foi suficiente.

Em essência, aquele encontro era a ênfase do meu trabalho, estar com meus irmãos que sofrem. Ainda podia ouvir as palavras do pastor da Polônia em 1955: "Sua presença aqui significa mais do que dez dos melhores sermões". Já que eu de qualquer maneira, não me considerava um bom pregador, "minha presença lá" seria sempre meu principal ministério.

~

Em parte devido a encontros como aquele, a Faculdade Teológica de Belém se tornara minha base de operações sempre que eu visitava a área. A faculdade crescera de forma contínua desde os dias quando ocupava uma sala em Beit Jala. A propriedade atual, comprada da Sociedade Bíblica Estrangeira com a ajuda da Portas Abertas, ficava a poucos quarteirões do Túmulo de Raquel. O prédio fizera uma enorme diferença na eficiência da faculdade. O número de alunos agora estava no patamar dos quarenta e continuava crescendo, e havia professores treinados e academicamente qualificados. A Portas Abertas ajudava de várias formas, incluindo o custeio de um dos cargos do magistério. Novos cursos foram desenvolvidos. Um deles visava o treinamento de guias turísticos palestinos. Outro era um programa de atendimento de saúde. Ocasionalmente a Faculdade recebia a visita de profissionais da área médica que vinham do Ocidente e atendiam cerca de 300 a 400 pacientes por dia. Estavam sendo feitos planos para abrir uma biblioteca pública no andar térreo do edifício de salas de aulas da escola; seria a única biblioteca pública de Belém.

Eu gostava de ficar perto dos alunos. É um chavão dizer que eles eram esforçados, cheios de juventude e entusiasmo, mas eu sentia a ânsia deles em aprender e aquilo me dava esperança para a Igreja. Se a Igreja entre os palestinos em Israel, Cisjordânia e Gaza devia ser uma luz intensa, ia precisar de centenas de líderes dedicados. Precisamente o que deveriam fazer? Foi o que discuti com eles quando Bishara me pediu para falar durante o culto na capela.

Como muitos estudantes haviam se matriculado depois do emocionante momento em Gaza, em que Bishara e eu falamos com a liderança do Hamas, comecei contando aquela história. Depois daquele encontro histórico, um dos professores da Faculdade Teológica de Belém me agarrou o braço e perguntou com insistência:

– Você vai ficar aqui e evangelizar os árabes? Todos eles – muçulmanos, radicais, o Hamas e a OLP!

O entusiasmo era elogiável, mas o que estava implícito em sua declaração me perturbou.

– Será minha missão ficar aqui e evangelizar fundamentalistas? – eu disse à minha atenta platéia, com Bishara interpretando. – Não penso assim. O meu chamado é para fortalecer o corpo local de cristãos. Isso inclui vocês – para que *vocês* possam responder a esse chamado importantíssimo.

Para ilustrar, falei-lhes de um de meus cinco encontros com o aiatolá Fadlallah, o líder espiritual do Hezbollah no Líbano.

> – Irmão André, vocês cristãos têm um problema – disse-me ele.
>
> Bem, sei de cristãos que têm muitos problemas, mas estava curioso sobre o que aquele líder muçulmano me diria.
>
> – O que o senhor pensa ser o nosso problema? – perguntei.
>
> Ele respondeu:
>
> – Vocês cristãos não estão mais seguindo a vida de Jesus Cristo.
>
> Aquela foi uma observação interessante, partindo de um líder fundamentalista. Ele realmente me atingiu em cheio, por isso perguntei-lhe:
>
> – O que o senhor acha que deveríamos fazer a respeito?
>
> Ele disse:
>
> – Vocês devem voltar para o livro sagrado.

– Foi um sermão maravilhoso, vocês não acham? Especialmente aqui em uma faculdade cristã! Algumas xícaras de café depois, o aiatolá disse:

> – André, nós muçulmanos temos um problema.
>
> Então eu disse:
>
> – O que o senhor pensa ser o seu problema?
>
> Ele respondeu:

— Nós muçulmanos não estamos mais seguindo a vida do profeta Maomé. Ele estava muito triste e usava de sinceridade. Perguntei-lhe:

— Bem, o que o senhor acha que deveria ser feito a respeito disso?

Sua resposta:

— Devemos voltar para o livro sagrado.

Claro que se referia ao *seu* livro, o Alcorão, e não à Bíblia.

— A última vez que Fadlallah e eu nos encontramos, ele me disse que queria abrir um diálogo entre acadêmicos muçulmanos e cristãos. Quero incentivar esse diálogo. Vamos trocar experiências e poderemos ficar surpresos. Mas eu disse a ele que queria estreitar a discussão a uma questão específica: Que tipo de pessoas o livro sagrado produz? Quero desafiá-los hoje com esta pergunta. Que tipo de pessoas o Alcorão produz? Que tipo de pessoas a Bíblia produz? Vocês são estudantes da Bíblia. Que diferença ela está fazendo na vida de vocês? Praticam o que ela diz? Jesus, em suas palavras finais aos discípulos, disse: "Vocês *serão* minhas testemunhas". Isso inclui não somente o que falamos, mas a maneira como vivemos e o que somos.

— Deus lhes deu uma tarefa a realizar. Uma tarefa muito desafiadora. Olhem para todas as pessoas ao redor de vocês em sua comunidade. Sejam elas muçulmanas ou cristãs, todas elas são criadas à imagem de Deus. Que tipo de vida vocês estão lhes mostrando? Vocês se dão conta de que podem ser o único Jesus que essas pessoas verão? É por isso que o trabalho de vocês aqui é tão importante.

Ergui minha Bíblia e encerrei minha fala, dizendo:

— Que este livro molde vocês à imagem de Jesus Cristo.

Belém, outono de 1996

— André, ligue no noticiário — disse Bishara ao telefone. — Há uma notícia importante na BBC.

Fui imediatamente à sala comum e liguei a televisão. Havia cenas de palestinos raivosos no monte do Templo gritando para a câmera, obviamente ameaçando cometer alguma violência. Então, antes que eu compreendesse o que estava acontecendo, o apresentador mudou para outra reportagem.

Bishara apareceu alguns minutos depois. Explicou que os israelenses haviam escavado muitos túneis sob o do Domo da Rocha e a mesquita Al-Aqsa.

— Naturalmente os muçulmanos são muito sensíveis a respeito disso. Quase houve um levante quando os túneis foram descobertos em 1982. Enquanto isso, os judeus continuaram o trabalho em silêncio. Alegam que não estão de fato trabalhando sob o monte do Templo, mas sei de fonte segura que estavam à procura do Santo dos Santos. Hoje eles abriram um túnel em direção à Via Dolorosa[1] que, como você sabe, fica na região muçulmana.

– Por isso os muçulmanos estão ofendidos.

– Estou preocupado que possa haver tumultos.

No dia seguinte tive uma reunião no centro de Belém e, quando ela terminou, voltei para a faculdade caminhando. Havia tensão nas ruas quando cheguei à estrada Jerusalém-Hebrom. Vi muitos jovens e meninos passarem andando ou correndo pela faculdade em direção ao Túmulo de Raquel. Muitos já estavam com pedras nas mãos. Estavam zangados e não se importavam com quem percebesse isso.

A intuição me dizia que eu devia entrar rapidamente na faculdade e procurar proteção no escritório de Bishara ou em uma das salas no porão. Mas a curiosidade venceu e continuei com os meninos em direção ao Túmulo de Raquel, transformado em posto militar pela Força Israelense de Defesa. Alguns dos meninos sacaram estilingues para arremessar pedras nos soldados bem protegidos. Outros encontraram terrenos vazios e aumentaram seu arsenal de pedras.

A manifestação parecia fraca demais. Os meninos atiravam pedras nos soldados que usavam capacetes e se escondiam atrás de grandes escudos. Havia ódio enraizado, mas não parecia que os soldados estivessem correndo algum risco de vida. Então ouvi um baque, vi fumaça e percebi que alguém atirara um tubo na direção das pessoas. Do tubo começou a sair gás lacrimogêneo e várias outras bombas se seguiram. Uma delas caiu perto dos meus pés. Chutei-a para longe e me desloquei contra o vento para que a fumaça nociva fosse levada para longe de mim. Mas os meninos não pensavam com clareza a respeito do perigo. Muitos começaram a tossir e a recuar. Acenei para alguns deles, mostrando que deviam ficar contra o vento.

Então ouvi outro som. Dois meninos gritaram e apertaram o braço ou a cabeça. Calculei, junto com eles, que seria melhor ir embora. Os soldados estavam atirando com balas de borracha, mas havia aço dentro daquela borracha e as balas poderiam causar graves ferimentos e dor.

No fim daquela tarde, depois que a multidão se dispersou, voltei com cuidado ao Túmulo de Raquel, andando bem junto aos prédios na calçada para não chamar a atenção. Um silêncio perturbador se abatera sobre a cidade, como se o ódio tivesse simplesmente se recolhido. Quase não havia carros na rua. Parei no lugar onde estivera observando o conflito. Na rua, junto ao meio-fio, estava uma das bombas de gás lacrimogêneo. Era fria ao toque, por isso a peguei. Cheirei-a e afastei depressa a cabeça para trás. Durante um momento lágrimas verteram de meus olhos. Segurando a bomba com os braços esticados, li uma série de números seguidos das palavras: "Somente para uso ao ar livre. Fabricado nos Estados Unidos. Não jogar diretamente contra pessoas devido ao risco de ferimentos graves ou morte".

Espalhadas pela rua estavam balas de borracha preta, cilindros sólidos de uma polegada de comprimento, achatados nas duas pontas. Peguei duas como "lembrança" e voltei para a faculdade.

Bishara estava me aguardando.

— Então você vê o que seus amigos da América nos têm dado — disse ele com um sorriso torto. — Eu estava no telhado quando atiraram gás lacrimogêneo no *playground* da escola abaixo de nós e o vento estava soprando do lado oeste. Não pude ficar no telhado — a fumaça era forte demais. E aquelas "balas de borracha". Podem quebrar nossas costelas. Não há dúvida de que vários meninos foram parar no hospital com ferimentos hoje. E quando uma delas atinge uma criança na cabeça pode matá-la.

— Dão a impressão de serem tão humanas. Balas de borracha.

— O que você viu hoje é típico. Essas manifestações começam com meninos atirando pedras e terminam com gás lacrimogêneo e balas de borracha e sempre com um ou dois meninos mortos. Infelizmente, essas manifestações estão acontecendo por toda a Cisjordânia e Gaza. — Ele balançou a cabeça. — Estou muito preocupado.

Perguntei a Bishara o que se pretendia com aqueles protestos. Não conseguia ver a ligação entre a manifestação que presenciara e as notícias de Jerusalém.

— A ocupação é a principal causa de violência — ele explicou. — O túnel sob o Domo da Rocha foi simplesmente a mais nova desculpa. As pessoas querem ser livres e esta é a única forma que conhecem de expressar isso.

Quando a agitação diminuiu alguns dias depois, 91 palestinos estavam mortos (e nenhum israelense). Era frustrante, porque aqueles meninos estavam jogando fora a vida, e com que propósito? Seria porque de fato não tinham esperança? Aquilo era absolutamente inútil. Pensei novamente na localização estratégica da Faculdade Teológica de Belém. Ali estávamos, uma luz proclamando o Príncipe da Paz enquanto a multidão passava. Mas aqueles meninos estavam com muito ódio para parar e indagar a respeito de Jesus Cristo. Tragicamente, 91 morreriam sem conhecê-lo.

Beit Sahour, 1996

Nawal Qumsieh estava pronta e ansiosa para entrar no ministério. Mas onde? E como? Em um seminário em Belém, Nawal respondera ao desafio:

— Se alguém quiser dedicar sua vida ao ministério de Jesus — falou solenemente o palestrante convidado — este é o momento para vir à frente!

O homem deu um passo atrás do púlpito e inclinou a cabeça em oração. Nawal saiu de seu assento e apressou-se até a frente do salão. Dentre os cerca de 50 presentes, foi a única a responder ao apelo.

O orador abriu os olhos e observou ao redor do salão, depois os fixou em Nawal. Ele balançou a cabeça e disse baixinho para que somente ela pudesse ouvir:

— Volte para o seu lugar. Mulheres não podem ajudar nesta sociedade. Precisamos de homens.

Novamente o orador desafiou o auditório:

— Precisamos de homens para lutar por Cristo nesta cultura. Quem virá? Quem fará parte da solução?

Lutando contra as lágrimas, Nawal voltou vagarosamente para o seu lugar. Sentia como se tivesse sido atingida por uma bala de borracha. Nenhum homem tomou o seu lugar na frente. Chorando, ela orou:

— Senhor, quem irá ministrar ao meu povo?

E, no coração, sentiu imediatamente a resposta:

— Estou chamando *você* para atuar no ministério.

CAPÍTULO

VINTE E CINCO

O HAMAS GOSTARIA DE UM CESSAR-FOGO

Gaza, 1996

Enquanto atravessava a terra de ninguém – um corredor concretado de 800 metros no posto de fiscalização de Eretz entre Israel propriamente dito e a região controlada, agora palestina – eu pensava em minha discussão com Labib no dia anterior. O diretor da Sociedade Bíblica Palestina me falara com ansiedade a respeito de sua visão de expansão enquanto almoçávamos.

– Enquanto eu pensava no que queremos fazer em Gaza, percebi que existem outros lugares onde poderíamos ter uma livraria evangélica: em Nablus, na Universidade de Beir Zeit, em Belém – seriam ótimos lugares para a evangelização de todos os turistas que vão a essas regiões!

Eu gostava de ver o entusiasmo e a visão de Labib.

Então ele me falou a respeito da propriedade que havia encontrado em Gaza e que serviria como local perfeito para uma livraria.

– Mas estou tendo problemas – disse ele. – Há muita burocracia na Autoridade Palestina. Simplesmente não estou tendo progresso na obtenção de licença para abrir uma loja.

– Talvez eu possa ajudá-lo – comentei.

Labib riu e disse:

– Como? Você pode contornar a burocracia?

– Não. Mas sei de alguém que acho que pode.

– Quem?

– Yasser Arafat.

Labib hesitou um momento, depois sorriu e disse:

– Você tem razão. A aprovação dele nos ajudaria muito.

– Por que não me dá um exemplar de sua linda Bíblia para Crianças em árabe? Eu a darei ao sr. Arafat pelo primeiro aniversário de sua filha.

Naquela mesma manhã, Labib me entregou uma carta ao presidente palestino, mais uma carta de apoio do patriarca ortodoxo de Jerusalém. Apalpei o bolso de meu casaco para me certificar de que as cartas estavam seguras.

~

Foi surpreendentemente fácil para mim providenciar um encontro com Arafat, recém-nomeado presidente da Autoridade Palestina. Depois dos devidos telefonemas, deitei em minha cama no hotel Marna, onde a maioria dos visitantes estrangeiros ficava em Gaza, e lembrei-me de como fora arranjado meu primeiro encontro com ele em meados de 1980.

Tudo começara com o telefonema de um pastor batista dos Estados Unidos que estava vivendo em Haia.

– Irmão André, o senhor poderia ir comigo visitar um homem muito doente? – Explicou que o homem era o ex-diretor de uma escola cristã em Nazaré, mas que estava doente demais para voltar à Galiléia, sua terra natal, naquele momento. Antes de morrer, queria que houvesse um pouco de oração.

Obviamente fui com o pastor e visitamos o homem idoso, que vivia em uma casa grande e muito bem mobiliada. Lemos a Bíblia e oramos com ele. Depois de cerca de uma hora, saímos de seu quarto e um homem de seus 45 anos nos aguardava.

– Meu nome é Khoury – disse ele, estendendo a mão. – Obrigado pela gentileza de terem vindo aqui visitar meu pai. Isso significa muito. Por favor, posso oferecer-lhes café?

Quando nos sentamos para beber o café árabe que raramente eu saboreava na Holanda, observei o ambiente muito agradável e perguntei, do meu jeito brusco:

– Quem é o senhor?

O sr. Khouri respondeu:

– Sou o homem de confiança do presidente Arafat. Eu represento a OLP na Europa.

Sempre à procura de uma porta aberta, eu disse de supetão:

– O senhor poderia me colocar em contato com Arafat?

– Só é preciso um telefonema.

Ele deu o telefonema e alguns dias depois eu seguia em um avião para Túnis, onde Arafat e a OLP estavam exilados depois de serem expulsos do Líbano. Levei a Arafat, que havia sido rotulado por um repórter de "o guerrilheiro de Teflon"[1], uma Bíblia e um exemplar de O *contrabandista de Deus;* falei-lhe também do meu trabalho. Na época, fiquei me perguntando qual seria o significado daquele encontro.

Dessa vez eu ia até ele com um propósito – um pedido muito importante.

– Senhor, vai à minha frente – orei em voz tão alta que ecoou na sala de paredes de pedra. – Faz que me olhe de uma perspectiva favorável.

O escritório de Arafat e o de muitos líderes da Autoridade Palestina ficava em uma fileira de prédios ao longo da praia do mar Mediterrâneo. O complexo parecia surpreendentemente simples para um homem que liderava três milhões de pessoas e que poderia logo, se o Acordo de Oslo tivesse êxito, ser um chefe de estado. Desci do táxi e andei um quarteirão, passando pelo posto de fiscalização em direção ao escritório principal. Durante o dia, a sala de espera de Arafat ficava sempre cheia de repórteres, personalidades estrangeiras e homens de negócios à procura de oportunidades de investimentos. Mas naquela noite, somente o presidente e um de seus conselheiros, Nabil abu Rudeineh, estavam trabalhando.

– Vim para ver meu amigo Abu Amar! – disse eu, anunciando minha chegada ao entrar no prédio.

Quase imediatamente abriu-se a porta de um escritório e ouvi a voz de Arafat:

– Irmão André! – Ele apareceu, usando seu conhecido turbante, cuidadosamente dobrado sobre o ombro direito no formato da terra da palestina. Segurando-me pelos ombros, beijou-me nas duas faces e disse: – Entre; entre!

O famoso homem com a persistente barba há três dias por fazer era surpreendentemente baixo. Com pouco mais de 1,60m de altura, sua aparência não sugeria tão poderosa presença nos assuntos do Oriente Médio. Mas por trás da aparência modesta estava uma personalidade carismática. Já dentro do escritório, perguntei:

– Devo chamá-lo agora de sr. Presidente?

– Não, não! – riu ele. – Para você serei sempre *Abu Amar.*[2]

– Ouvi dizer que você é pai orgulhoso de uma menina. Trouxe um presente para você – uma Bíblia para Crianças em árabe que poderá ler para ela em seu colo.

Arafat recebeu o livro e olhou-o com reverência.

– É um lindo livro. Muito obrigado.

– Tenho também um pedido a fazer por um amigo. – Tirei as cartas do bolso da jaqueta. – Neste envelope há uma carta de Labib Madanat, que dirige a Sociedade Bíblica Palestina. Ela faz parte das Sociedades Bíblicas Unidas, que produziu esse lindo livro. Esse volume em particular foi impresso em Beirute.

O presidente começou a folhear cuidadosamente o livro, apreciando nele o trabalho artístico. Passaram-se vários minutos de silêncio em que Arafat parecia hipnotizado pelo livro. Finalmente, ele disse:

– Precisamos de mais livros de qualidade como este.

– É por isso que estou aqui – eu disse, aproveitando a oportunidade. – A Sociedade Bíblica gostaria de abrir uma livraria aqui em Gaza. Labib Madanat encontrou um espaço comercial disponível que funcionaria bem, em frente à rua do hospital Al Ahli. Gostaríamos de obter sua autorização.

– Claro, claro – disse Arafat, levantando o olhar para mim. – Você tem a autorização!

Leu a carta, depois pegou sua caneta e escreveu um bilhete para Nabil abu Rudeineh:

– Por favor, providencie o registro da Sociedade Bíblica e a licença da livraria em Gaza de acordo com a lei palestina.

Abu Rudeineh olhou para as instruções e disse:

– Senhor André, vou tirar uma cópia disto para o senhor devolver ao sr. Madanat.

~

No domingo pela manhã fui à Igreja Batista de Gaza, apenas a alguns quarteirões do hotel Marna. A igreja ficava do outro lado da rua do edifício do Parlamento palestino, onde se reunia o Conselho Legislativo. A leste do parlamento, do outro lado da rua, havia um grande parque. Quando eu chegara àquele lugar pela primeira vez depois da guerra de 1967, uma enorme estátua do Soldado Desconhecido dominava a área, mas tinha sido destruída pelos israelenses, deixando um pedestal vazio. Depois da assinatura do Acordo de Oslo, a Autoridade Palestina erigiu uma nova estátua, bem menor que a antecessora e que parecia deslocada no grande pedestal. Um buraco de bala já havia arruinado o ombro esquerdo. Eu tinha certeza de que aquilo era simbólico, mas não sabia do quê.

Atravessei a rua até a igreja batista que se reunia em duas chácaras, atrás de um muro de concreto, coberto de pichações. Jaber, um dos líderes da igreja, me recebeu na entrada. Sua esposa estava providenciando refrescos no salão social, junto ao pequeno santuário. Duas crianças corriam livremente por entre as fileiras de cadeiras dobráveis arrumadas para o culto. Uma velha senhora de mãos nodosas praticava em um piano que precisava urgentemente de afinação.

Quando o culto começou, alguns minutos depois das 11 horas, somente 12 adultos se espalhavam por entre as cadeiras dobráveis. Cantamos o hino "Saudai o Nome de Jesus", mas apesar dos acordes entusiásticos da pianista, havia pouca convicção no cântico da congregação. Alguns anos antes eu pregara naquela mesma igreja para cerca de 75 ou 80 pessoas no salão. Mas a cada ano que retornava, o número minguava. O desânimo cobria o salão, como se os membros estivessem em um velório e fosse apenas uma questão de tempo a morte de um integrante querido da família.

Eu sabia que isso não devia acontecer. Aquele pequeno organismo, a única igreja evangélica em Gaza, não devia morrer! Preguei com grande paixão àquele pequeno rebanho. Depois, enquanto tomava uma garrafa de soda, conversei com Jaber e dois outros membros antigos da congregação – Isam, um negociante e o dr. Attala, um médico respeitado. Attala lembrava de sua experiência inicial na igreja:

– Mudei-me para cá vindo do Egito em 1976 e trabalhei no hospital batista.

Referia-se ao hospital Al Ahli, que desde 1982 era administrado pela Igreja Anglicana. – Fui batizado na capela do hospital em 1979, e desde então faço parte da Igreja Batista de Gaza.

Não pude deixar de notar tristeza em sua voz.

– Os senhores não devem desistir! – disse eu, duvidando de meu poder de convencimento. – Deus tem um trabalho muito importante para esta igreja.

Os três homens olharam para mim expressando, sem palavras, que desejavam acreditar em mim. Então um deles falou de forma pausada e titubeante:

– Irmão André, estamos pensando em organizar uma cruzada evangelística. Se a organizarmos, o senhor viria pregar?

De certa forma, aquele pedido fazia sentido. Os batistas eram conhecidos por suas reuniões evangelísticas e qual a melhor forma de aumentar o rebanho do que trazer uma multidão de novos convertidos? Entretanto, aquela igreja não estava preparada.

– Senhores, compreendo seu pedido e gostaria de vir pregar aqui em Gaza. Mas vocês não estão prontos. O que farão com os que aceitarem a mensagem? As pessoas precisarão de aconselhamento, ensino, Bíblias, livros.

Enquanto vocês não tiverem um plano de seguimento, não estarão preparados para uma campanha.

— Ouvi dizer que a Sociedade Bíblica quer abrir uma loja em Gaza — disse Isam.

— É exatamente o que estou querendo dizer — precisamos de recursos — disse eu. — Precisamos de um local para homens e mulheres irem aprender os ensinamentos da Bíblia. Caso contrário, como disse John Wesley, é como dar à luz uma criança e deixá-la no deserto do Saara sem água e comida ou cuidados.

— Quando abrirá a livraria? — perguntou Jaber.

— Não sei. Estamos trabalhando nisso. Orem, por favor.

Os homens estavam desanimados e eu sabia que não poderia deixá-los daquele jeito.

— Há muitas trevas aqui em Gaza, não é mesmo?

Meus amigos assentiram.

— O que vence as trevas? A luz! E essa luz está em todo aquele em quem Cristo habita. Esta igreja é uma luz, talvez não uma luz muito forte, porém ela não se apagou. Não deve se apagar! Vocês devem orar, e eu vou orar, para que Deus fortaleça esta pequena congregação para que ela se torne uma luz intensa que brilhe nas trevas. Esta igreja é a esperança para Gaza. Vou orar e pedir a outros que orem para que esta igreja se reanime e cresça.

Isam sorriu e me agradeceu por essas palavras.

— André, cada vez que você vem aqui, nós nos sentimos encorajados.

— É por isso que venho. E, se Deus quiser, vou voltar todo ano e fazer o que puder para ajudar vocês

— E um dia estaremos prontos para realizar uma campanha — disse Isam.

Sul da Califórnia, 1996

Hanna Massad olhava atentamente para a Bíblia aberta à sua frente na mesa da biblioteca do Seminário Teológico Fuller. Espalhados ao seu redor estavam comentários e outros livros da biblioteca — a maior parte tratava de várias perspectivas sobre escatologia. Quando ele começara a estudar teologia como um adolescente curioso, batizado recentemente na igreja batista, fora apresentado à doutrina das dispensações, que estabelecia a diferença entre o plano de Deus para Israel contra seu plano para a Igreja. O pensamento detalhava as intenções de Deus, de acordo com a Bíblia, para vários períodos da história. De acordo com esse ponto de vista profético, o nascimento de Israel em 1948 assinalava o início do fim da era que culminaria com o arrebatamento e a volta de Cristo.

Agora, na qualidade de estudante no seminário, trabalhando em sua dissertação de doutorado, Hanna lutava contra aquela doutrina. Ficara surpreso ao aprender em suas primeiras aulas no Fuller que havia outras perspectivas a respeito da Terra Santa e do plano de Deus para os judeus e para a Igreja. Já fazia vários anos que vivia longe de casa. Seu pai, que inicialmente resistira a suas tentativas de estudar nos Estados Unidos, havia falecido. Sua mãe e as duas irmãs estavam com a saúde debilitada. Ele sentia saudades de casa, da família e da igreja que havia pastoreado durante quatro anos. Estava curioso a respeito dos planos de Deus para sua família e para aquela Igreja.

Tinha também curiosidade em saber se Deus se importava com o fato de ele ser palestino. Antes de começar os estudos para o doutorado, Hanna voltara a estudar a história do conflito entre Israel e os palestinos. No começo do século 20, a maior parte do povo que vivia na Terra Santa era palestina e a língua falada era o árabe. Em 1917 a Grã-Bretanha declarou seu desejo de ver, na Palestina, a formação de uma pátria para o povo judeu.[3] No entanto, a Declaração de Balfour, como é chamada, afirmava que a nova nação não deveria "prejudicar os direitos civis e religiosos das comunidades não judaicas da Palestina". Portanto, ele questionava a justiça da resolução das Nações Unidas em 1947, que dava 52% da terra a Israel e somente 48% para a população árabe, bem maior, que vivia na área.

O problema dos refugiados também o incomodava. Dos 700 mil árabes que fugiram ou foram expulsos da Palestina, pelo menos 50 mil eram cristãos. Seus pais estavam entre aqueles que sofreram. Perguntava-se por que a Igreja em vários pontos do mundo parecia não se importar com eles. Muitos cristãos pareciam bem mais ansiosos em se alegrar com o nascimento de Israel do que compreender o sofrimento de seus irmãos na fé. Como dissera um pastor árabe:

— É duro ouvir que para que aconteça o retorno do meu Senhor Jesus, primeiro eu tenha de ser expulso da terra de meus ancestrais.[4]

Hanna compreendia por que tantos palestinos haviam reagido com violência. Mas, como cristão, aquilo também o incomodava. Sabia que a violência não era a solução.

O que tudo aquilo queria dizer para ele como cristão e como palestino? Como deveria relacionar-se com o povo judeu? As Escrituras falavam da união dos judeus e dos gentios em um só corpo, mas na verdade os dois lados ainda não estavam reconciliados. Era necessário o perdão de ambos os lados. Muitos cristãos que conhecera nos Estados Unidos não viam os dois lados dessa moeda. Apoiavam cegamente tudo o que o estado de Israel fazia, fosse bom ou ruim, certo ou errado. Ele compreendia que muitos agiam dessa forma como reação ao horror do Holocausto — ainda se chocava diante das cenas que vira e das histórias que ouvira. Mas, devia a justiça a um povo ser feita às custas de outro? Por que tão poucos evangélicos pareciam conhecer a situação ou se importar com seus irmãos e irmãs do lado palestino?

Essa luta pessoal o levara a escolher como tema de sua tese de doutorado o fundamento teológico para a reconciliação entre cristãos palestinos e judeus messiânicos. Muitos haviam tentado encontrar uma solução política para a região. Talvez, ele concluiu, fosse o momento para a Igreja mostrar um caminho diferente.

Gaza, 1996

Domingo à noite, depois de passar grande parte do dia com meus amigos na Igreja Batista de Gaza, tomei um táxi no meu hotel. O motorista parou numa rua suja, em frente a uma mesquita, e falou a um menino que vigiava um portão. Paguei pela corrida, saí do carro e entrei pelo portão.

Desde minhas palestras para o Hamas em 1994, eu mantivera contato com Mahmoud Zahar, tentando visitá-lo sempre que estivesse em Gaza. Havíamos nos encontrado em sua clínica num dos setores mais pobres da cidade e na universidade onde ele lecionava. Meu desejo era compreender aquele homem, o que o motivava e como pensava. Queria também que ele conhecesse um cristão que fosse tão compromissado com Jesus Cristo como ele era com Maomé e com o islamismo. Dois dias antes, quando telefonei, ele me surpreendeu ao convidar-me para jantar em sua casa.

A casa de Mahmoud era muito simples, com pouca mobília e quase nenhuma ornamentação. Sentamo-nos em duas cadeiras vermelhas muito macias. As paredes eram totalmente brancas, mas havia alguns buracos — pareciam buracos de balas, mas não perguntei. Eu podia ouvir vozes falando baixinho na cozinha por trás de uma cortina. Mas quando Mahmoud me convidou para assentar-me à mesa de jantar, estávamos somente nós dois. Presumi que sua esposa ou a filha havia preparado a refeição, mas não as vi.

Eu não sabia muito a respeito da origem de Mahmoud, porque ele não gastava muito tempo falando de si. Sabia que ele nascera em 1943 e se formado em medicina no Egito, especializando-se em doenças da tireóide. Inevitavelmente começamos nossa conversa com a situação política do momento. O fervor de Mahmoud se via na forma como se inclinava para mim para ter certeza de que eu estava compreendendo seus pontos de vista. Ele era articulado e era fácil compreender por que a CNN e outros serviços de notícias sempre o entrevistavam.

— Estamos lutando contra invasores — disse ele. — Estamos lutando contra exércitos, contra pessoas que estão oprimindo civis. Mas é muito importante ver a força do lado palestino. Todos os palestinos, muçulmanos ou cristãos, são uma unidade enfrentando os israelenses.

— Mas agora vocês são autônomos — protestei. — De acordo com Oslo, a Autoridade Palestina está no controle. Você dá a impressão de que ainda estão lutando. Os dois lados não estão se movimentando em direção à paz?

— Nós nos recusamos participar da conferência de paz. Recusamo-nos a fazer parte da AP (Autoridade Palestina) porque ela não representa a maioria. A AP determinou que Israel é o proprietário da terra e que nós somos uma minoria nacional, o que não é o caso. *Nós* somos os proprietários da terra. Nós somos parte do estado Pan-Árabe histórica e geograficamente. Nós nos recusamos a aceitar Israel como Estado. Aceitamos os judeus como cidadãos, tendo plenos direitos, plenas responsabilidades, como os muçulmanos, como os cristãos, como qualquer cidadão. Mas como uma nação sionista fabricada — não se pode aceitar Israel.

— Então qual é o papel do Hamas nessa batalha, da qual também participam a OLP e a radical Jihad Islâmica? Como o povo decide para quem se voltar?

— Oficialmente nós somos um, uma unidade respeitável. Mas ninguém pode decidir sem a aceitação do Hamas, porque no que se refere ao povo, se o Hamas convoca uma manifestação, haverá uma manifestação. Se o Hamas apela para um cessar-fogo, haverá cessar-fogo. Se o Hamas pede o aumento da resistência, haverá aumento da resistência. O poder do Hamas vem do apoio popular.

Mahmoud escolhia as palavras cuidadosamente quando se referia à OLP, mas eu conhecia seus verdadeiros sentimentos a respeito do grupo. O fato era que o Hamas e Arafat eram inimigos. Quando o calor dos ataques suicidas se tornou intenso, o governo israelense pressionou Arafat, que então prendeu integrantes do Hamas. Mahmoud fora encarcerado quatro vezes numa prisão palestina porque, segundo ele: "Tratei de pessoas baleadas por israelenses". A prisão fora uma experiência brutal. Ele me contou como, cortaram sua barba e cabelo, um insulto vergonhoso, e o espancaram. Arregaçou a manga para me mostrar os dois lugares onde seu braço fora quebrado. Surpreendia-me o fato de ele não falar dessa experiência com rancor.

Ele insistia que o Hamas não estava manchado pela corrupção como a Autoridade Palestina, cujos líderes, como era do conhecimento geral, estavam mais interessados em vantagens pessoais do que em atender às necessidades dos palestinos. Eu o questionei:

– Mahmoud, você sustenta de fato que não há corrupção no Hamas?

– Se temos corrupção, isso não passa de um ou dois casos. Mas aqui [na AP] você pode ver que esse homem [Arafat] se corrompeu, se corrompeu muito, e ainda assim ele exerce a autoridade. Não estamos falando de anjos no Hamas; mas estamos falando do sistema. Quem está punindo os criminosos e quem está ajudando o povo? Por isso, aqui na AP, eles estão corrompendo pessoas e nenhum deles vai preso. Se tivéssemos o poder, nunca nos tornaríamos corruptos porque Alá o proíbe. Essa é a diferença entre nós e o sistema secular.

Após o jantar tomamos café na sala de estar. Mahmoud ficou pensativo durante alguns momentos enquanto descansávamos. Então ele me deixou atônito ao dizer:

– André, por favor, nós do Hamas gostaríamos de um cessar-fogo com Israel. Você poderia fazer a mediação?

Gaguejei um pouco antes de dizer:

– Por que você pensa que eu possa ter alguma influência?

– Você tem contatos no Departamento de Estado Americano. Já se encontrou com Henry Kissinger.

Assenti.

– Transmitiria para eles a nossa oferta?

– Claro que sim. Mas o que devo dizer?

– Diga-lhes que garantimos que nenhuma bomba explodirá. Não haverá ataque suicida, tiroteio nem sabotagem pelo tempo combinado com Israel – dois, três, cinco anos. Eles fixam o tempo. Nada acontecerá durante esse período. Queremos um cessar-fogo.

Eu estava tremendo quando saí da casa dele. Para mim uma coisa era ser um representante do evangelho, mas me sentia impotente no mundo da diplomacia. Entretanto, não podia evitar aquilo; tinha de tentar fazer algo. Estava confiante de que se Mahmoud garantia que o Hamas não atacaria Israel, a promessa seria cumprida. Era verdade que me encontrara com Henry Kissinger, o ex-Secretário de Estado dos Estados Unidos, num avião do Texas para Los Angeles. Eu lhe falara a respeito do meu trabalho e ele me dera seu telefone particular, dizendo:

– André, se algum dia precisar de mim, me telefone.

Bem, aquela situação justificava que eu ligasse. O dr. Kissinger ainda mantinha estreitas ligações com o Departamento de Estado. Era o momento de dar-lhe um telefonema e apresentar aquela oferta às autoridades competentes.

CAPÍTULO

VINTE E SEIS

CHAMADO PARA UMA DIPLOMACIA MAIS SUBLIME

Harderwijk, Holanda, 1996

A carta chegou por fax. Era de um dos associados de Kissinger da cidade de Nova York. "Sinto não ter podido encontrá-lo... mas não tive resposta pelo seu telefone e estou de saída..." escrevia o associado. Era um homem bem conhecido, a quem eu respeitava como cristão e que tentava viver sua fé no mundo da diplomacia.

A pedido de Mahmoud, eu havia telefonado para o escritório de Henry Kissinger assim que chegara em casa. A resposta não tinha demorado: "Falei com pessoas em nosso governo a respeito de sua conversa com Mahmood (sic) Zahar", informava o associado. "Acontece que nosso governo não acredita que Zahar tenha necessidade alguma de intermediários se deseja discutir suas idéias com os israelenses. Além disso, nosso governo adota uma política rigorosa de não manter contato com o Hamas. Sinto não ter podido contatá-lo diretamente para dar esta informação, mas quis que o senhor a tivesse antes de minha partida".

Recostei-me em minha cadeira no escritório e refleti que eu aparentemente não tinha muito sucesso na diplomacia. Intimamente sabia que aquela não era a minha profissão e que fora chamado para uma diplomacia mais sublime. Estava representando o Rei dos reis e Senhor dos senhores a um povo que, apesar de não ter consciência disso, precisava desesperadamente conhecê-lo. E eu estava estimulando outros para que fizessem aquele trabalho, pessoas no Oriente Médio que poderiam ser muito mais eficazes do que eu.

Gaza, dezembro de 1996

A ironia era incontestável. Havia exatamente quatro anos que 415 palestinos tinham sido deportados para o sul do Líbano. E agora, como resultado do meu contato com aqueles homens, dentro em breve faria uma conferência na Universidade Islâmica de Gaza (UIG), uma das instituições mais fundamentalistas do mundo.

Durante mais de um ano eu tentara encontrar alguém com respeitáveis credenciais acadêmicas que pudesse proferir a palestra na universidade islâmica. Sentia que aquela era uma oportunidade significativa e queria que a pessoa certa, alguém sensível às circunstâncias, proferisse a palestra, preferencialmente em árabe. Dera vários telefonemas a amigos, mas por diversas razões a resposta sempre fora: "Não, André, não posso".

Finalmente, quando Mahmoud lembrou-me de que o convite ainda estava em pé, eu disse:

— Certo, aceito o convite.

— Ótimo! — disse ele. — Vamos procurar uma boa oportunidade.

A oportunidade foi a inauguração de um novo auditório, durante a qual fui convidado a proferir a primeira conferência. Mahmoud me recebeu antes do evento e conversamos durante alguns minutos. Dei-lhe uma cópia da carta que havia recebido do representante do escritório de Kissinger.

— Sinto muito — disse eu. — Como pode ver, eles não querem conversar.

Mahmoud contestou enfaticamente o que eu dissera:

— Não é verdade. O Departamento de Estado conversou comigo em Amã quando fomos deportados para o Líbano.

Mesmo assim, Mahmoud não parecia muito surpreso. Tudo indicava que esperava aquela resposta, mas sentia que ainda valia a pena tentar.

— Por que você não entra em contato direto com Israel, como a carta sugere? — perguntei.

Mahmoud balançou a cabeça.

— Eles não conversarão conosco. Não há canais disponíveis. Por isso pensei que você poderia conseguir abrir um caminho para nós.

Na maioria dos conflitos ao redor do mundo, há uma porta dos fundos para a comunicação entre os dois lados. Mesmo que os combatentes não estejam conversando oficialmente, faz sentido providenciar algum meio não oficial em busca da paz. Ao que parecia, aquele não era o caso.

A experiência me convenceu de que havia pouco que eu pudesse fazer para ajudar no processo de paz, pelo menos politicamente. Minha simples tentativa fora rejeitada, o que confirmava não ser o meu chamado para trabalhar no campo político, mas em vez disso, levar Cristo às pessoas. Era exatamente o que pretendia fazer na UIG.

~

O campus da UIG fica próximo a uma segunda universidade, a de Al-Azhar, onde o islamismo não é seguido tão rigidamente. Os *campi* dessas duas universidades, em vários aspectos, se pareciam com qualquer um dos milhares ao redor do mundo. Estudantes se cruzavam entre os prédios, apressando-se para as aulas.

Quando Mahmoud me acompanhou ao auditório, um trio de alunas, procedentes da Universidade Al-Azhar, a julgar pela vestimenta, passou à nossa frente. Mahmoud observou:

– André, você está vendo isso? Está vendo o que acontece quando a lei islâmica não é rigorosamente observada?

A ironia é que aquelas garotas estavam vestidas de forma bem mais modesta do que se vê nos *campi* ocidentais, mas não usavam o tradicional *jilbab* (manto) preto e o *hijab* (lenço de cabeça) estimados pelos fundamentalistas.

O auditório era um local agradável e moderno e quase a metade dos lugares estava tomada por um misto de professores e estudantes. Todas as mulheres, trajando *jilbab* e *hijab*, sentaram-se juntas em um setor. Os representantes do Hamas sentaram-se nas fileiras da frente. Depois da apresentação de Mahmoud, expressei meus agradecimentos pela oportunidade:

– Foi-me dado o privilégio de falar a vocês. Talvez possamos desfazer alguns mal-entendidos existentes entre nós. Talvez possamos também reconhecer uma necessidade comum que todos nós temos. E, desde que a maior parte de vocês é muçulmana por opção, quero que compreendam que sou cristão por opção.

Usando o *Injil*, li Mateus 25.34-36, o trecho sobre julgamento – o maior medo de todo muçulmano: "Então o Rei dirá aos que estiverem à sua direita: 'Venham, benditos de meu Pai! Recebam como herança o Reino que lhes foi preparado desde a criação do mundo. Pois eu tive fome, e vocês me deram de comer; tive sede, e vocês me deram de beber; fui estrangeiro, e vocês me acolheram; necessitei de roupas, e vocês me vestiram; estive enfermo, e vocês cuidaram de mim; estive preso, e vocês me visitaram' ".

Levantei os olhos e, apontando para o auditório, disse:

— Vocês do Hamas sabem que fiz tudo isso quando estive entre vocês. — Os homens da primeira fila, incluindo Mahmoud, assentiram. — Fiz essas coisas em nome de Jesus.

Continuei lendo em Mateus 26.1,2: "Tendo dito essas coisas, disse Jesus aos seus discípulos: 'Como vocês sabem, estamos a dois dias da Páscoa, e o Filho do homem será entregue para ser crucificado' ". Como havia feito em outras reuniões, falei a respeito da crucificação, de como Jesus fora morto pelos meus pecados e pelos pecados deles.

Houve uma agitação no auditório e eu vi vários jovens, aparentemente em repúdio às minhas palavras, se levantando e saindo. Não ia ser fácil. Alguns amigos me haviam dito que não deveríamos falar a respeito da cruz para os judeus ou para os árabes por ser ofensivo. Eu me opusera aos seus argumentos dizendo:

— Então vamos deixá-los ir para o inferno.

Era de fundamental importância que aquela platéia ouvisse o evangelho.

Mas durante a palestra eu também queria falar sobre o efeito do evangelho. Li no livro de Atos sobre o homem paralítico que teve um encontro com Pedro e João.

— O paralítico estava à espera de uma esmola — disse eu à platéia — mas esmolas nunca mudam a sociedade. Contudo, Pedro e João haviam passado três anos com Jesus e sabiam o que ele faria naquela situação. Olharam para o homem e Pedro disse: "Não tenho prata nem ouro, mas o que tenho, isto lhe dou. Em nome de Jesus Cristo, o Nazareno, ande". Um milagre aconteceu; o homem pôs-se de pé num salto e voltou para o seio da sociedade.

— Li, certa vez, uma história a respeito de um homem que fez uma visita ao papa. Ele olhava ao redor e observava o esplendor e a riqueza do Vaticano. O papa notou sua admiração e disse, rindo:

— Não podemos mais dizer que não temos prata nem ouro.

Ao que o homem respondeu:

— E nem podem dizer: "Levanta-te e anda!"

Houve risos de alguns dos presentes, e eu esperava que aquilo desfizesse a tensão.

— Enfrentamos o problema de não sabermos mais em que cremos. É por isso que precisamos nos reunir para um diálogo. O mundo todo está em crise. Se não existe uma forma de Deus mudar as pessoas, então não há futuro para a humanidade. Apelo para a verbalização daquilo em que realmente cremos, de que temos plena convicção e pelo que estamos dispostos a responder. É por isso que não peço desculpas por minha fé em Jesus Cristo e por pregar a Palavra de Deus no mundo todo.

Ouviu-se o grito de um dos estudantes e, logo em seguida, ele e um segundo aluno levantaram-se e saíram às pressas do salão. Houve um murmúrio entre alguns da administração da universidade, sentados à frente. Dois deles cochicharam, depois um levantou-se, foi até as portas e as fechou para que ninguém mais saísse ou entrasse.

Respirei fundo e continuei:

– O destino nos reuniu. Não é por acaso que estou aqui nesta universidade, porque as duas principais influências no mundo hoje são, e continuarão sendo, o islamismo e o cristianismo.

Atingi então o cerne da minha mensagem, o contraste entre o cristianismo e o islamismo verdadeiros.

– O cristianismo verdadeiro consiste em seguir Jesus Cristo. Ele diz que se você realmente o quer seguir, precisa então negar-se a si mesmo. O cristianismo verdadeiro é completa abnegação. Jesus disse para tomarmos nossa cruz diariamente e segui-lo. – Apontei para o auditório e disse: – Vocês muçulmanos nunca compreenderão o real significado da cruz enquanto nós cristãos não levarmos as palavras de Jesus a sério.

Depois de minha palestra, houve um momento para perguntas. A primeira delas tratou do conflito entre cristãos e muçulmanos na Bósnia, à qual respondi:

– Isso não tem nada a ver com cristianismo. Se vocês pensam que a Sérvia, como agressora, é cristã, então eu pediria o perdão de vocês.

Outro estudante quis saber por que os cristãos pareciam ser sionistas. Tentei explicar que nem todos os cristãos são sionistas.

– Meu ponto de vista é que primeiro e acima de tudo nós somos seguidores de Cristo.

Outro me pediu para abordar a visão cristã de justiça. Tive de admitir que quase não há justiça no mundo hoje. Além disso, os cristãos nunca aprenderam a protestar em voz única contra a injustiça.

– Mas o islamismo também não está unido – concluí. – Portanto, reconheçamos isso e busquemos os contatos pessoais para que os relacionamentos possam se desenvolver e crescer. As verdadeiras mudanças no mundo nunca vêm de cima para baixo. Sempre crescem da base para cima. É por isso que existe esperança. Se permitirmos, Deus pode mudar as coisas por intermédio de mim e de vocês.

A direção da universidade agradeceu pela palestra, mas eu sabia que não me deixariam constrangido mesmo que estivessem descontentes. Pessoalmente, não me sentia bem com relação ao evento. Alguns estudantes haviam saído e presumi que outros tivessem desejado fazer o mesmo. Fiquei me perguntando que benefício, se é que benefício houvera, resultara dali.

Gaza, 1997

Quase um ano depois, durante outra viagem a Gaza, Labib Madanat e eu fomos a um encontro com Mahmoud Zahar em sua clínica, no exato momento em que a mesquita da vizinhança chamava os fiéis para a oração da tarde. Na entrada havia uma grande sala de espera e os bancos de madeira estavam cheios de pacientes. Em um dos cantos havia um espaço com vários tapetes usados nas orações. Mahmoud surgiu de sua sala de exames, secando as mãos que acabara de lavar como parte do ritual islâmico das abluções. Acenou para mim e dirigiu-se com seus auxiliares ao espaço destinado às orações. Fiquei sentado esperando com os pacientes que não estavam orando enquanto Mahmoud e sua equipe recitavam o Alcorão, inclinavam-se em direção a Meca e oravam. *Esta é a força do Hamas*, pensei enquanto observava o ritual. Mahmoud não se desculpou por nos fazer esperar — nem a mim nem a seus pacientes. Talvez fosse isso o que me atraía nele. *Se houvesse mais cristãos que fossem assim tão fiéis na prática de sua fé, o mundo nos levaria mais a sério.*

Depois das orações, Mahmoud me convidou para entrar em seu diminuto escritório e perguntou se eu teria tempo para ir com ele a um encontro com o xeque Ahmad Yassin, fundador do Hamas. Concordei de imediato. O xeque saíra da prisão apenas alguns dias antes em um dramático acordo entre a Jordânia e Israel, depois que agentes israelenses frustraram uma tentativa de assassinato do líder do Hamas, Khalid Misha'al, em Amã.

Mahmoud levou-me até uma casa simples em Sabra, um setor muito pobre da Cidade de Gaza. Em seu retorno para Gaza, Yassin tinha transformado sua casa na sede do Hamas e muitos visitantes se comprimiam no saguão de entrada, aguardando uma audiência. Mahmoud me fez passar pelos bajuladores até a recepção, enquanto explicava que Yassin estava quase cego e que tinha dificuldade para ouvir, mas que sua mente ainda estava muito lúcida. Quando Mahmoud me apresentou, explicando como me tornara seu amigo, Yassin fez um gesto de assentimento com a cabeça e depois me cumprimentou com voz alta, quase estridente.

Yassin não parecia o tipo de poderoso líder carismático que conseguia motivar milhares de seguidores. Estava numa cadeira de rodas – um acidente esportivo o deixara paralítico aos 15 anos. Apesar de ser um dia agradavelmente quente, usava um grosso suéter, com um cobertor de lã sobre as pernas. Tinha uma barba de cerca de 15 centímetros de comprimento totalmente branca e um turbante branco cobrindo a cabeça. Era difícil imaginar como aquele homem frágil sobrevivera a oito anos de prisão durante os quais nem a esposa, nem qualquer de seus filhos tiveram permissão para visitá-lo.

Labib e eu presenteamos o xeque com exemplares de uma Bíblia em árabe, uma Bíblia para Crianças e um de meus livros. Coloquei cada um dos livros em seu colo, pelo que me agradeceu. Um assistente então tirou os livros e os colocou na pequena mesa à sua frente. Imediatamente outro assistente pegou os livros e os tirou da sala. Achei aquilo estranho. Nunca antes alguém pareceu constrangido em ter exemplares daqueles livros.

Durante a visita, Yassin deu sinais de estar com fome. Seu assistente o alimentou com uma banana e depois segurou uma xícara em seus lábios para que pudesse beber. Yassin falou comigo quase sussurrando, dizendo que a prisão o fizera um homem mais forte ainda.

– Meu objetivo não é o poder. Meu objetivo é o fim da ocupação.

Se havia alguma fraqueza de determinação entre o Hamas, estava claro que aquele homem restabeleceria o foco. De fato, podia-se ver que ele era unanimemente venerado pelos integrantes comuns e mais humildes da organização.

Outra coisa me impressionou. Muitos dos visitantes na sala ao lado que aguardavam uma audiência com ele precisavam de ajuda – médica, financeira ou de alimentos. Yassin garantiria que suas necessidades fossem atendidas. Aquele era o apelo popular do Hamas. Várias instituições beneficentes tinham sido fundadas pela organização, oferecendo custos baixos ou serviços gratuitos para uma população que enfrentava uma taxa de desemprego que atingia os 70%. A Autoridade Palestina tinha razão em temer o Hamas – eles haviam conquistado o apoio popular.[1]

~

No dia seguinte visitei o campus da Universidade Islâmica e um jovem, veio até mim e sorriu, dizendo em bom inglês:

– Eu conheço o senhor!

Retribuí com um sorriso e disse:

– Receio não conhecê-lo.

– Assisti à sua palestra no ano passado.

– Então por que está sorrindo? Pensei que você não tivesse aceitado o que eu disse.

– Não, foi ótimo!

– Por que você diz isso?

– Por que o senhor não nos humilhou. O senhor manteve a nossa dignidade. É por isso que eu e meus amigos admiramos o senhor e o que o senhor disse.

Mais tarde, conversei com uma mulher que estava sentada no setor feminino das estudantes. Ela disse que estavam extremamente atentas.

– Nunca antes tínhamos tido oportunidade de ouvir a respeito do cristianismo.

Portanto, talvez minha palestra serviria para algum propósito útil, afinal de contas. Talvez os conceitos distorcidos que alguns estudantes tinham do cristianismo tivessem mudado pela minha presença lá.

CAPÍTULO

VINTE E SETE

A LIVRARIA DO MESTRE

Gaza, março de 1999

A festa começou a bordo de um ônibus de Jerusalém.

– Entrem no espírito de oração por Gaza! – Gritou Labib, sorridente, ao entrar no ônibus.

Vieram aplausos de vários visitantes internacionais que representavam ministérios como as Sociedades Bíblicas Unidas e a Portas Abertas, que haviam ajudado com orações, dando assessoria e financiando o projeto.

Quase cinco anos haviam-se passado desde que surgira a idéia da livraria em Gaza. A burocracia retardou o projeto mesmo depois da permissão concedida por Arafat. Como governo muito recente, a Autoridade Palestina conseguiu criar muitas barreiras que Labib e sua equipe tiveram de transpor. Além disso, pelo fato de Gaza estar num dos espaços mais populosos do mundo, despendeu-se muito mais dinheiro do que o inicialmente esperado na compra da propriedade e na abertura da loja.

Enquanto trabalhava para realizar o sonho para Gaza, Labib também expandia agressivamente o trabalho da Sociedade Bíblica em comunidades como Beir Zeit, local da mais prestigiosa universidade palestina. Na vila em si, a cerca de meia hora de carro ao norte de Jerusalém, viviam perto de 1.500 cristãos. Um sacerdote católico local, o padre Emil Salayta, foi a principal força de apoio à abertura da livraria cristã na área. Levou um ano para tudo estar pronto e a inauguração se realizaria em dezembro de 1995.

Labib me agradecera entusiasticamente pelo apoio da Portas Abertas ao projeto. A respeito do primeiro mês de ministério, ele relatou:

— Distribuímos milhares de Bíblias na época do Natal. Oremos para que famílias venham a lê-las juntas e se voltem para a Rocha.

O padre Emil tinha planos de presentear cada família cristã das regiões de Beit Zeit, Abud, Jifna e Taybeh com uma Bíblia e um filme *Jesus*. O próximo passo nos planos de Labib era abrir uma livraria em Nablus.

Recebemos tratamento *VIP* na travessia da fronteira de Eretz para entrar em Gaza. A Autoridade Palestina achou necessário nos dar uma escolta policial e as luzes brilhantes e os guardas armados em cada cruzamento pareciam um esquema promocional para chamar a atenção para a grande inauguração. A fim de acomodar mais de 150 convidados, a cerimônia de inauguração foi realizada na capela anglicana do hospital Al Ahli, na rua em frente à da nova livraria.

Foi uma comemoração alegre. Depois do cântico, leitura da Escritura e das orações, o rev. Miller Milloy, secretário regional das Sociedades Bíblicas Unidas, e eu falamos aos presentes. Observei que o nome oficial da loja era A Livraria do Mestre. Por quê?

— Porque os próprios discípulos de Jesus repetidas vezes o chamavam de "Mestre", não porque Jesus fosse o maior dos profetas, nem por ter escrito livros, mas porque ele era a maior mensagem. Era o cumprimento da mensagem de João Batista: "É o Cordeiro de Deus, que tira o pecado do mundo".

Então a festa prosseguiu do outro lado da rua, na loja, e as pessoas perambularam pelos dois andares do prédio e se espalharam pela calçada.

— De hoje em diante, qualquer um em Gaza pode entrar nesta loja e comprar uma Bíblia! — disse Labib enquanto levava um grupo para conhecer as dependências da livraria.

Ele explicou que, devido a restrições impostas aos viajantes, muitos dos mais de um milhão de residentes na faixa não podiam chegar até Israel e comprar uma Bíblia. Durante anos, as sociedades bíblicas em todo o mundo receberam cartas de Gaza pedindo exemplares. Mesmo nos últimos meses de preparação, o gerente da loja informou que vários transeuntes haviam entrado no prédio à procura de Bíblias.

Revestindo as paredes do primeiro piso havia prateleiras que iam do chão ao teto, cheias de Bíblias em árabe, ilustradas para crianças, enciclopédias bíblicas, comentários e livros sobre a história da igreja. O segundo andar continha um canto com livros para crianças, computadores com acesso à internet e mesas com cadeiras para os estudos que Labib esperava conduzir diariamente.

Notei a presença de Doron Even-Ari, o primeiro judeu messiânico que dirigiu a Sociedade Bíblica de Israel, examinando as instalações radiante de orgulho. Ele e Labib haviam se tornado amigos e estavam trabalhando juntos em vários projetos, inclusive no do iminente lançamento de um livreto colorido, escrito em árabe e hebraico, que apresentaria o plano de Deus para a paz conforme se apresentava nas Escrituras.

Quando jovem, Doron jamais imaginara que poderia ocupar aquela posição. Seus pais haviam se mudado para a Palestina vindos da Alemanha na década de 1930 e ele crescera durante os vibrantes anos que se seguiram ao nascimento do Estado de Israel. Treinado pelo Ministério da Defesa, Doron servira seu país durante 15 anos em várias partes da África, até que "Deus me achou", como ele gostava de contar às pessoas que queriam ouvir sua história. Em um evento num estádio ao ar livre em Pretória, África do Sul, "Deus revelou-se pessoalmente a mim e apresentou seu filho Yeshua".

Notei também a presença de representantes das igrejas litúrgicas – ortodoxa grega, anglicana e católica – bem como presbíteros da igreja batista. Labib calculava haver dois mil cristãos vivendo entre mais de um milhão de muçulmanos em Gaza. Queria que aquilo fosse um centro para eles e também para a comunidade – um lugar onde houvesse "exemplares da Palavra de Deus disponíveis a preços acessíveis para todos". Desejava que aquele fosse o ponto de partida para se chegar a escolas e universidades.

– E espero que ajude a melhorar as relações entre os cristãos e as autoridades palestinas. Queremos abençoar a todos e fortalecer a Igreja em Gaza.

Um representante da Sociedade Bíblica Norueguesa, notando a atmosfera festiva, comentou:

– Depois disto, não vamos mais relacionar Gaza apenas a violência e problemas. Agora vamos associá-la a esperança.

O único grupo não visto na festa foi o que, sem o saber, dera o impulso para a criação da loja. Mencionei a Labib que eu não havia visto nenhum representante do Hamas.

– Ah, eu não esperava que algum deles viesse à inauguração – respondeu Labib. – Mas é só aguardar. Espero que alguns deles nos visitem discretamente nas próximas semanas.

Orei para que de fato aqueles homens, e muitos outros – estudantes, funcionários do governo, militares – fossem atraídos para a loja. Todos eles precisavam das boas novas do Mestre.[1]

Gaza, 1999

Hanna Massad estava contente por voltar a Gaza depois de concluído o seu doutorado. E casado! Hanna e Suhad haviam se casado apenas algumas semanas antes na Jordânia. Ele irradiava orgulho enquanto Suhad servia café e um tira-gosto aos convidados.

Um deles, Abu Yahya, era o gerente da Livraria do Mestre. Recrutava um jovem, Kamal, que estava aprendendo com ele os procedimentos específicos do trabalho.

— A loja está aberta há seis meses — informou Abu. — O surpreendente é a quantidade de estudantes da universidade que entram ali. Temos uma média de 12 novos visitantes por dia. Temos grupos de discussão quase todos os dias no segundo andar. É uma oportunidade para os estudantes fazerem perguntas a respeito do cristianismo e da Bíblia.

— Estamos também exibindo o filme *Jesus* — disse Kamal. — E pensamos em logo começar cursos de inglês. Ambos são excelentes instrumentos de evangelização.

Hanna refletiu como estava diferente a situação daquela da época em que ele era pastor da Igreja Batista de Gaza oito anos antes. Dessa vez, sabia que não trabalharia sozinho. Sua esposa estava abrindo oportunidades para o trabalho junto a mulheres, e aqueles dois homens precisavam de algum lugar para onde mandar os convertidos que já estavam surgindo em conseqüência do seu ministério na livraria.

A esposa de Abu perguntou a Hanna sobre suas prioridades quando ele reassumiu as responsabilidades pastorais.

— Primeiro, Suhad e eu já começamos a visitar as casas — disse ele. Queremos visitar cada família e indivíduos representados nesta igreja.

— E quanto a trazer novas famílias? — perguntou Abu.

— Essa é uma razão por que eu gostaria de trabalhar com você e Kamal. Gostaria de pensar em alguns eventos evangelísticos. Desses eventos virão novos discípulos. Não posso fazer algo assim sozinho.

— E nós somos muito mais eficazes trabalhando com uma igreja local — disse Abu. — Nossa filosofia é de multiplicação. Queremos fazer discípulos que, por sua vez, façam outros discípulos.

— Eu tenho uma idéia — disse Hanna. — Quando estudei nos Estados Unidos, ouvi falar de um orador e escritor, John Maxwell, especialista no treinamento de líderes. — Mostrou um dos livros *The 21 Irrefutable*

Laws of Leadership [As 21 leis incontestáveis da liderança]. — Acho que pode ser útil aos líderes da Autoridade Palestina.

— Eu mesmo gostaria de conhecer essas leis da liderança — disse Abu.

Esse foi o começo de uma equipe unida que se reunia regularmente para orar, estudar e fazer planos estratégicos. Aquela pequena igreja faria brilhar sua luz no governo, escolas e na cultura. Hanna percebeu que dessa vez o ministério não havia caído unicamente sobre seus ombros. Deus lhe dera uma equipe. Como resultado, o impacto da Igreja Batista de Gaza seria significativo.

CAPÍTULO

VINTE E OITO

VOCÊ TENTOU ORAR?

Beit Sahour, 1999

Nawal Qumsieh via muitas necessidades na vizinhança, mas não podia sequer anunciar um estudo bíblico ou reunião de oração e convidar mulheres para a sua casa. Havia limitações. Se ela fosse ensinar uma mulher ou fazer qualquer aconselhamento, primeiro teria que obter permissão do marido da mulher. Muçulmana ou cristã, não importava — eram as normas naquela cultura.

Durante vários anos ela visitara lares, conversando com maridos e esposas juntos, apresentando o evangelho, mas ninguém havia respondido. Era bom ser chamada para o ministério, mas se não havia fruto, de que adiantava? Um dia Nawal externou sua frustração a um amigo, pastor em Jerusalém.

— Deus preparou você para o ministério — disse-lhe gentilmente o pastor. — E Deus está pronto para entrar nos corações.

— Eu creio nisso — afirmou Nawal. — Mas a quem devo ministrar? Nenhuma das pessoas de quem me aproximei respondeu.

— Você precisa sair. Deus não pode fazer nada até que você saia.

— Deus sabe que estou pronta! — protestou Nawal. — Tenho tentado sair. Mas não funciona. É o momento de Deus me *mostrar* onde ministrar. Saberei que ele está me dirigindo quando alguém me *pedir* ajuda.

Aquilo foi dito com determinação. Tal como Gideão, Nawal estava fazendo a prova da lã.

Alguns dias depois ela foi ao cabeleireiro. Diferentemente da maioria das vezes, o homem estava quieto enquanto trabalhava em seu cabelo. Ela sentiu uma profunda tristeza no amigo, por isso perguntou:

— Qual é o problema?

— Não se preocupe — respondeu ele. Como era típico do árabe, um homem não iria se abrir a uma mulher que não fosse membro da família.

Mesmo assim, ela insistiu:

— Eu gostaria de saber. Isto é, se você souber, se puder falar.

Esperou enquanto ele penteava seu cabelo. Finalmente, ele disse:

— Minha esposa tem tido muitos abortos. — Passou o pente em seu cabelo mais algumas vezes, depois parou, dizendo: — Já gastei todo o nosso dinheiro na tentativa de descobrir o porquê. Tentamos muitos médicos, mas nenhum deles ajudou. — Nawal não interrompeu. Ela compreendia que um homem árabe não se sentia completo até a esposa ter filhos. Finalmente, ele continuou: — Minha esposa está grávida. E está sangrando. A qualquer minuto ela pode perder o bebê.

— De quantos meses ela está? — perguntou Nawal.

— No sétimo mês. Muitos dos abortos têm acontecido exatamente nessa época.

— Você tentou...

— Tentamos todos os médicos, todos os remédios, tudo! Ninguém sabe por quê. Não há nenhum motivo.

O homem deu um passo atrás. Sua irritação era visível.

— Você tentou orar? — perguntou Nawal calmamente.

— O quê?

Nawal tremia, seus sentidos em estado de alerta máximo e seu espírito em fervorosa oração.

— Você procurou Jesus? Orou por sua mulher, ou alguém orou por ela? Você tentou Jesus?

O homem ficou imóvel, mas sua raiva diminuiu.

— Não, nunca ouvi falar nisso. Nunca pensei no que Jesus pode fazer.

Nawal sabia que aquele homem havia nascido em uma família ortodoxa, mas não freqüentava uma igreja havia anos.

— Por que você não tenta? — disse ela.

— Não sei como fazê-lo.

— Certo, peça a alguém.

O homem fez uma pausa, depois disse:

— Você oraria por minha esposa?

Ela sabia que aquele era o momento pelo qual havia esperado.

— Sim, mas sua esposa tem de concordar para que eu vá e ore com ela.

O cabeleireiro terminou seu trabalho em silêncio. Ao dirigir-se para a porta, depois de pagar, Nawal disse:

— Vou estar em casa. Se precisar de mim, é só chamar.

O homem chegou à casa dela às 19 horas, subindo às pressas as escadas até a porta, debaixo de uma forte chuva.

— Poderia ir agora orar por minha mulher?

Tudo o que ela tinha a fazer era pegar a capa de chuva, mas não se moveu.

— Por que agora? — Perguntou. — Eu vou de manhã.

O homem estava em pânico.

— De manhã ela terá perdido o bebê.

Por que não deveria ir agora?, pensou Nawal. Mas sentiu que aquele não era o momento certo.

— Não, nada disso. Não perderá o bebê. Ela reterá o bebê até de manhã e eu irei orar por ela.

Nawal quase não dormiu aquela noite. *Por que, Senhor?*, ficava se perguntando. *Por que devo esperar?* Mas havia paz, uma confiança divina de que estava agindo exatamente como Deus queria. Assim, orou pela mulher e pelo marido: "Senhor, por favor, retém aquele bebê até de manhã. Quando eu orar com aquele casal, que sintam a tua presença".

Pela manhã, depois de uma noite muito curta de sono, orou novamente: "Que eu seja dirigida por teu Espírito". Então "ouviu" as instruções finais: "Fale minha Palavra e eu farei o resto".

Chegou à casa do casal às 8h30 da manhã. Desesperado, o homem abriu a porta.

— Fomos ao médico, mas ele disse que não há nada que possa ser feito. A bolsa já estourou e o bebê virá a qualquer momento.

Nawal passou por ele e foi até a mulher, que estava deitada num sofá. Ajoelhou-se perto dela e segurou-lhe mão. A mulher abriu os olhos, vermelhos de tanto chorar.

— Eu não mereço o bebê — sussurrou ela.

— Por que diz isso? — perguntou Nawal.

— Porque sou uma pecadora e Deus está me castigando.

Sentindo o marido agitado perto dela, Nawal levantou-se e pegou a Bíblia.

— Tenho boas notícias para vocês dois!

Puxou uma cadeira para si e outra para o marido perto do sofá. Depois leu passagens da Escritura, mostrando-lhes que, apesar de todos terem pecado, ficando aquém do que Deus estabelecera, ele colocara todos os seus pecados sobre seu filho, Jesus Cristo. Depois, com os três chorando, Nawal colocou as mãos sobre o ventre da mulher e orou:

"Eu detenho o espírito de aborto e o espírito de morte neste útero. Senhor, eu liberto o espírito de vida neste bebê."

Depois foi o momento de orar por nova vida para o casal. Com orientação dela, eles oraram e entregaram a vida a Jesus. Uma hora depois, ela abraçou a mulher e saiu.

Naquela tarde a mulher telefonou em pânico.

— Estou sangrando muito! — disse ela.

— Não se preocupe — aconselhou Nawal. — Juntas, vamos repetir que cremos na Palavra de Deus, que Deus deu esse bebê a você e que ele o conservará para você. Satanás não poderá tirá-lo de você.

Nawal leu alguns versículos para ela meditar enquanto o marido a levava para o hospital.

Tarde daquela noite, a mulher telefonou:

— O sangramento parou! — Ela praticamente gritava de entusiasmo. — O médico me examinou e disse que a bolsa está intacta. Ele está surpreso. Disse que é um milagre.

Dez semanas depois nasceu um menino absolutamente saudável. O casal lhe deu o nome de Jacó e começou a contar a todos sua história. Nawal começou a receber telefonemas:

— Ouvimos falar do que aconteceu. Você poderia, por favor, vir orar por nós?

Harderwijk, 2000

Completei 72 anos em 2000. Trabalhava desde 1955 no fortalecimento da igreja em situações difíceis, primeiro na ex-União Soviética e Leste Europeu, depois na China, Cuba, África e muitas partes do mundo islâmico. Em 1993, Johan Companjen assumiu a presidência da Portas Abertas. Ele era talhado para a função e o ministério prosperou e cresceu. Eu nunca sonhara em começar, muito menos em administrar, uma grande organização. Quando fiquei livre daquelas responsabilidades diárias, concentrei meus esforços em umas poucas áreas-chave do mundo, particularmente no Oriente Médio.

Agora Al, um escritor profissional que trabalhou no quadro de diretores da nossa sede nos Estados Unidos, estava sentado com Johan em meu escritório pedindo que eu dissesse o que havia aprendido nos 45 anos de serviço à Igreja.

— Nada foi planejado — expliquei. — Encontrei oportunidades por acaso e as agarrei. Ou elas me agarraram.

De que outra forma poderia explicar meu trabalho com Bishara Awad e a Faculdade Teológica de Belém, ou iniciativa de fazer contato com grupos fundamentalistas islâmicos? Essas coisas não se planejam. Responde-se a elas em obediência quando Deus abre as portas.

O que havia aprendido? Bem, havia algumas lições importantes. Mencionei uma delas:

— Não existem terroristas, apenas pessoas que precisam de Jesus.

Johan me ouvira dizer essas coisas muitas vezes, mas para o meu amigo americano, a declaração foi um choque.

— Falo sério — continuei. — Se eu os vejo como inimigos, como posso me aproximar deles? Tenho sempre dito que, se você vê um terrorista com uma arma, fique junto dele, coloque o seu braço em torno dele e ele não poderá atirar em você. Enquanto enxergarmos qualquer indivíduo — muçulmano, comunista, terrorista — como inimigo, o amor de Deus não poderá fluir por nosso intermédio para alcançá-lo. Todos nós temos a escolha. Posso ir até os terroristas e, amando-os, trazê-los ao Reino. No momento em que os amo, eles não são mais meus inimigos. Não se odeia um amigo.

Al me perguntou:

— Então quem é o inimigo?

— O diabo! Nunca as pessoas!

Enquanto Al meditava nessa idéia radical e bíblica, passei-lhe uma segunda lição:

— Todo aquele que pode ser alcançado, pode ser conquistado. Acho que é isso o que o meu trabalho tem demonstrado — expliquei. — O Hamas pode ser alcançado. Qualquer um poderia ter ido ver aqueles homens em Marj al-Zohour. Eu fiz o que Jesus fez em seu ministério — atendi-os na medida de suas necessidades. Quando estão doentes, estou com eles. Quando estão no hospital, estou com eles. Quando estão na prisão, estou com eles. De que outra forma podem conhecer meu Jesus? Somente poderão ter um encontro com Jesus se alguém em quem ele habita for até eles.

Obviamente a cabeça de Al estava girando. Ele perguntou cauteloso:

– Que resultados você pode apresentar? Sabe quantos do Hamas responderam ao evangelho?

Al estava apenas verbalizando as perguntas que muitos cristãos queriam fazer.

– Penso que estamos na trilha errada com todas as nossas estatísticas. Somos demasiadamente movidos pelos resultados. Tenho por objetivo ser movido pelo destino. Eu estava com uma equipe cristã de paz recentemente em Hebrom e eles me perguntaram:

– Quantos fundamentalistas você levou a Cristo?

Eu lhes disse:

– Acho que nenhum.

Ficaram exultantes porque um de seus apoiadores nos Estados Unidos queria saber quantos muçulmanos eles tinham levado a Cristo. Agora podiam responder dizendo que nem mesmo o Irmão André havia conseguido. Nossa tarefa é ir. Não julgamos o evangelismo pelos resultados, com certeza não o evangelismo da amizade.

Johan reiterou para Al qual era o chamado singular da Portas Abertas.

– Não entramos num país para evangelizar. Vamos para fortalecer o que resta. Onde existe uma igreja, estamos ali com ela. Queremos que saibam que nos importamos com eles. Descobrimos o que eles precisam – Bíblias, materiais, treinamento. Nós os preparamos para que sejam a igreja naquela área. Se tivermos sorte, a igreja ganha novo alento em sua comunidade e *eles* começam a evangelizar.

– Mas André, parece que você *está* evangelizando – protestou Al.

– Não, eu lhes mostro como fazer isso! – respondi. – As visitas ao Hezbollah e ao Hamas não são encenação. Levei cristãos locais comigo, porque quero demonstrar que eles podem fazê-lo. Se eu posso fazer, um milhão de pessoas podem também! Como Johan diz, a Portas Abertas fortalece o que está lá para que possam evangelizar. A igreja palestina está ameaçada de extinção. É por isso que me concentrei nela. As pessoas interpretam erroneamente que escolho de propósito o lado palestino. Não é isso. Escolhi o corpo de Cristo. É por isso que trabalho com Bishara e a Faculdade Teológica de Belém. Todos sabem que ele é um homem de fé e integridade, e eu apoio sua visão de criar e treinar líderes para a Igreja palestina. Assim ela não apenas sobreviverá, mas prosperará. Veja outro exemplo – Salim Munayer e o Musalaha. Aquele ministério de reconciliação não foi idéia minha. Ele nasceu da igreja local para lidar com o conflito entre palestinos e judeus. Nós o apoiamos porque concordamos ser essa a única solução e queremos que tenha uma chance de obter sucesso.

Percebi que estava pregando, mas queria que Al compreendesse a diferença desta missão:

– Deixe-me dar outro exemplo. Dois integrantes do Hamas que tinham sido deportados vieram me ver na Faculdade Teológica de Belém, mas Bishara e eu tínhamos saído. Enquanto esperavam, vários estudantes conversaram com eles e deram uma Bíblia a cada um. Bishara e eu vibramos quando soubemos! Aqueles estudantes haviam percebido que *eles* podiam alcançar os fundamentalistas. Esse é o processo de discipulado. Deve-se admitir que é lento. Um se transforma em dois, depois quatro, depois oito. Demora até que consigamos provocar impacto. Mas isso não significa que não devamos começar. Eu comecei com Bishara. Em 20 anos, ele multiplicou o número de discípulos por intermédio da Faculdade Teológica de Belém e não creio que alguém de fora da cultura pudesse ter feito isso.

Nós três respiramos fundo, e a nossa discussão passou a enfocar o futuro da Igreja naquela região.

– Temos de preparar a Igreja para tempos difíceis – disse eu, com gravidade.

Johan observou que os tempos já eram difíceis na Terra Santa.

– Ninguém parece compreender que as coisas vão ficar muito mais difíceis – respondi.

Hesitei durante um instante porque, geralmente, sou uma pessoa otimista e não gostava do que tinha para falar, mas os anos que passara na região não me permitiam outra conclusão.

– Apesar dos empenhos em Oslo, não haverá paz. Os palestinos estão tremendamente decepcionados. Prevejo uma erupção de violência.

Em um ano o vulcão de fato entrou em erupção e foi pior do que qualquer um poderia imaginar. Para mim, só havia uma consolação. Agora havia pessoas na igreja, treinadas e prontas, que poderiam ser luzes nas trevas. Pessoas como Salim, Labib, Hanna, Nawal e muitas outras.

Todas elas sofreriam profundamente com o conflito. No início da nova intifada, grande parte do conflito se desenrolou ao redor da Faculdade Teológica de Belém.

PARTE

QUATRO

A SEGUNDA INTIFADA: A REVOLTA RELIGIOSA

Setembro de 2000

A esperança de paz permanente desvaneceu-se no verão de 2000. O presidente Clinton reunira-se durante duas semanas com o presidente palestino Yasser Arafat e o primeiro ministro israelense Ehud Barak em Camp David para tentar fechar um acordo que definiria sua presidência. Esse seria o desfecho do processo iniciado em Oslo em 1993. Apesar de ter havido muitos retrocessos durante os anos de mediação, havia muita esperança de que, finalmente, os dois lados acertassem suas diferenças.

Infelizmente, isso não aconteceu. Milhões de palavras foram proferidas e escritas na tentativa de compreender o que dera errado e avaliar de quem fora a culpa. Havia tensão em Israel, na Cisjordânia e em Gaza. Havia frustração entre os palestinos não apenas com o processo de paz, como também com a corrupção no seio da Autoridade Palestina, que mostrava pouca habilidade em governar os territórios que controlava. Havia uma crise econômica que deixava cada vez mais homens sem meios de sustentar suas família. Um quinto da população palestina tinha entre 15 e 24 anos, e a maior parte dessas pessoas não tinha instrução completa (geralmente devido ao tempo perdido quando as escolas ficaram fechadas na época da primeira intifada) nem emprego. Eu as observara vagando pelas ruas sem nada para fazer e pensei que eram o combustível da revolta que só precisava de uma fagulha para eclodir.

Isso ocorreu no dia 28 de setembro de 2000, quando Ariel Sharon visitou o monte do Templo. Com um grande sorriso para as câmeras de TV, ele dissera:

– Eu sou um homem de paz.

A maioria das câmeras não mostrou os mil policiais e soldados que o rodeavam. Não mostraram a humilhação sentida pelos muçulmanos com a presença de militares judeus em seu solo sagrado. No dia seguinte, depois das orações da sexta-feira, jovens começaram a atirar pedras na polícia. Sete palestinos e um israelense morreram naquele dia. Mais 13 palestinos morreram no dia seguinte. Os protestos se espalharam como fogo em palha seca. Nas duas primeiras semanas, 85 palestinos e sete israelenses foram mortos e não havia perspectiva de trégua.[1]

Para muitos, um quadro definiu o conflito. No dia 30 de setembro Mohammed al-Dura, um menino de 12 anos, foi baleado e morto durante um tiroteio entre soldados israelenses e manifestantes palestinos em Gaza. Momentos antes de ser morto, o menino foi fotografado com uma expressão de terror no rosto, enquanto rastejava atrás do pai em busca de proteção. Os palestinos ficaram em estado de choque, perguntando-se como proteger seus filhos. Para alguns, a reação foi um intenso desejo de vingança que parecia insaciável. Muitos outros sentiram que as regras haviam mudado e ninguém lhes avisara. Nas ocasiões anteriores, sempre os manifestantes haviam enfrentado balas de borracha e gás lacrimogêneo; agora as balas eram letais.

A revolta logo adquiriu caráter diferente da primeira intifada que começara em dezembro de 1987 e se agravara de tempos em tempos até a assinatura do Acordo de Oslo em 1993. A imagem principal daquela revolta era de crianças atirando pedras contra o poder militar de Israel. Grande parte do mundo simpatizava com elas. Havia também várias formas de protestos não violentos. O número de mortos fora muito menor do que na segunda intifada.[2]

Dessa vez havia quarenta mil seguranças armados operando sob a Autoridade Palestina dentro dos territórios, apesar de seu poder de fogo ser bem menor do que o do exército israelense. Além disso, os fundamentalistas islâmicos estavam desempenhando um papel central; os homens-bomba logo se tornaram uma imagem notória da segunda revolta. Foi mais difícil para o mundo solidarizar-se com aquela rebelião, vendo imagens horríveis da destruição provocada pelos "mártires" "jihadistas".

Para a comunidade cristã palestina, essa segunda intifada tinha sérias implicações religiosas. Desde que ocorrera aquele provocação na terceira área mais sagrada do solo muçulmano,, a revolta tornou-se conhecida como a Intifada de Al-Aqsa, por causa do nome da mesquita do monte do Templo. Muitos cristãos nos disseram categoricamente que não haviam participado nessa violência. Mas Israel não fazia distinção entre cristãos e muçulmanos em seu esforço de dominar a revolta. Certamente os cristãos compreendiam e sentiam a raiva e a frustração dos colegas palestinos. Sofriam os mesmos problemas e humilhações que os muçulmanos da Cisjordânia e de Gaza e, naquelas circunstâncias, ficavam do lado dos colegas palestinos. Apesar de não quererem ser considerados traidores, acreditavam também ser errado pegar em armas. Tinham raiva dos militantes por estes escolherem a violência, tinham raiva da Autoridade Palestina e de Yasser Arafat por não fazerem um trabalho melhor na administração do governo e negociação da paz e raiva de Israel por exacerbar o conflito com a expansão de assentamentos e com as constantes restrições colocadas à sua movimentação.

Depois a situação se complicou. Os militantes palestinos começaram a atirar de Beit Jala contra o subúrbio de Gilo, em Jerusalém. Era mais um gesto simbólico, porque suas armas causaram poucos danos. Mas Israel retaliou com grande poder de fogo, atirando de seus tanques e helicópteros Apache. Centenas de casas foram destruídas. Durante a noite, os cristãos colocaram barreiras em Belém e Beit Jala na tentativa de evitar que militantes tomassem posição para atirar contra Gilo, mas não obtiveram muito sucesso.[3] A luta recrudesceu quando o exército israelense entrou em Belém. Um prédio de sete andares em frente à Faculdade Teológica de Belém foi tomado. O prédio da faculdade perdeu a maior parte de suas janelas durante o combate que se seguiu.

Os relatos eram horríveis. Eu mantinha contato telefônico com Bishara quase todas as semanas, animando-o e orando com ele. Mas vários meses se passaram antes que conseguisse ir visitá-lo. Eu pensava constantemente em meus irmãos e irmãs em meio ao conflito e orava por eles. Eu me perguntava se os cristãos deveriam morrer lutando ou viver de joelhos e se essas eram as únicas alternativas.

Bishara era realista a respeito dos problemas que a igreja enfrentava, mas suas soluções eram bem diferentes daquela oferecida pela maioria dos palestinos. Ele tinha uma alternativa para a violência. Estava alimentando a força da luz.

CAPÍTULO

VINTE E NOVE

ATIRANDO A PEDRA DE JESUS

Belém, junho de 2001

— As coisas têm estado tranqüilas nas últimas semanas — disse Bishara enquanto Al, em sua primeira visita à Terra Santa, e eu subíamos ao teto do edifício principal de salas de aulas da Faculdade Teológica de Belém. — Durante a semana da Páscoa, 67 das nossas janelas foram destruídas a tiros. Com a ajuda de vocês, conseguimos recolocá-las todas.

Estava se referindo a uma oferta especial que a Portas Abertas fizera quando ficamos sabendo que a Faculdade Teológica de Belém fora pego no fogo cruzado entre militantes palestinos e soldados israelenses.

Do teto tínhamos uma vista panorâmica de 360 graus da área. Do outro lado da rua, em um terreno vazio, cheio de lixo não coletado há várias semanas, meninos disputavam um animado jogo de futebol. Bisahra apontou na direção da estrada Jerusalém-Hebrom, para um prédio de sete andares, a não mais que 90 metros de distância. Era somente a armação — não tinha uma só janela.

— Foi dali que os soldados israelenses atiraram — bem acima das nossas cabeças.

— Ou diretamente nelas — repliquei ao nos virarmos e olharmos para a porta de aço que dava para a escada que acabávamos de subir. Três balas haviam atravessado a porta, deixando do outro lado buracos com bordas afiadas, como pétalas de flor. As balas acabaram se alojando em colchões que eram guardados no último andar. Contornamos o outro lado do teto e pisamos em cima de alguns canos para podermos ver os as placas solares que forneciam calor para a faculdade. Estavam em cacos, olhando inúteis para o sol. Atrás delas estavam novos tanques de água – os antigos tinham sido crivados de balas.

– Quase todas as casas e lojas perderam seus reservatórios de água – explicou Bishara. – Foi como se os soldados mirassem nos tanques para praticar tiro ao alvo.

Compreendemos as implicações. Belém dividia a água com os assentamentos da área. Nos últimos meses, o fluxo de água se tornara cada vez menos freqüente. Quase sempre o fornecimento era cortado durante uma ou duas semanas. Os tanques eram cheios sempre que havia água. Tínhamos consciência da preciosidade daquele líquido quando estávamos debaixo das poucas gotas do chuveiro, determinados a não desperdiçar nem uma sequer.

Bishara apontou para um pequeno terreno onde havia cerca de 50 oliveiras. Um majestoso edifício se erguia mais atrás.

– Aquele é o Hotel Intercontinental – explicou. – Foi construído para as celebrações do ano 2000 e do novo milênio. Esperávamos milhares de turistas para o Natal. Mas então começou a intifada. Desde então, a única vez que ele foi usado foi pelo exército israelense.

Descemos as escadas até o carro de Bishara, estacionado atrás da faculdade. No trajeto, passamos por um imenso mural representando a anunciação do nascimento de Jesus aos pastores. Aquele glorioso evento ocorrera a menos de oito quilômetros de distância do ponto onde estávamos. Várias balas haviam deixado buracos no mural. Uma delas havia perfurado a cabeça de um cordeiro. De alguma forma, aquilo parecia simbólico.

~

Bishara dirigiu pelas ruas de paralelepípedo de Beit Jala até o extremo leste da cidade, antes que a encosta mergulhasse no vale. No alto de outra colina, a cerca de 800 metros de distância, estava a comunidade de Gilo – fulcro do conflito recente. Os palestinos alegavam que Gilo era um assentamento judeu construído em terras pertencentes a residentes de Beit Jala. Israel alegava que fazia parte de Jerusalém e que, já eram donos da terra antes de 1948, que ela apenas fora reclamada depois da guerra de 1967.

Como um feio corte abaixo de nós, sobre colunas de concreto, uma rodovia de quatro pistas ligava túneis dos dois lados do vale.

– Aquela é a estrada do túnel – explicou Bishara. – É somente para israelenses. Eles podem dirigir de Gilo a Hebrom por baixo de Beit Jala.

Al observou que os muros de concreto tinham sido erguidos ao lado da estrada que dá para Beit Jala.

– Assim as milícias não podem atirar contra os carros – explicou Bishara.

Voltamo-nos para olhar as casas crivadas de balas. Muitas paredes simplesmente não existiam mais, permitindo-nos ver onde famílias haviam feito suas refeições, conversado, estudado e descansado. No momento as casas estavam inabitáveis.

– Foram destruídas mais de 450 delas – disse Bishara brandamente. Ele apontou para uma em que um andar inteiro havia sido destruído. – Quatro famílias cristãs viviam naquela casa. Um dos nossos alunos vivia lá.

– Onde estão eles agora? – perguntei, tentando imaginar o horror daquela noite em que a casa desapareceu sob o fogo de tanques e de metralhadoras.

– Eles têm família morando na área, mas as casas estão com muita gente. É um fardo muito pesado para as famílias.

– Pode explicar por que isso aconteceu?

Bishara apontou por sobre as casas e disse:

– Os militantes não são de Beit Jala. Eles vêm de fora– são do Hamas ou das milícias Tanzim de Arafat – e disparam armas automáticas em direção a Gilo.

Apontou para os prédios de apartamentos do outro lado do vale, iluminados pelo sol da manhã.

– Suas armas mal alcançam Gilo. Mas, assim que as milícias atiram, os tanques israelenses começam a estrondear do outro lado do vale, atingindo locais onde julgam que as milícias estão.

– Claro que eles já se retiraram no momento em que os israelenses atiram – refleti – e as pessoas nessas casas são pegas no meio do fogo cruzado.

– Sim, elas são atingidas. Os muçulmanos pensam que podem forçar os cristãos que moram aqui a ficar do lado deles. Mas as pessoas que moram nestas casas têm raiva das milícias palestinas e também dos israelenses pela dura retaliação.

Avançamos por vários quarteirões e paramos junto a um prédio protegido com tábuas e com uma tabuleta indicando tratar-se de um teatro para crianças. Perto havia outra casa, com um segundo andar completamente descoberto.

– Esta casa foi atingida por uma bomba disparada de um tanque. A parede se espatifou e matou um jovem de 18 anos. – Bishara respirou fundo e disse: – Essas pessoas não tinham nada a ver com o conflito e os israelenses sabem disso.

Paramos em outra rua e vimos um carro enegrecido, incendiado por uma bala de canhão. Do outro lado da rua, Bishara reconheceu um casal que voltara durante o dia para apanhar alguns de seus pertences. Eles nos convidaram para entrar, desculpando-se por não poderem nos oferecer café. O homem tinha uma sacola de abricós frescos. Aceitei um e saboreei o gosto delicioso.

– Este é o melhor abricó que já experimentei!

O homem sorriu.

– São os melhores do Oriente Médio! – concordou ele.

Na sala de estar, sacos de areia estavam dispostos ao longo de quase toda a extensão de uma parede. Mesmo assim, havia no chão uma pilha de gesso caído das paredes e do teto.

– Sharon ameaçou remover a primeira fileira de casas – disse o homem quando olhei a sala. – Se as milícias continuarem atirando, ele removerá a segunda fileira de casas. E continuará até que a cidade esteja destruída.

– Vocês não podem combater tanques – observei.

– Nós não queremos combater! – disse o homem. – Não temos armas.

De volta para a faculdade, passamos pela Escola Esperança. Na verdade não pudemos passar de carro por lá – a estrada estava bloqueada e tivemos de estacionar e subir pelo entulho.

– A Escola Esperança fica na Área C – explicou Bishara. – Belém, Beit Sahour e Beit Jala estão na Área A, que é administrada pela Autoridade Palestina. Mas a Área C está sob controle israelense.

Ficamos no alto da pilha de entulho e contemplamos o lugar onde me encontrei com Bishara pela primeira vez. Lembrei-me de que eles tinham galinhas que forneciam ovos às crianças.

– Agora elas têm seis mil galinhas – disse ele. – Eles vendem a maior parte dos ovos para ajudar a manter a escola. Todos os dias lotam um carro com ovos e vêm até aqui, depois carregam os ovos sobre este monte de entulho até outro carro para poderem entregá-los a lojas em Belém.

~

Em qualquer cultura uma formatura é comemorada. Entretanto, aquela cerimônia dava a sensação de ser única devido ao contexto. Os 54 alunos que freqüentavam a Faculdade Teológica de Belém e os 14 que estavam recebendo os diplomas haviam pago um alto preço para aprender as Escrituras e preparar-se para o ministério. Quantos jovens na Holanda ou na América agüentariam as revistas nos postos de fiscalização, os tiroteios que os mantinham acordados à noite, o temor pela segurança própria e da família, e ainda assim, continuar estudando com afinco em uma casa barulhenta, onde habitam várias famílias porque suas casas foram destruídas?

Aqueles estudantes haviam sofrido muito e, agora pais e familiares, trajando a melhor roupa domingueira, sentavam-se orgulhosos em cadeiras dobráveis no maior salão de reuniões da faculdade. Entre as músicas que o coral da faculdade cantou em árabe com grande entusiasmo estava "O Senhor é nossa fortaleza". Esse hino, um de nossos favoritos, assumia um novo significado quando pensávamos que aquelas pessoas precisavam, de fato, de proteção e confiavam em Deus como sua fortaleza.

O orador da formatura foi o padre Peter Du Brul, da Universidade de Belém.

— O que faz uma faculdade cristã? — perguntou ele no início de seu discurso. Era uma pergunta importante. — Ela faz algo muito perigoso. Mais perigoso do que uma fábrica de dinamite. Mais perigoso e mais poderoso do que um reator nuclear. Não produz bombas nem energia elétrica, mas estudantes e professores da Bíblia — o mais perigoso dos livros e também aquele que mais cura.

Considerando-se o contexto, com homens-bomba tendo atacado apenas alguns dias antes e vendo a devastação deixada pelos tanques e mísseis, será que acreditávamos realmente que aqueles estudantes tinham algo mais poderoso do que bombas?

— Estudar a Bíblia não consiste apenas em citá-la, mas em vivê-la — continuou o padre Du Brul. — É mais perigoso para os alunos estudar e viver a Bíblia em Belém do que em qualquer outro país do mundo, porque vocês estão enfrentando exatamente o povo de que trata a maior parte da Bíblia. Vocês são oprimidos por uma determinada interpretação da Bíblia que supostamente revoga o seu direito legal à sua terra, sua identidade dada por Deus e o futuro.

O padre Du Brul não fez uso de meias palavras quando descreveu a tensão entre os povos da Bíblia. Judeus ortodoxos, judeus messiânicos, cristãos palestinos — todos olhavam para as Escrituras a partir de um contexto de vida diferente. Assim, como podiam aqueles estudantes reagir? Após anos de árduos estudos, estavam preparados para fazer diferença naquela terra dividida? O padre Du Brul acreditava que a resposta era sim!

— A solução dessas questões não se encontra em livros nem é decorada na forma de perguntas e respostas. A solução deve ser vivida por pessoas dispostas a arriscar sua vida e reputação, revelando a própria ignorância e inadequação porque têm fé em Jesus Cristo. Que desafio viver a Bíblia, ensiná-la, estudá-la, justamente da posição dos que foram em grande medida excluídos das páginas do Antigo Testamento! Mas lembrem-se, os "não escolhidos" estavam lá e eles às vezes salvaram os próprios "escolhidos".

Em seguida, Du Brul citou rapidamente várias passagens do Novo Testamento em que a presença de estrangeiros apontava para a verdade: os magos, o bom samaritano, o centurião romano no Gólgota e Sérgio Paulo, o procônsul romano de Chipre.

— Eles vieram não para desalojar os escolhidos, mas para se juntar a eles.

Como aqueles formandos poderiam apontar o caminho? Du Brul usou uma imagem conhecida dos que viam notícias pela TV em todo o mundo, de meninos palestinos atirando pedras contra soldados bem-armados e protegidos. Baseou-se na mensagem à igreja de Pérgamo em Apocalipse 2: "Ao vencedor [...] Também lhe darei uma pedra branca com um novo nome nela inscrito, conhecido apenas por aquele que o recebe". Penso que as igrejas palestinas recebem uma pedra como essa. E essa é a pedra que deveriam atirar. Essa é a pedra que eu espero que a Faculdade Teológica lhes tenha ensinado a atirar com precisão, não para matar Golias ou para apedrejar a adúltera, mas para curá-los. Porque o nome nela inscrito é o nome de Jesus. O que mais pode Jesus dar como recompensa a qualquer vencedor a não ser ele mesmo? Essa é a tarefa de vocês, sua vocação, sua missão. Na qualidade de povo "não escolhido", plantado bem no meio daqueles que alegam ser "os escolhidos", a própria existência de vocês é testemunho de algo mais, de alguém que tem um plano muito mais profundo, grandioso e forte — a reunião de todas as nações em uma só unidade.

Al e eu ficamos profundamente emocionados pelas palavras, pelo desafio apresentado àquelas pessoas que se sentiam excluídas e, contudo, eram chamadas por Deus para fazer parte de sua grande comissão. Eles deviam levar a boa nova aos companheiros palestinos. Eles deveriam viver a boa nova entre cristãos e muçulmanos. Deveriam ser luz, mostrando o caminho da verdadeira paz em meio à tribulação.

A conclusão do padre Du Brul mencionou os desafios que aqueles jovens enfrentariam:

– Preparem-se para uma vida mais difícil. Vocês não vão conhecer estrada mais fácil do que aquela que Jesus percorreu. Mas não conhecerão alegria maior do que a de caminhar ao lado dele. Não os estamos mandando para discotecas ou *shopping centers* para cometerem ataques suicidas em nome da justiça, da misericórdia ou de Cristo. Estamos mandando vocês para curar e serem curados das próprias feridas no ato de cuidar dos outros.

~

Ainda meditando sobre as poderosas palavras do padre Du Brul, reunimo-nos na sala de jantar para comemorar com bolo e refresco. Ao sermos apresentados aos membros da faculdade, conversamos com Samia, uma professora de inglês em tempo parcial.

– Meu trabalho normal é em Notre Dame, em Jerusalém – disse ela.

– E você consegue chegar ao trabalho todos os dias? – perguntou Al.

– Não tenho permissão para passar pelo posto de fiscalização – respondeu ela. – Não tenho podido ir ao trabalho desde outubro último.

Em outras palavras, ela estava sem trabalho regular desde o início da segunda intifada.

– E isso significa que não tem recebido salário?

Ela deu um sorriso gentil ao ingênuo americano que afirmava o óbvio e respondeu:

– Não posso receber se não tenho permissão para trabalhar.

Bishara juntou-se a nós por um momento e contou que Samia fora ferida dois meses antes, durante a Semana Santa, por estilhaços de uma granada. Pedimos a Samia que nos contasse o que havia acontecido.

Samia havia terminado de dar uma aula. Era o fim da tarde de uma terça-feira, antes da Páscoa. Ao sair, ela instintivamente prestou atenção a alguns sons de fogo de artilharia ou de combate.

– Se tivesse ouvido algum tiro, teria ido para o porão.

A rua estava quieta; um único menino estava na calçada. Ao se dirigir para o carro, estacionado na estrada Jerusalém-Hebrom, ouviu o inconfundível chiado de uma granada e uma explosão a jogou ao chão.

Levou um pouco de tempo até que seus ouvidos voltassem ao normal depois da primeira explosão e ela se desse conta de que estava gritando. Mas ninguém parecia ouvir. A rua estava deserta. Olhou para as pernas e viu que estavam ensangüentadas. Impossibilitada de se levantar, rastejou até o carro, subiu no lado do motorista e foi, ela mesma, dirigindo até o hospital, no centro de Belém, a um quilômetro e meio de distância. Naquela noite um médico retirou dez estilhaços de suas pernas.

– Ainda há dois estilhaços em meu pé – disse Samia. Tirou o pé esquerdo da sandália para que pudéssemos ver a feia cicatriz vermelha no dedão.

– Além desses ferimentos, como você está? – perguntei.

– Ainda tenho pesadelos – disse ela, contendo as lágrimas. – No dia seguinte, quando estava no hospital, Beit Jala foi terrivelmente bombardeada. Um menino foi levado para o meu quarto e morreu em conseqüência dos ferimentos.

Perguntei-lhe a respeito do menino que ela vira na rua pouco antes da granada explodir.

– Alguém me disse que ele foi atingido por apenas seis estilhaços. Mas seus ferimentos foram muito mais graves do que os meus.

Ficamos em silêncio durante um momento, pensando no terror que aquela delicada mulher havia suportado. Então ela disse:

– Dois dias depois eu fui ao túmulo de Rachel, de onde os soldados haviam jogado a granada. Fui direto até eles e lhes mostrei os ferimentos que haviam provocado. Riram apenas de mim e me mandaram embora.

Pelo modo como ela falou, ficou claro que o riso de escárnio dos soldados fora mais doloroso do que os ferimentos físicos sofridos.

CAPÍTULO

TRINTA

NÃO É SUICÍDIO - É UM ATO RELIGIOSO

Gaza, junho de 2001

Hanna Massad, pastor da Igreja Batista de Gaza, desceu do táxi e abraçou efusivamente Al e a mim ao entrarmos na área palestina controlada de Gaza. Como de costume, vestia paletó e gravata, como convinha ao seu papel de líder de uma comunidade cristã. Seu grande sorriso mostrava o estímulo que representava a nossa visita.

Em nossa companhia estavam dois universitários, um da Inglaterra e outro dos Estados Unidos. Tínhamos uma agenda cheia, por isso Hanna alugara o táxi para nos levar a todos os nossos compromissos durante o dia. Nossa primeira parada foi na Universidade Islâmica de Gaza para uma reunião com Mahmoud Zahar. Era importante para os meus amigos ouvirem o que aquele líder tinha a dizer, sem o filtro da mídia.

Para que meus convidados se inteirassem da questão, perguntei a Mahmoud a respeito de sua fé e de como ela se cruzava com seu posicionamento político.

— Não há espaço para um estado secular chefiado por muçulmanos se não for controlado pelo islamismo — explicou ele. — Os islâmicos não estão aceitando agora a liderança de países árabes (por exemplo, da Arábia Saudita), porque eles estão implementando um regime secular, não religioso.

Como naquela época o Talibã controlava firmemente o Afeganistão, perguntei se aquele era o tipo de sistema que ele defendia.

— Eles não representam o islamismo propriamente dito. Nós acreditamos nos direitos humanos dos muçulmanos. Por exemplo, quem disse que é proibido as mulheres serem instruídas? O islamismo incentiva mulheres e homens em todos os aspectos, mas existem algumas restrições. Por exemplo, a mulher não pode ser líder do exército. Mas não estamos privando as mulheres.

– Eu sou muçulmano, mas o islamismo aqui é cultural. – Depois, reconhecendo que estava conversando com cristãos, acrescentou: – Temos muito orgulho das raízes cristãs aqui, porque os cristãos são tão nacionais como qualquer palestino. Estamos servindo à mesma causa nacional. Por isso posso dizer que estamos tendo apoio popular para essa atitude política. Por nossa participação na intifada, conseguimos mandar uma dura mensagem ao povo israelense, de que a segurança de vocês só estará garantida se eles efetivamente retirarem suas tropas, em vez de apenas as deslocarem; não basta deter a expansão: é necessário desmontar os assentamentos. Estou falando de metas nacionais. Estamos ajudando nossas crianças, muçulmanas e cristãs; estamos ajudando até os judeus, porque se eles continuarem com as ocupações, o mundo árabe, cedo ou tarde, unir-se-á contra os israelenses. É isso o que vai acabar acontecendo!

– Acredita realmente nisso? – perguntei eu interrompendo. – Você espera que aconteça?

– Não espero, *vai* acontecer! Está escrito no Alcorão que virá o povo sob o nosso governo e vamos entrar juntos na mesquita. Cremos que Israel como estado será desfeito. Os árabes unir-se-ão e formarão um estado pan-islâmico, sem fronteiras. Não estamos falando de esperança. Estamos falando de realidade.

– Mas então não haverá espaço para judeus ou cristãos.

– André, sempre haverá espaço para cristãos como você!

Rimos, divertidos, com a amável declaração. Mas Al e eu sentimos a necessidade de questioná-lo quanto ao horror dos homens-bomba. Apenas uma semana antes, um ataque a uma discoteca em Tel Aviv matara 21 adolescentes, em sua maioria garotas. O pavoroso ataque causou furor ao redor do mundo. Aproveitando o primeiro momento de hesitação do líder do Hamas, temido internacionalmente, Al perguntou:

– Mahmoud, o Alcorão não condena o suicídio?

– Sim, é proibido.

– Então, como vocês toleram as ações de homens que cometem suicídio...

– Não é suicídio – interrompeu ele. – É um ato religioso.

Eu o desafiei:

— Agora você piorou as coisas. Você tem um milhão — um suprimento sem fim — de "mártires". E eles estão matando mulheres e crianças inocentes. Como pode você, como bom muçulmano, tolerar isso?

— Inocentes? — Inclinou-se para a frente numa atitude agressiva. — Diga-me, quem é o inocente que nós matamos em Israel?

— Aquelas adolescentes em Tel Aviv. Elas não representavam ameaça para vocês.

— Certo. Vou falar claramente. Ninguém em Israel pode ser considerado civil. Ninguém!

Ele observou nossa expressão de choque. Meus convidados se mexeram, desconfortáveis, em suas cadeiras. Mas Mahmoud continuou:

Porque todo homem ou mulher, com a idade de 17 ou 18 anos, vai estar no exército. É obrigatório. Eles passam pelo menos três anos carregando armas e estão aqui, atirando contra o nosso povo no território ocupado. E os que não se tornam soldados profissionais, depois do tempo de serviço, ficarão na reserva, até a idade de 55 anos. Por isso, me dê um exemplo em Israel de alguém que não seja militar. Todos são militares!

Havia uma lógica distorcida em sua declaração. Outro líder do Hamas, Mousa Abu Marzouk, de Damasco, dissera:

— Não deve haver qualquer distinção entre um invasor uniformizado ou em trajes civis. Se um homem vestido como civil carrega uma arma e toma a minha casa, minha terra e o meu direito, como posso dizer que ele é um civil que nada tem a ver com isso?[1]

Então Mahmoud recostou-se em sua cadeira e abrandou o tom:

— Vejam, não estamos admirando a matança. Somos seres humanos que estão sofrendo com o banho de sangue. Estamos sofrendo profundamente com a frustração de não termos nenhum canal para atingirmos nosso objetivo. E assim, não temos opção. Não temos alternativas.

~

Eu assumira o compromisso de pregar três vezes em menos de 24 horas na Igreja Batista de Gaza. A primeira reunião no sábado à noite encheu o auditório, até com algumas pessoas em pé na parte de trás. Sob a liderança do pastor Hanna Massad, a igreja tivera um crescimento significativo.

— Não fiz isso sozinho — disse ele, citando vários líderes jovens e enfatizando: — Somos uma equipe de trabalho. A livraria bíblica tem dado um forte testemunho evangelístico e isso tem contribuído para o nosso crescimento.

O resultado era impressionante. Havia dois corais, um de adultos; outro que incluía meia dúzia de crianças. O cântico era animado e Al e eu pudemos até nos juntar a eles quando cantaram "Conta-me a velha história" e "Ò quanto amo meu Jesus". A pianista, que havia sofrido nos anos de dificuldade, sempre se voltava para nós e sorria ao dedilhar as notas. Certamente dessa vez a reunião estava mais alegre e vibrante do que quanto havia somente uma dúzia de pessoas nos cultos. Em silêncio, agradeci a Deus por ter reanimado aquela igreja. *Que este grupo seja parte da tua força da luz em Gaza.*

No culto da manhã de domingo senti-me levado a pregar sobre a perseguição.

– Se não houver vida em nós, nunca seremos perseguidos – observei. Para organizar minha mensagem, li em 2Coríntios 3: – "Vocês mesmos são a nossa carta, escrita em nosso coração, conhecida e lida por todos. Vocês demonstram que são uma carta de Cristo". Todos nós devemos ler a Bíblia. Mas não podemos esperar que os não-cristãos a leiam. Nós somos a Bíblia que os não-cristãos lêem. Nós somos a carta de Deus, e todos devem ler a nossa vida.

Meu texto principal foi 2Coríntios 4.7-9: "Mas temos esse tesouro em vaso de barro, para mostrar que este poder que a tudo excede provém de Deus, e não de nós. De todos os lados somos pressionados, mas não desanimados; ficamos perplexos, mas não desesperados; somos perseguidos, mas não abandonados; abatidos, mas não destruídos."

Aqueles foram os versos destacados numa página respingada de sangue que levantei para que a congregação visse. As palavras estavam em russo e a página era da Bíblia de uma das dez pessoas mortas por fundamentalistas muçulmanos em uma igreja oito meses antes em Duchambe, no Tadjiquistão.

– Existe uma grande igreja sofredora em vários pontos do mundo – completei. Durante anos eu havia descoberto que igrejas em circunstâncias difíceis sentiram-se encorajadas ao saber que não eram as únicas em dificuldade. – A árvore que nunca foi exposta à tempestade não é forte.

Enquanto eu falava, ouvimos um ronco fora do templo. Dois F-16 estavam sobrevoando Gaza.

– Somos perseguidos, mas não desanimamos. Seus irmãos pelo mundo todo estão sofrendo. Mas uma parte do corpo cuida da outra.

Lembrei-lhes a história de Estevão em Atos e de como suas últimas palavras foram de perdão.

— O perdão é a chave que abre o coração do seu inimigo. O mundo islâmico está olhando vocês para ver como Cristo está vivendo em vocês. Vocês podem não vencer um debate, mas verão eles Jesus em vocês?

Durante o momento social depois do culto, um homem de meia idade, com semblante apavorado, aproximou-se de Al. Com olhos arregalados e praticamente pisando nos pés de Al, explicou sua terrível situação.

— Você pode falar por mim à embaixada americana?

— Você é cidadão americano? — perguntou Al.

— Tenho passaporte americano. Mas minha esposa e meus filhos não têm; eles não têm permissão para saírem de Gaza. Como faço para tirá-los?

— Tenho certeza de que a embaixada pode ajudar.

— Não tenho permissão para chegar lá — disse ele. — Eles me barram na fronteira. Eu peço e ninguém pode me ajudar. Ninguém se importa!

Sentimos por aquele homem desesperado para sair de Gaza com a família, mas não havia realmente nada que pudéssemos fazer para ajudá-lo. Eu tinha ouvido histórias semelhantes de cortar o coração. Certa vez, quando tentei interceder junto ao consulado americano em Jerusalém por 27 palestinos de Belém com passaportes americanos, o cônsul me disse:

— Tratamos os palestinos com passaportes americanos da mesma forma como tratamos todos os palestinos.

A dedução era que não havia esperança para aquelas pessoas. Por isso muitos iam embora de vez quando tinham oportunidade.

Antes que partíssemos todos, o pastor Hanna pediu a nossa atenção. Bastante emocionado, convidou a congregação a pensar na igreja no Tadjiquistão, que havia perdido dez membros.

— Creio que devemos levantar uma oferta para essa igreja — anunciou Hanna. — Hoje à noite levantaremos uma oferta especial para nossos irmãos e irmãs.

~

No culto da noite, o pastor Hanna levantou a oferta especial. Depois da minha pregação e de termos cantado um hino, Hanna, com um grande sorriso no rosto, chamou-me à frente e colocou em minha mão o resultado da oferta.

— Queremos que você leve isto aos nossos irmãos e irmãs que estão sofrendo muito. São 800 dólares. Queremos que isto seja uma bênção para eles.

Fiquei estupefato. *Isto é muito,* pensei, sabendo que muitos na congregação estavam desempregados — mais da metade dos residentes em Gaza estavam sem emprego e o número crescia rapidamente. Contudo, aquelas pessoas haviam buscado no fundo de seus bolsos e dado com amor a outra igreja sobre a qual haviam ouvido falar somente em um sermão. Fiquei profundamente emocionado e prometi entregar a oferta.

CAPÍTULO

TRINTA E UM

FUGA DE BELÉM

Harderwijk, março de 2002

A intifada intensificou-se no começo de março de 2002. Com freqüência me via grudado à CNN ou à BBC em meu escritório, horrorizado com o que via sobre Israel e a Cisjordânia. A cada dia havia uma nova reportagem sobre um ataque suicida ou sobre um atirador disparando contra colonos, mas o número de mortos entre os palestinos estava subindo de forma alarmante — três vezes o de israelenses. Parecia não haver cabeças sensatas em meio ao caos.

Ao norte, em Beirute, líderes árabes se reuniram para uma conferência. Entre os temas da discussão estava a proposta de terra pela paz do príncipe herdeiro Abdullah da Arábia Saudita, prometendo o reconhecimento de Israel por parte dos árabes se fosse estabelecido um estado palestino. Mas vários líderes não apareceram. Yasser Arafat não teve permissão para viajar até o local do evento e os palestinos saíram da reunião quando foi negada permissão para que Arafat se dirigisse aos líderes via satélite.

No dia 28 de março, um homem-bomba matou 22 pessoas durante um almoço de Páscoa em um hotel de Betânia. Ariel Sharon convocou 20 mil reservistas. Tanques se deslocaram para Ramalá, cercaram o prédio de Arafat e começaram a bombardear. Soldados invadiram os escritórios da Autoridade Palestina e capturaram dezenas de burocratas e funcionários da segurança. Arafat, que dizia preferir morrer a se entregar, foi preso num porão com seus auxiliares.

Os ataques suicidas continuaram – de cinco em cinco dias. O exército estava organizando tropas e equipamentos fora de outras cidades da Cisjordânia, incluindo Belém e as cidades vizinhas de Beit Jala e Beit Sohour.

Belém, março de 2002

O estrondear dos helicópteros Apache, seguido de fortes explosões, sacudiu Bishara e Salwa de seu sono. Bishara deu uma olhada no relógio. Era 1 hora da madrugada. Acabava de retornar de uma viagem de conferências em Singapura e estava programado para partir em outra viagem em breve.

— Por favor, não vá! — sua esposa insistira com ele. Enquanto estivera fora, o exército invadira Belém durante vários dias e depois se retirara para a fronteira de Jerusalém. No dia anterior, dois homens-bomba tinham explodido em Haifa e Efrat. Todos sabiam que era apenas uma questão de tempo para que Israel entrasse de novo na cidade.

Bishara e Salwa tentaram dormir, mas era impossível. Esperaram. Oraram. Às 3 horas da madrugada, uma longa fila de tanques e carros blindados transportando pessoal atingiu a estrada Jerusalém-Hebrom com enorme estrondo. O prédio todo tremia cada vez que um tanque passava. Os veículos estavam deixando a formação e fazendo-se presentes em todas as ruas da área. Ouviu-se o repugnante ruído de um carro sendo triturado por um tanque. À distância, Bishara podia ouvir o estrondo de grandes armas. O barulho todo refletia com força nas paredes e colinas vizinhas, ampliando o terror.

Aquela invasão era mais extensa do que qualquer outra antes. Havia uma sensação de descrença — como podia estar acontecendo aquilo em Belém, a cidade santa para cristãos do mundo todo? Apenas três anos antes, para a celebração do milênio, ela passara por um processo de embelezamento. Agora era uma praça de guerra.

Bishara pensou no filho, Sami, cuja esposa estava esperando o primeiro filho — primeiro neto de Bishara e Salwa. O bebê era esperado para qualquer dia. Podia imaginar o estrondo dos tanques passando pelo prédio de seu filho. Havia a possibilidade de o exército escolhê-lo como ponto estratégico para seus francos-atiradores e então Sami e Rana ficariam presos no apartamento. Bishara agarrou a mão de Salwa e ela apertou a dele, sem dúvida com os mesmos pensamentos.

A oração veio naturalmente:

— Senhor, por favor, proteja Sami, Rana e o filho que ela está esperando.

Depois Bishara pensou nos professores e alunos, espalhados pela região, com certeza todos passando pela mesma experiência insone de temores e assombro. Algumas de suas casas seriam provavelmente vasculhadas. Começou a orar em voz alta pelo corpo docente da faculdade, pelo pessoal administrativo e pelos alunos. Salwa diminuiu um pouco a pressão de sua mão quando eles extravasaram o coração diante daquele que podia acalmar seus temores e dar uma solução à crise.

Um tanque parou bem na frente da faculdade. Bishara ficou gelado, perguntando-se se deveria ou não se levantar e dar uma espiada pela janela. Mas se um soldado estivesse olhando em sua direção, podia ser perigoso. Ouvia o guincho da torre do canhão girando. Provavelmente estava apontada para o campo de refugiados do outro lado da rua. Orou pelos moradores de lá que estavam literalmente olhando para o cano de um canhão.

Nuvens retardaram a chegada da luz do dia, mas não dos F-16, que zumbiam voando baixo sobre a cidade. Ao longe, das proximidades da Praça da Manjedoura, Bishara podia ouvir o fogo de artilharia que se espalhava. Durante as fortuitas calmarias do ruído, ele ouvia homens gritando, crianças berrando e mulheres gemendo e chorando na vizinhança. Bishara tentou acender a luz mas não havia energia elétrica. Quando houvesse segurança para se aventurar a sair, ligaria o gerador. Nem todos tinham geradores em Belém, mas o Irmão André insistira que era necessário manter o ministério funcionando e garantiu que fosse providenciado um. Bishara tentou o telefone — a linha estava muda. Ficou feliz por ter um telefone celular. Pegou um rádio portátil e ligou no noticiário.

Logo depois das 7 horas foi feito o anúncio de que Belém se transformara em uma zona militar. As pessoas eram advertidas nos mais duros termos a ficar em casa. Qualquer um que se aventurasse a sair de casa seria baleado. Logo depois, começou a chover. Até o céu estava chorando, pensou Bishara. Em seguida veio a raiva. Qual a vantagem de tal demonstração de força? Em que privar as pessoas de comida, eletricidade, água e abrigo impediria os ataques suicidas a Israel?

Pouco havia a fazer durante o dia a não ser ouvir as contínuas reportagens. Diziam que o combate mais intenso acontecia nas estreitas passagens ao redor da Praça da Manjedoura. Havia vítimas, mas ninguém sabia quantas. Bishara podia ouvir o fogo de artilharia ecoando pelas ruas de pedra a pouco mais de um quilômetro e meio de distância. Uma freira fora baleada ao tentar impedir que soldados entrassem num convento à procura de oponentes palestinos. Uma mulher e seu filho de 38 anos foram gravemente feridos e morreram à espera de uma ambulância que nunca chegou.

Depois foi noticiado que pessoas haviam se refugiado na Igreja da Natividade e que vários atiradores palestinos as haviam seguido para escapar dos atiradores de elite israelenses. Depois de vários relatos conflitantes, ficou determinado que mais de 200 homens, mulheres, crianças e atiradores haviam tomado o santuário da mais antiga igreja da cristandade. Estavam cercados de todos os lados por tanques e soldados, prontos para atirar em qualquer um que se movimentasse para fora das grossas paredes da igreja. Aquele foi o maior de todos os choques. Um dos mais sagrados lugares para os cristãos estava agora sitiado.

Bishara lembrou-se de como aquela igreja fora usada como um santuário para os que sentiam a vida em perigo, mais recentemente em 1967, durante a Guerra dos Seis Dias, quando Israel conquistou Belém. Na Bíblia, Deus proporcionou "cidades de refúgio". Em Números 35 está escrito que até um assassino podia ir até essa cidade e ser protegido. Bishara via a igreja como uma cidade de refúgio, mas, infelizmente, a presença de atiradores e perseguição por soldados israelenses colocava todos em perigo.

Salwa pegou a mão de Bishara e insistiu para que ele telefonasse para o filho.

— Por favor, veja como Rana está.

~

Era noite, mas Sami Awad não conseguia relaxar.

— Com que freqüência estão acontecendo as contrações? — perguntou ele à esposa, andando nervosamente pela confortável sala de estar do apartamento.

— Estão bem espaçadas — respondeu Rana. — O médico disse que se trata de falso trabalho de parto. Agora, poderia se sentar? Está me deixando nervosa.

Sami se estatelou no sofá junto à esposa, mas podia ouvir os sons dos tanques rodando a apenas alguns quarteirões de distância. Ouviu-se uma explosão ao longe, seguida por tiros de metralhadora. Sua mente funcionava rápido. Aquela era a mais séria invasão que já vira e não parecia que o exército de Israel fosse sair logo. O principal posto de fiscalização ao longo da estrada Jerusalém-Hebrom estava fechado. A área toda estava sob toque de recolher de 24 horas. Calculava que dentro de 24 a 48 horas todas as outras estradas estariam bloqueadas. E o seu primeiro filho era esperado para qualquer momento.

Sami deu um pulo e foi até o quarto. Agarrou a mala e berrou:

— Precisamos sair daqui *agora*! Não vamos correr o risco de ficar presos em nosso apartamento quando você entrar em trabalho de parto. Nosso filho irá nascer num hospital.

Rana virou-se de lado e se esforçou para ficar em pé.

— Não podemos ir para o hospital agora. Eles nos mandarão de volta para casa.

— Telefone para Alex e Brenda.

Alex era tio de Sami, irmão de seu pai. Alex e a esposa viviam logo depois da fronteira de Belém, num subúrbio de Jerusalém.

— Disseram que podemos usar a parte de baixo do apartamento deles pelo tempo que precisarmos.

Após conversar com Brenda, Rana disse:

— Vou telefonar para os seus pais também.

— Diga-lhes que orem muito! — pediu Sami enquanto fechava a mala.

Alguns minutos depois, o carro estava lotado. Como medida adicional de proteção, Sami pegou uma fita adesiva azul de eletricista e escreveu em letras bem visíveis sobre o capô: "TV". Dessa forma, se passassem por uma patrulha, poderiam ter permissão para seguir em frente como integrantes da imprensa. E, na verdade, não se tratava de uma mentira, porque ele havia feito algumas filmagens para documentários de sua organização, a Fundação Terra Santa.

As ruas estavam vazias. Sami afastou-se das estradas principais. Houve um momento de nervosismo quando ele cruzou a estrada Jerusalém-

Hebrom e notou um jipe militar à distância. Felizmente, o veículo avançava se distanciando deles. Dirigindo-se ao norte para entrar em Beit Jala, pegou as estreitas ruas secundárias, com os retrovisores laterais quase raspando nas paredes em algumas curvas. Antes de chegar ao alto da colina que marcava a fronteira norte de Beit Jala, Sami tomou uma estrada de terra pedregosa que serpenteava pelo vale entre Gilo e Beit Jala. Era um lugar perigoso devido aos freqüentes tiroteios entre as duas comunidades. Rana estremecia enquanto o carro descia desajeitado em virtude dos inúmeros impactos e Sami diminuiu a marcha até quase parar quando começaram a subida de outra colina, que os levaria até Jerusalém.

Foi uma viagem dolorosamente lenta, mas o terreno irregular e o desconforto da esposa tornavam impossível ir mais depressa. Sami pensou em Maria e José montados num jumento, tentando esconder o menino Jesus dos malvados olhos do exército de Herodes. Sua Fundação Terra Santa patrocinara um programa especial para crianças em Belém no dia designado pela igreja para lembrar a matança dos inocentes. Dois mil anos atrás, tropas haviam entrado em Belém de todos os lados para encontrar e matar o bebê "terrorista" em potencial, que algum dia lideraria uma revolta contra o rei Herodes. Agora, tropas do exército israelense estavam entrando de todos os lados em Belém para dissolver células terroristas.

Quando a apertada estrada de terra terminou numa rua secundária de Jerusalém, ele viu um jipe do exército e três soldados acenando para que parasse. Sami se perguntou como Maria e José teriam agido naquela situação. Sem dúvida, esconderiam o menino Jesus. Mas Sami queria que os soldados vissem sua esposa, grávida de nove meses. Talvez eles tivessem compaixão.

— Posso ver seus documentos? — disse o soldado enquanto Sami abaixava o vidro do carro e entregava o seu passaporte americano.

Outro soldado ordenou-lhe que descesse do carro.

— Tire a jaqueta!

Lentamente, Sami obedeceu enquanto dois soldados apontavam os fuzis para ele.

— Abra a camisa!

Sami desabotoou a camisa e levantou a camiseta para que o soldado pudesse ver sua pele e certificar-se de que ele não era uma ameaça.

— Sou cidadão americano — disse Sami enquanto levantava as mãos, tendo o cuidado de não fazer nenhum gesto brusco. — Minha esposa, grávida, está para dar à luz o nosso primeiro filho. Estou levando-a para o hospital.

— Onde está o passaporte da sua esposa? — perguntou o primeiro soldado enquanto devolvia o passaporte para Sami.

— Ela ainda não tem.

Com um sorriso malicioso, o soldado disse sarcástico:

— Então você pode passar; ela não.

Sami olhou fixo para as armas apontadas para ele. Não havia como argumentar com aqueles homens. Teria de simplesmente encontrar outro meio de fuga.

~

Enquanto Rana orava, Sami ponderava suas opções. Obviamente todas as ruas principais estariam bloqueadas. Havia outras estradas secundárias, mas que aumentaria as chances de ficarem presos em algum local afastado de seu destino em Jerusalém. A rota mais direta era a estrada do túnel que passava por baixo de Beit Jala para Gilo. Era um desafio chegar lá e ele provavelmente seria barrado, mas calculou que o pior que poderia acontecer seria os soldados os fazerem voltar.

Ao se juntar aos outros carros na estrada cheia, Sami entrou numa longa fila de carros e caminhões aguardando no posto de fiscalização. Os soldados tinham ordenado que os ocupantes de um carro descessem e estavam fazendo uma inspeção completa. Motoristas impacientes tocavam a buzina. Obviamente motoristas israelenses não queriam ser pessoalmente incomodados por procedimentos de segurança e os soldados estavam sentindo a pressão. Finalmente, liberaram o carro que estavam inspecionando e o deixaram passar. Ansiosos por aliviar o congestionamento, acenaram para que os próximos carros passassem, incluindo o de Sami. Agora estavam a salvo em Jerusalém!

Na manhã seguinte, enquanto Rana dormia, Sami e seu tio assistiam, via satélite, a uma estação internacional de notícias. Na noite anterior, enquanto Sami e a esposa fugiam, outra mulher palestina grávida fora forçada a ter seu bebê num carro perto de um novo posto de fiscalização do exército, localizado a pouca distância da Maternidade de Belém. Os soldados israelenses haviam-lhe negado a passagem. A criança morrera. Sami e Alex choraram.

~

Levei vários dias para localizar Bishara por telefone.

– O medo tomou conta da cidade toda – disse-me ele. – Não temos permissão para sair de casa ou mesmo olhar pelas janelas.

Obviamente a faculdade estava fechada e eles não tinham idéia de quando reabriria. Além de Bishara e Salwa, Doris, uma voluntária da Alemanha, era a única outra pessoa no complexo, ajudando a cuidar das dependências.

Enquanto durasse o cerco à Igreja da Natividade, ninguém entrava em Belém.

– Você gostaria de vir fazer uma palestra na formatura? – disse Bishara com um certo tremor na voz. – Não sei quando será, mas gostaríamos muito de tê-lo conosco!

– Vou me programar para ir assim que você me disser – respondi, grato por meu amigo encontrar um pouco de humor em meio a tamanho caos.

– Claro, se isto durar demais, vamos ter de cancelar o semestre. – Então mudou de assunto. – Você sabe que a qualquer momento Salwa e eu seremos avós? Sami e Rana conseguiram escapar faz alguns dias. Estão com Alex e Brenda.

– Parabéns. Espero que isso acabe logo para que vocês possam estar com eles.

– Meu filho foi muito corajoso fugindo da forma como fez. – Ouviu-se um suspiro ao telefone, e então Bishara disse: – Está tudo muito difícil aqui. Várias pessoas que conhecemos tiveram suas casas saqueadas. Os soldados destroem tudo, supostamente à procura de terroristas. Mas é mesquinho demais. Esparramam os suprimentos de alimentos no chão – açúcar, farinha, arroz, trigo, tudo – para que não possam ser usados. Muitos edifícios e casas foram completamente destruídos. As ambulâncias são alvejadas e as pessoas morrem porque não podem chegar ao hospital.

– Gostaria de estar aí com vocês.

– Temos recebido muitos *e-mails* e telefonemas. As pessoas estão orando por nós e isso nos mantém firmes. Muitos judeus messiânicos têm mandado alimentos e ajuda médica. Deus é bom e nunca irá abandonar as pessoas que aceitaram seu Filho.

– Firme-se nessa esperança, meu amigo. E assim que me avisar, vou visitar vocês.

~

Layaar Awad nasceu em um hospital de Jerusalém no dia 5 de abril. Sami e Rana ficaram extremamente contentes com o maravilhoso tratamento dado à menina pelos médicos e enfermeiras. Mas não podiam deixar de pensar nos amigos em Belém e nas cidades da Cisjordânia, agora sob o controle do exército. Sami segurou a mão da esposa, contemplou a criança que dormia tranqüilamente ao lado dela e disse:

— Quero dedicar Layaar à memória de todas as crianças mortas, tanto na Palestina como em Israel.

Rana apertou a mão dele com lágrimas nos olhos. Sami fechou os olhos e orou em voz alta:

— Oro para que o Príncipe da Paz seja de novo uma luz irradiando de Belém para todos os cantos do mundo.

CAPÍTULO

TRINTA E DOIS

MILAGRE NA HOLANDA

Voorthuizen, Holanda, abril de 2002

Salim Munayer olhou ao redor da sala do centro de conferências do Ministério do Oriente Próximo (MOP). Sob os auspícios do MOP e com a ajuda da Portas Abertas, pastores e líderes eclesiásticos com suas famílias — 94 pessoas — tinham vindo da zona de guerra: no momento, Israel e Cisjordânia. Notícias internacionais diárias informavam as incursões do exército de Israel à Cisjordânia depois de uma onda de ataques suicidas. Tanques patrulhavam Belém. Havia sido imposto o toque de recolher em Hebrom. Uma dura resistência enfrentava o exército israelense no campo de refugiados de Jenin.

Muitos consideravam um milagre aquela reunião. Devido às condições em Israel, era praticamente impossível aos palestinos e judeus se reunirem dentro do país. Foi preciso muita oração e negociação para conseguir-se a permissão para aqueles poucos homens, com esposas e filhos, saírem do país e se reunirem num local neutro durante cinco dias. Agora havia tensão no ar. Os palestinos sentavam-se de um lado; os judeus messiânicos, de outro. As crianças estavam tendo um programa especial em outro local do complexo, permitindo que seus pais se concentrassem no duro trabalho que tinham pela frente.

Senhor, derrubarás as barreiras nesta semana?, orou Salim. Aquela conferência podia estimular um processo de reconciliação que podia levar à cura e a um genuíno processo de paz para a região devastada pela guerra. Salim respirou fundo e dirigiu-se à frente da sala. Depois de saudar o grupo, foi direto ao assunto:

— Somos duas nações vivendo em uma única casa. Compartilhamos a sala de estar, a cozinha, o corredor, o banheiro, o vaso sanitário, mas não o quarto. O fato é que não gostamos uns dos outros. Pior ainda, odiamos uns aos outros.

Não fazia sentido evitar o óbvio, mas ele precisava definir a estrutura para o tempo deles juntos. Salim havia orado longa e intensamente a respeito das palavras que se seguiram:

— Estudiosos empenhados em analisar e avaliar o conflito entre grupos têm observado certos fenômenos que podem nos ajudar a compreender o ódio e o preconceito. Um deles é a divisão entre *nós* e *eles*. Cada lado critica o outro, dizendo que eles perderam todos os padrões morais e éticos. Conseguimos compreender nosso próprio grupo e reconhecer suas boas qualidades enquanto negligenciamos nossas faltas, porque é importante fazer distinção entre nós (que somos corretos, bons e misericordiosos) e eles (que são maus e errados).

— Um segundo problema é a incapacidade de ver pluralidade dentro do outro lado. Generalizamos e estereotipamos o outro, dizendo coisas como: "Todos eles nos odeiam e querem nos matar". Somos incapazes de vê-los como indivíduos com sentimentos e pensamentos próprios. Devido à barreira da língua, israelitas e palestinos não lêem os jornais uns dos outros. Assim, cada lado depende muito da informação seletiva dada sobre o outro lado.

— O terceiro é o problema da superioridade moral. Decidimos que *nós* somos mais amantes da paz, confiáveis, honestos e vemos com desprezo os que têm valores diferentes.

— Por último, existe a percepção de cada lado de que são vítimas e, dessa forma, incapazes de se verem como ameaças ao outro. Se somos vítimas, então não podemos ser culpados. A mentalidade de vítimas nos torna cegos à dor dos outros, às suas aspirações e necessidades.

— Essas tendências são obstáculos no processo de reconciliação. Contudo, nesta semana temos uma maravilhosa oportunidade de transpor essas barreiras e reconhecer que cada pessoa, seja judia ou palestina, foi criada à imagem de Deus e redimida pelo sangue do Messias. Paulo nos instrui quanto ao tratamento mútuo: "Dediquem-se uns aos outros com amor fraternal. Prefiram dar honra aos outros mais do que a si próprios [...] Abençoem aqueles que os perseguem; abençoem, e não os amaldiçoem... Não retribuam a ninguém mal por mal [...] Amados, nunca procurem vingar-se, mas deixem com Deus a ira [...] Não se deixem vencer pelo mal, mas vençam o mal com o bem".[1]

O processo de reconciliação começou com adoração. David Loden, presbítero fundador de Beit Asaf, uma congregação messiânica de Betânia, tocou violão e dirigiu os cânticos. Jack Sara, pastor da Igreja Aliança Palestina de Jerusalém, acompanhou no teclado. Foi uma seleção de hinos e cânticos tanto em árabe como em hebraico, com representação dos fonemas para ajudar os que não falavam a língua. Alguns coros foram cantados em inglês, compreendido pela maioria dos participantes.

~

David e Lisa Loden, oriundos dos Estados Unidos, moravam em Israel havia quase 30 anos. Em 1978 haviam ajudado a formar uma congregação messiânica em Betânia, cidade na costa mediterrânea 33 quilômetros ao norte de Tel Aviv. Na época, sabiam somente da existência de cinco dessas congregações em Israel que cultuavam em hebraico. Cinco anos depois Evan Thomas, da Nova Zelândia, juntou-se a eles no trabalho e a congregação ficou conhecida como Beit Asaf. No momento o corpo em Betânia estava prosperando e havia entre 80 e 100 congregações messiânicas em Israel.[2]

David, compositor e professor de música, junto com Lisa, ajudara a criar músicas próprias para o movimento.

Apesar da congregação de Betânia ser amistosa para com os cristãos árabes, a idéia de participar de um esforço de reconciliação como aquele nunca ocorrera aos Loden até que David teve o que chamou de visão.

— Foi na forma de uma pergunta — disse ele à esposa. — O Senhor me perguntou se eu o amava. Claro que minha resposta foi "Sim, eu o amo". Depois ele continuou a seguir uma espécie de lista. "Você ama meus filhos?" "Sim, eu amo seus filhos". Você ama meus filhos árabes?" Pensei nos irmãos e irmãs árabes em Israel, nas congregações do norte — eles haviam falado à nossa congregação e nós havíamos falado às congregações deles. "Sim, amo". Então Ele disse: 'E quanto a meus filhos palestinos?" Ele usara especificamente a palavra *palestinos*. Eu lhe disse: "Senhor, isso é diferente. Eles não acreditam na Bíblia como nós. Não crêem como nós a respeito de Israel ou nas profecias do fim dos tempos. Além disso, são nossos inimigos". No mesmo instante em que as palavras saíam de minha boca, eu era inundado por um sentimento de vergonha e traição.

Logo depois desse encontro dramático, David recebeu um telefonema de Salim Munayer da Faculdade Teológica de Belém, pedindo-lhe que fosse reanimar o coro da escola e dar um curso de música. David achou estranho o pedido.

— Praticamente do lado de Jerusalém há pelo menos 15 ou 20 pessoas com conhecimentos musicais que poderiam fazer aquilo — explicou ele. — Moro em Betânia, a pelo menos duas horas de carro de Belém.

— Pedi a todos de quem lembrei — respondeu Salim — e ninguém está disposto a vir.

Naquele momento David deu-se conta de que Deus o estava testando. Obedeceria ele à revelação de Deus? Era praticamente inédito um israelita pernoitar na Cisjordânia para servir a uma instituição palestina. Contudo, logo depois do telefonema, ele começou a ir a Belém todos os domingos à tarde para dirigir o coro aos domingos à noite e dar uma aula às segundas-feiras pela manhã. Isso logo se tornou o destaque de sua semana. O envolvimento no Musalaha logicamente veio em seguida.

Para Jack Sara, cooperar com David Loden foi um milagre maior ainda. Enquanto ele acompanhava hinos e corinhos no teclado, não podia deixar de lembrar de seus encontros com soldados israelenses durante a primeira intifada. Tinha apenas 14 anos quando foi pego na parte antiga de Jerusalém, onde vivia no quarteirão cristão. Os soldados o haviam interrogado rudemente e espancado pela participação em uma manifestação na qual ele não estivera presente. Quando foi liberado e voltava para casa mancando, decidiu: *Quando for detido e espancado, então certamente será por algo que eu tiver feito!*

Jack participou da manifestação seguinte — atirar pedras nos soldados, grafitar os muros e agitar a bandeira palestina. Logo depois disso uniu-se ao partido comunista. Perdeu a conta das vezes que foi para a prisão nos três anos seguintes, mas a última foi a mais demorada — três meses. Deitado num colchão fino e cheio de caroços, tentava encontrar algum sentido para sua vida. O que conseguira com o ciclo de protestos, insultos contra os soldados, detenções, aprisionamentos e depois ser solto para então repetir o processo? Certamente a vida era mais do que aquilo!

Ao pensar na vida, deu-se conta de que se desgostara do homem deitado naquele colchão. Nominalmente, era católico, mas muitos muçulmanos que conhecia tinham vidas melhores que a dele. Estava fumando dois maços de cigarros por dia e bebendo em qualquer oportunidade. Se pensava em realmente ajudar os outros, precisava primeiro colocar em ordem a própria vida.

Uma vez libertado, ouviu falar de um homem chamado Yohanna. Um vizinho seu disse-lhe:

— Yohanna é adepto de uma seita.

— O que você quer dizer? — Jack perguntou.

— Ele não crê como nós católicos.

Dois dias depois Jack foi até Yohanna e insistiu de forma corajosa:

— Quero falar com você.

Yohanna e seu colega de quarto, Labib Madanat, reuniram-se com o adolescente no apartamento deles e lhe falaram das boas novas a respeito de Jesus Cristo. Jack estava pronto para um novo começo. Na noite de 10 de agosto de 1991, perto do lugar onde Nicodemos encontrou-se com Jesus naquela mesma cidade, Jack Sara nasceu de novo.

— E agora? — disse ele aos dois homens. — Quero estudar. Quero aprender. Quero ajudar o meu povo.

Logo Jack tornou-se aluno da Faculdade Teológica de Belém. E o que ele ganhou da faculdade? Anos mais tarde ele explicou a Al que aprendera uma "visão cristã do mundo".

— É preciso compreender que 98% dos palestinos são muçulmanos. Quando vamos à escola, nossos professores são muçulmanos. O currículo é escrito por muçulmanos. A maioria de nossos colegas de classe é muçulmana. Nossos jornais são orientados para os muçulmanos. Por isso, sem essa percepção, os cristãos árabes/palestinos são muito influenciados pelo pensamento islâmico e por movimentos palestinos, e a freqüência à igreja não basta para superar isso. Na Faculdade Teológica de

Belém, somos confrontados com uma visão bíblica do mundo. Foi então que comecei de fato a estudar a Bíblia e compreender quem é Deus e, portanto, como ver a vida.

~

Tive a sensação de estar em solo sagrado. Johan Companjen e eu estávamos entre os convidados para uma reunião aberta na última noite daquela conferência histórica. Nossos irmãos e irmãs haviam passado três dias em reuniões particulares, fazendo o difícil trabalho de se conhecerem uns aos outros, confessando seus pecados e buscando experimentar a unidade que Cristo pregou à sua igreja. David Loden, que parecia um patriarca bíblico, careca e com a barba completamente branca, falou-nos da perspectiva judaica:

— Estamos aqui porque fizemos uma tremenda confusão em nosso país. Percebi que não posso amar a Deus e ao mesmo tempo odiar meu irmão. Deus mostrou-me que sou responsável pelos meus irmãos. Os palestinos, tal como os judeus, são filhos de Adão e de Abraão. Eles são meus irmãos. Entretanto, no ano passado, muita coisa aconteceu em nosso país e todos nós estamos muito feridos. Demo-nos conta de que precisamos de cura e descanso. Estamos conseguindo isso aqui. Este é o momento de cura para nós e nossos filhos.

Alex Awad, irmão mais novo de Bishara e pastor de uma congregação batista multinacional em Jerusalém, dirigiu-se a nós a partir da perspectiva palestina:

— Jesus deixou o conforto e o luxo do Céu, tornou-se homem e desceu à terra. Para conseguirmos a reconciliação, nós também temos de estar preparados para deixar a nossa "zona de conforto" e descobrir nossos irmãos e irmãs com quem temos dificuldades, para discutirmos as coisas e acertá-las. Este é o mandamento que Jesus nos deu em Mateus 5.23-24: "...se você estiver apresentando sua oferta diante do altar e ali se lembrar de que seu irmão tem algo contra você, deixe sua oferta ali, diante do altar, e vá primeiro reconciliar-se com seu irmão; depois volte e apresente sua oferta". Estamos aqui nesta semana para fazer o duro trabalho de reconciliação com nossos irmãos.

Houve um momento de adoração que terminou com todos nós cantando um novo cântico, escrito por Lisa Loden vários anos antes, depois de um doloroso rompimento no relacionamento com uma irmã. O cântico foi entoado em inglês, hebraico e árabe:

> Ele é a nossa paz; nós devemos ser um.
> Ele é a nossa reconciliação.

Ele derrubou o muro da separação.
Ele é a nossa paz; nós devemos ser um.

Salim havia-me pedido para dirigir algumas palavras ao público. Senti-me deslocado quando me apresentou, dizendo-lhes que testemunhara nove anos atrás minhas palavras ao Hamas, acrescentando:

– André certamente pregou o evangelho a eles. E nós lhes pedimos que interrompessem suas atividades terroristas.

Eu sabia do que o Hamas precisava – da boa nova de Jesus Cristo. Qual era a necessidade daquele auditório? Não um sermão, mas certamente uma mensagem de estímulo.

– Estamos testemunhando hoje uma amostra da verdadeira solução para o conflito do Oriente Médio – afirmei. – O muro que foi construído para manter pessoas e nações separadas caiu aqui numa poderosa demonstração do poder de Deus. E, como cristãos dedicados, a nossa reação é: Se Deus pode fazer isto para uma dúzia de pessoas, pode fazê-lo para um milhão.

Sim, eu realmente acreditava nisso. Por que aquele lindo quadro tinha de se limitar a algumas pessoas corajosas? Tinha de haver uma forma de as pessoas virem aquele quadro e de ele crescer para incluir centenas, depois milhares e mais.

– Ó, que o nosso coração seja dominado pelo poder latente de Jesus de unir os povos: israelitas e palestinos, cristãos do Ocidente e do Oriente, começando onde deveríamos estar o tempo todo – ao pé da cruz. Há somente um nome dado sob o céu pelo qual devemos ser salvos, e isso inclui os salvos da violência e do terrorismo, do ódio e da vingança. Deus já tomou a iniciativa e agora chama todos nós para que sigamos. Sim, descobrimos o princípio da solução de Deus. Agora devemos continuar e trabalhar duro para ver este conceito do Musalaha tornar-se um movimento – como um rio caudaloso, uma torrente e não apenas um fio d'água!

Quando me sentei, dei-me conta de que momentos como aquele eram que me mantinham avançando, apesar de estar completando 75 anos e as pessoas me falarem que era tempo de diminuir o ritmo. Queria gritar: "Por que recorrer aos recursos e soluções humanas quando Deus se ofereceu como solução?" Junto com a Portas Abertas, eu queria participar da busca das pessoas para trazê-las ao pé da cruz, onde somos todos iguais.

Claro, uma única reunião não resolveria o problema, mesmo com aquele grupo de líderes. Era preciso muito mais trabalho e Salim disse que havia planos para aquele grupo continuar se reunindo, sempre que as condições em Israel e na Cisjordânia permitissem. Uma de suas aspirações era que aquele grupo de pastores e líderes da igreja estudasse as Escrituras juntos, especialmente os temas difíceis que os separavam, como as passagens que tratam da profecia e da terra.

Orei para que aqueles homens e mulheres de fato continuassem a se reunir e demonstrassem aos judeus e palestinos que a paz verdadeira fora encontrada ao pé da cruz.

CAPÍTULO

TRINTA E TRÊS

O QUE VOCÊ PREGA NA IMINÊNCIA DE UM BOMBARDEIO?

Belém, abril de 2002

A cada dois ou três dias o toque de recolher era suspenso em Belém durante algumas horas para que as pessoas conseguissem comida e suprimentos médicos. Infelizmente, isso não se aplicava a 250 famílias que viviam nas vizinhanças da Praça da Manjedoura. Eram prisioneiras em suas próprias casas enquanto o exército cercava a antiga igreja, acendendo luzes fortes à noite, vociferando avisos dia ou noite, colocando atiradores em cima dos muros, prontos para disparar contra qualquer um que se movesse. As ruas que levam à praça estavam entupidas de carros esmagados, vidros quebrados e restos de mísseis. Encanamentos quebrados esguichavam água. As portas das lojas haviam sido quebradas e as prateleiras saqueadas. Muitos prédios tinham sido atingidos por mísseis e deixados a queimar porque os bombeiros não podiam se aproximar para fazer seu trabalho. As balas haviam danificado as paredes da igreja. Os nervos estavam em frangalhos e ninguém sabia quando aquele pesadelo acabaria.

Bishara tentou fazer contato com todos os seus alunos e funcionários. Sua secretária, Alison, juntamente com o marido e três filhas eram a típica família que estava enlouquecendo dentro da própria casa. Contudo, ninguém se atrevia a sair.

— Ontem o nosso vizinho foi baleado e morto no carro quando voltava do mercado — disse ela a Bishara pelo celular. Seu marido, George, havia feito o mesmo trajeto um dia antes.

— Pensamos que o toque de recolher tinha sido suspenso. Nem sempre ficamos sabendo, porque nem sempre isso é avisado. Os atiradores israelenses estão posicionados num prédio acima de nós.

A família sobrevivia vendo televisão quando a energia era religada. Havia uma cobertura noticiosa durante 24 horas, mas quando aquilo ficava difícil de suportar, mudavam para filmes antigos ou reprises de comédias americanas.

O marido de Alison estava à beira do desespero. Fazia um mês que não podia ir para o trabalho e ficava recordando cada experiência de humilhação que sofrera dos israelitas — os jovens soldados mal-educados que gritaram com ele no posto de fiscalização; os colonos que apontavam suas armas contra ele, sua mãe e seus irmãos enquanto lavravam a terra; o juiz militar que retirara deles a legitimidade do direito sobre a fazenda; o soldado que agarrara seu irmão mais novo pelo pescoço; o capitão que havia recusado a permissão para ir a Berseba acompanhar a filha que seria operada do coração. As lembranças não acabavam. Recordar aquelas humilhações parecia deixar suas preocupações ainda mais insuportáveis. Onde conseguiria dinheiro para a comida do mês seguinte e para pagar as contas de energia elétrica, aluguel e escola?[1]

Aquela era uma família cristã simplesmente tentando levar uma vida decente enquanto lidava com a frustração e a raiva cada vez maiores. Não tomariam medidas desesperadas, como algumas pessoas dos grupos militantes islâmicos, mas de alguma forma tinham de controlar suas emoções. Quanto tempo mais poderiam suportar a pressão? Multiplique isso por centenas e centenas de famílias. Bishara sabia que tinha de encontrar uma forma de ajudar as pessoas presas naquele redemoinho. Tudo o que podia fazer no momento era mandar *e-mails* e dar telefonemas. Várias organizações haviam se comprometido a mandar recursos financeiros para ajudar a Sociedade do Pastor, o departamento de assistência social da Faculdade Teológica de Belém que Bishara havia formado. O objetivo da Sociedade era ajudar famílias que estavam no auge do sofrimento, mas no momento nem sequer podia chegar até elas.

À medida que os dias iam se transformando em semanas, Bishara tentava manter-se ocupado. Pelo fato de o jardim estar abaixo do nível da rua e cercado por um muro alto, ele podia sair com Salwa e Doris e fazer jardinagem. Escreveu a seus amigos que havia alguns "pontos positivos" em estar confinado em casa semanas a fio:

Há mais tempo para orar e ler a Palavra de Deus.

Dorme-se até tarde.

Pode-se desfrutar o café da manhã sem ter de correr para o trabalho.

Pode-se ajudar a esposa a guardar todas as coisas do inverno e preparar-se para o verão.

Pode-se consertar as coisas pela casa — e eu gosto disso.

Pode-se colocar a correspondência em dia.

Belém, maio de 2002

O cerco à Igreja da Natividade terminou depois de 39 dias. O acordo negociado determinou a deportação de 13 homens. Vários outros foram enviados para Gaza. Os restantes, que simplesmente tinham ficado presos ao tentar encontrar abrigo durante a luta, tiveram permissão para retornarem a suas casas.

Dois homens da Portas Abertas foram imediatamente a Belém assim que o exército saiu. O relato por eles escrito me tocou profundamente. Embora o que víamos fosse pavoroso, as histórias, de partir o coração, impressionavam mais. Uma família próxima à Igreja da Natividade passou seis semanas no quarto sem atrever-se a levantar a cabeça acima do nível da janela com medo de levar um tiro. Outro casal teve tanques estacionados perto da casa durante duas semanas.

– Ficamos dentro de casa durante duas semanas, comendo o que tínhamos uma vez por dia.

Uma viúva, com dois filhos para cuidar, mostrou aos homens as ruínas de sua casa a apenas alguns metros da Praça da Manjedoura. Ela e os filhos tinham fugido no início do combate e, devido ao cerco, não puderam voltar. Todas as janelas haviam sido quebradas e a casa estava cheia de pó e sujeira. Não havia ficado um móvel intacto. Seus pertences foram empilhados num canto e o chão estava imundo. Em uma parede havia um calendário da Igreja Síria Ortodoxa, o único quadro que não fora danificado. Na cozinha, a pia e todas as instalações haviam sido arrancadas da parede.

– Olhe para a minha geladeira – disse ela. – É nova. Economizei durante meses para comprá-la. – Estava num canto com as portas abertas e as prateleiras de vidro quebradas; o interior estava manchado pela comida apodrecida durante as semanas em que estiveram fora.

Depois de andar pela cidade e testemunhar a devastação, o pessoal reuniu-se com vários pastores locais. Ao mesmo tempo em que aqueles homens tentavam ministrar aos seus rebanhos, tinham também de lidar com sua raiva e frustração.

— Onde está a igreja do resto do mundo? — disse um deles. — Enquanto eles mantinham refém a principal população cristã da palestina, o que fazia a igreja do Ocidente?

Que pastor havia sido treinado para ministrar numa situação dessas?

— O que você prega na iminência do bombardeio? — perguntou um deles —, ou quando um membro de sua igreja liga para o seu celular e diz: "Ore, por favor. Há israelenses em minha casa" ou "Minha filha está doente e a ambulância não virá devido ao combate".

O relatório concluía: "Os últimos 40 dias foram um golpe esmagador para a igreja — o pior em 50 anos. Foi o golpe definitivo que nocauteou a população cristã depois de 20 meses de sofrimento durante a mais recente intifada. A luta contínua espantou os turistas e muitas pessoas perderam seus empregos". Uma pessoa disse aos nossos dois colaboradores:

— Vinte meses sem trabalhar é humilhante. Eu costumava ter algum dinheiro, mas agora acabou tudo.

Um pastor disse:

— Multiplique isso por milhares e você tem a história de Belém.

Que trabalho ministerial alguém de fato faz num tumulto desses? Aquelas pessoas estavam profundamente traumatizadas em termos emocionais. De acordo com o pessoal da Portas Abertas, a primeira conseqüência seria a saída de muitas pessoas do país.

— O sangramento da emigração constante vai virar uma hemorragia. Em conseqüência da falta de trabalho e da contínua insegurança, as pessoas não têm esperança no futuro. Elas vêem uma única possibilidade — ir embora para os Estados Unidos, Austrália ou...

Mas, mesmo naquelas trevas, havia faíscas de luz. Por intermédio de ajuda humanitária, a porta estava aberta para que se chegasse à população muçulmana local. Em um relatório eu li: "Certa vez, tarde da noite, alguns irmãos da Sociedade Bíblica visitaram uma família muçulmana com uma caixa de alimentos. Ao receber a comida, as pessoas se emocionaram e choraram".

Como disse um pastor de Belém:

— Estamos tentando ser luz nas trevas, mas vocês precisam continuar nos alimentando com o combustível.

Como poderíamos nós, a igreja do Ocidente, ajudar nossos irmãos da área de Belém? Certamente tínhamos de responder rápida e substancialmente.

– Podemos começar ajudando a atender algumas de suas necessidades materiais – disse um dos colaboradores ao voltar de viagem. – A Sociedade do Pastor quer ajudar sete mil famílias cristãs. Há uma necessidade premente de remédios e alimentos para aqueles que perderam tudo, e eles precisam contratar pessoas locais para ajudar na prestação de socorro.

Em alguns dias a Portas Abertas anunciou um projeto chamado Compaixão Já. A meta era levantar 500 mil dólares o mais rápido possível para dar ajuda emergencial na forma de alimentos e remédios, mais subsídios para o pagamento de contas em atraso. Alguns recursos iriam para a expansão do programa de aconselhamento na mediação de trauma, particularmente para crianças e jovens traumatizados emocional e psicologicamente.

Eu não podia deixar de pensar nas palavras de Jesus em Mateus 25 sobre o julgamento onde as ovelhas foram separadas dos bodes. Eu havia pregado a respeito dessa passagem na Universidade Islâmica de Gaza. Às ovelhas, disse Jesus:

– Eu tive fome, e vocês me deram de comer; tive sede, e vocês me deram de beber.

Jesus disse que os beneficiados eram seus irmãos e irmãs; por essa razão "a mim o fizeram". Aqueles cristãos de Belém eram certamente mais meus irmãos e irmãs do que o Hamas que eu visitara no sul do Líbano. O que mais deveríamos fazer para atendê-los em sua necessidade?

~

O convite de Bishara para falar na cerimônia de formatura aconteceu em meados de julho, mais de um mês depois do planejado. Os convites foram mandados com a observação de que, se houvesse toque de recolher na data marcada, a cerimônia seria realizada no dia seguinte à suspensão do toque. Fiz uma rápida viagem a Tel Aviv. Um dos amigos de Bishara me levou furtivamente até Belém, onde esperamos três dias até que o toque de recolher fosse suspenso. Quando, no começo de uma manhã, foi anunciado que haveria uma suspensão de seis horas, foram dados rápidos telefonemas e avisos apareceram no rodapé das telas de TV nas programações locais. Naquele dia, 15 novos líderes cristãos se formaram, prontos para começar seu serviço na força da luz.

CAPÍTULO

TRINTA E QUATRO

A LUZ BRILHA UM POUCO MAIS

Gaza, dezembro de 2002

Frustrado na tentativa de manobrar através de congestionados cruzamentos sem semáforos, o motorista do nosso táxi buscava alguma saída nas ruas e passagens secundárias e sinuosas, esburacadas e sujas da cidade de Gaza. Mas, a três quarteirões do nosso destino, novamente ele enfrentou a engarrafada rua principal. Buzinas tocavam inutilmente. O motorista balançou a cabeça e murmurou:

– Ramadã.

Bem na nossa frente, mulheres se dirigiam a uma grande feira-livre para comprar alimentos e presentes para o Eid al-Fitr, o maior feriado muçulmano do ano, que celebrava o fim do mês de jejum.

Vendo uma faixa livre, o motorista virou na direção oposta ao tráfego e acelerou encosta acima passando pelas filas paradas. Horrorizados, demo-nos conta de que aquela faixa era para veículos que iam na direção oposta. Felizmente, chegamos ao topo da colina sem dar de encontro com nenhum carro. Depois viramos na frente das três fileiras de carros e entramos numa rua estreita lateral, passamos por um grande cemitério e chegamos ao complexo onde ficava o nosso prédio. Só mais tarde percebemos que aquela rua era de mão única, e que estávamos na direção errada.

O prédio de apartamentos pertencia ao complexo da igreja batista mas tinha sido pouco usado desde o começo da segunda intifada, mais de dois anos atrás. Al e eu tivemos permissão para ficar por apenas dez dólares por noite.

– Lembrem-se, estamos no Ramadã – disse o proprietário. – Se vocês saírem antes do pôr do sol, não comam nem bebam nada em público. Apesar de não estarmos sob as leis religiosas deles, uma indelicadeza dessas causaria problemas.

Al e eu fomos para nossos quartos desfazer as malas. De repente, houve uma grande explosão que fez o nosso prédio tremer. Mais duas explosões seguiram-se rapidamente. Al correu para a sacada e viu várias pessoas com as mãos protegendo os olhos do sol, olhando para três helicópteros no céu, voltando para Israel. Uma mulher do apartamento abaixo do nosso olhou para o ar, depois para Al e disse:

– Bem-vindo a Gaza!

~

O pastor Hanna apanhou-nos às 16 horas. O trânsito nesse momento já havia melhorado. As mulheres estavam em casa cozinhando e a maioria dos homens tinha saído cedo do trabalho para a festa tão esperada. Al e eu perguntamos a Hanna a respeito das explosões. Ele explicou que os helicópteros tinham atacado o Departamento de Saúde, matando um homem e ferindo cinco.

– Normalmente eles não bombardeiam durante o dia – disse Hanna enquanto nos levava a um restaurante no centro da cidade. – Provavelmente tinham informações de que o homem que queriam estava naquele escritório. – Depois acrescentou: – Na noite passada um helicóptero ficou sobrevoando a nossa casa a noite toda. Foi muito assustador, e foi difícil pegar no sono.

Estávamos rapidamente começando a viver o estresse da vida diária em Gaza.

Todas as mesas do restaurante estavam postas, cada uma com uma fileira de saladas e pilhas de pão sírio. Às 16h30 todos os lugares estavam ocupados. As pessoas conversavam em voz baixa, mas ninguém tocava em comida ou água. No canto havia um aparelho de TV e o proprietário aguardava o anúncio oficial do pôr do sol e de que o jejum do Ramadã podia ser encerrado. O aviso chegou às 16h42 e imediatamente todos começaram a comer. Apareceu um garçom, dando-nos a opção de galinha inteira ou churrasco de carneiro ou de galinha. Havia mais de 20 pessoas à nossa comprida mesa. Alguns eram membros da igreja batista. Outros trabalhavam ou num campo de refugiados, ou para uma agência muçulmana de ajuda humanitária. Juntos estávamos celebrando uma parceria que havia levado ajuda a 5.500 famílias nos campos de refugiados das redondezas.

A sobremesa e o café foram na casa de Hanna. Sua esposa, Suhad, nos recebeu calorosamente quando entramos no apartamento. Logo depois que os vimos no ano anterior em Gaza, ela fora à Jordânia visitar a família. No momento de voltar, teve a entrada barrada em Gaza. Seguiram-se dez meses de agonia em busca de visto.

– Apesar de saberem que ela é casada com um pastor, não queriam dar-lhe permissão para voltar – disse Hanna. – Acho que estavam nos pressionando para sairmos.

– Saírem de Gaza? – perguntei.

– É o que acho.

Hanna pediu três vezes o visto para sua esposa voltar a Gaza. Três vezes o visto foi negado. Finalmente, entrou com uma petição junto à Suprema Corte de Israel.

– Se a corte negasse, eu estava com as malas prontas para ir viver na Jordânia. Achamos que não podemos viver deste jeito. Tem sido muito doloroso, muito difícil. Minha mãe e duas irmãs têm distrofia muscular e precisam de muita ajuda. Dessa forma, fico dividido entre a esposa, mãe, duas irmãs e a igreja.

– Um dilema terrível. Será que não há compaixão?

Na época, Gaza era autônoma, sob o controle da Autoridade Palestina. Apesar disso, Israel impedia os cidadãos de Gaza de retornarem às suas casas.

– Certa vez me encontrei com o embaixador de Israel na Jordânia. Havia muita gente escrevendo para o embaixador a nosso favor. Ele disse: "Estamos ficando cansados das pessoas nos escrevendo a respeito de Suhad". – Suhad odiava ir à embaixada devido à forma como eles a tratavam. Era como se estivesse mendigando.

Felizmente a Suprema Corte decidiu a favor de Suhad.

– Quanto tempo ela pode ficar agora? – perguntou Al.

– Sete meses. Pode ficar mais, mas se sair para ver a família, não há garantia de que tenha permissão para voltar.

Eu pensava na pressão que aquele homem estava suportando. Ele confiava demais na esposa e Suhad era parte integrante de seu ministério. Enquanto saboreávamos fruta e sorvete, eu disse:

– Por favor, conte-nos como vai a igreja atualmente.

– Ministramos para cerca de 150 pessoas durante a semana.

– Eles não vão todos aos domingos? – perguntou Al pedindo esclarecimento.

– Temos cultos aos domingos pela manhã às 10h30 e à tarde às 16h30. E durante a semana temos reuniões quase todos os dias. Às segundas-feiras, temos reuniões para novos cristãos e novos líderes. Temos uma reunião para mulheres na terça-feira e para jovens com idade entre 12 e 18 anos na quinta-feira. Na sexta-feira temos "escola dominical" para crianças com idade entre cinco a 12 anos [a sexta-feira é feriado para a maioria das pessoas em Gaza]. No sábado, trabalhamos com estudantes universitários. Temos também várias outras reuniões fora da igreja. Temos realizado treinamento de liderança para líderes da Autoridade Palestina. Acreditamos que essa é uma forma muito boa de atingir a comunidade. Logo vamos dar início a outro grupo.

Pensei na igreja que mal respirava quando a visitei seis anos antes. Agora ela estava prosperando e alcançando a comunidade. Definitivamente, a luz estava brilhando um pouco mais.

~

Os primeiros chamados à oração começaram um pouco antes das 4 horas da madrugada e, desde que era feriado, havia atividades especiais em todas as mesquitas. Alto-falantes anunciavam as atividades a todos os que não eram suficientemente devotos para se levantar e ir à mesquita. O barulho tornava impossível dormir, por isso Al acabou levantando para fazer café para nós. A cacofonia dos pregadores e recitadores tornava difícil nos concentrarmos enquanto líamos a Bíblia. Notamos particularmente quando o que parecia ser a voz de um menino assumiu a recitação durante uns minutos numa mesquita. Sua voz com entonação aguda repetia: "*Allahu, Akbar; Allahu Akbar*" ou "Deus é maior!" repetidas vezes, com ênfase particular na penúltima sílaba.

Al leu o salmo 80:

– Ó Senhor, Deus dos Exércitos, até quando arderá a tua ira contra as orações do teu povo? Tu o alimentaste com pão de lágrimas e o fizeste beber copos de lágrimas. Fizeste de nós um motivo de disputas entre as nações vizinhas, e os nossos inimigos caçoam de nós".

Quando as últimas notas das mesquitas terminaram às 7h30, observamos que as palavras do salmo descreviam muitos devotos muçulmanos, judeus e cristãos. Quando aflitos, as pessoas clamam: "*Abba*, Pai". O muçulmano não pode conhecer a Deus como Pai. Eles clamam a Alá, "o que ouve", mas sem saber se ele responderá a suas orações. Nós questionamos se era essa a razão da repetição monótona que tínhamos ouvido naquela manhã — talvez esperassem ser respondidos devido a suas muitas palavras. Mas Deus nos libertou e nos trouxe para um relacionamento pessoal com ele mesmo! Essa era a mensagem que a igreja precisava de alguma forma comunicar a Gaza.

Após um leve café da manhã de maçãs e torradas, fizemos uma caminhada pela vizinhança. Perto do conjunto de apartamentos, observamos um terreno vazio cheio de cadeiras de plástico. No portão estava um homem altivo vestido de terno preto impecavelmente passado com uma rosa vermelha na lapela. Homens da vizinhança vinham saudá-lo. Era óbvio que os dois éramos estrangeiros:

— Por favor, entrem! — disse o homem que estava em pé e altivo à entrada da tenda do velório. — Meu filho morreu no dia 28 do Ramadã.

Aquilo fora três dias antes. Não podíamos determinar como ele morrera porque quando tomamos os assentos de honra, o homem, com um enorme sorriso no rosto, disse:

— Meu filho morreu como mártir e agora está no Paraíso. Por favor, tornem-se muçulmanos! É muito maravilhoso!

Nos minutos seguintes, pregou-nos um sermão tão apaixonado como o de qualquer evangelista. Os convidados ao seu redor acenavam com a cabeça, concordando. Alguém ofereceu-nos um copo de suco; outra pessoa, tâmaras e uma terceira, um prato de doces. Quando aceitamos os refrescos, o homem continuou a exortar:

— Alá é a única resposta. Não é Bush, nem Arafat, nem a Europa ou os Estados Unidos. Somente Alá!

Quando julgamos que seria educado sair, apertamos calorosamente as mãos do pai, novamente oferecendo nossas condolências. Continuando em nossa caminhada, discutimos se seríamos tão orgulhosos e veementes em nosso testemunho três dias depois que um de nossos filhos tivesse morrido. Aquele homem nos disse que seu filho estava no Paraíso porque morrera como "mártir". A fé dele era absoluta. Apostara sua vida naquilo. Quantos cristãos estavam assim tão certos de sua fé? E quanto aos cristãos locais de Gaza? Sem uma fé e uma paixão semelhantes, como poderiam esperar ser ouvidos entre os mais de um milhão de muçulmanos?

~

Tomamos a direção sul ao longo do mar Mediterrâneo, para um dos campos de refugiados. Era triste ver que ninguém apreciava a belíssima praia. Inúmeros cafés à beira-mar, alguns com guarda-sóis sobre as mesas, estavam fechados. Partes da faixa de areia estavam desfiguradas por cercas de arame farpado. Aquele poderia ser um maravilhoso ponto turístico; ao contrário, era uma zona de guerra. Estacionamos junto aos escritórios de uma ONG (organização não-governamental) muçulmana responsável pela coordenação de campanhas de socorro na área. A igreja batista estava trabalhando com eles para distribuir alimento às famílias mais necessitadas. O diretor, Khalid, explicou que aquela era uma pequena ONG.

– Todos os que trabalham aqui são voluntários – disse ele – Tudo isto é para Deus. Nossos amigos da igreja batista são uma grande ajuda.

– As pessoas vêm até vocês em busca de ajuda ou vocês as procuram? – perguntou Al.

– Nossos voluntários as procuram.

– Eles nos dizem quem precisa de ajuda – acrescentou Hanna. – Algumas ONGs fazem discriminação. Esta é honesta e a ajuda se baseia na verdadeira necessidade. Gostamos de estabelecer contato com a família e entregar nós mesmos os alimentos e os cupons de carne.

Durante o trajeto de apenas uns minutos até Deir el Ballah (Campo da Palmeira), Hanna nos mostrou um dos cupons que entregaria às famílias. Na parte de cima havia um versículo bíblico. O cupom dizia que aquilo era uma doação da Igreja Batista de Gaza. Paramos à entrada de uma ruela suja com um muro de concreto de um lado e casas caindo aos pedaços do outro. A pichação em árabe se destacava no muro. Parte dele estava coberto por um varal cheio de roupas de crianças. Vários meninos brincavam perto de um caminhão e disseram alegremente "Alô", reunindo-se em torno dos visitantes estrangeiros.

Al sacou sua câmara digital e os meninos juntaram-se ao meu redor para uma foto. Em seguida, olharam ansiosos para a foto na pequena tela, conversando animadamente. Depois vi na foto que um dos meninos tinha uma arma de brinquedo inadvertidamente apontada para a minha cabeça. Depois disso, todo lugar a que íamos naquele campo de refugiados eu observava que a maioria dos meninos tinha pistolas ou metralhadoras de brinquedo. Estavam sempre se escondendo atrás dos carros e brincando de luta armada contra os "inimigos".

A primeira casa que visitamos era na verdade um complexo formado por vários quartos. Hanna explicou que vários irmãos haviam unido as famílias e os recursos e viviam todos juntos. Havia um total de 65 pessoas. Os meninos dormiam num quarto, as meninas em outro. Os dois dormitórios eram extremamente asseados, com acolchoados de dormir empilhados em um canto para que o espaço pudesse ser usado para outros fins durante o dia.

O casal que visitamos convidou-nos para entrar em seu quarto, onde a única mobília era uma cama e um guarda-roupa. Almofadas sobre o chão de areia batido eram usadas como assento. Em uma parede havia um tapete pendurado e alguns ganchos para os casacos. Duas fotos da família e um relógio digital parado em 12h02 compunham a única decoração adicional. O quarto estava extremamente limpo.

— Eles sabiam que viríamos? — perguntou Al a Hanna.

— Não. Nunca avisamos quais famílias vamos visitar.

O casal sentou-se perto um do outro na beirada da cama enquanto nos acomodamos nas almofadas, no chão. Hanna ofereceu-lhes um pacote de mantimentos, mais um cupom que poderia ser trocado por dois quilos de carne no açougue próximo. O homem estava agradecido. Quando sua esposa se levantou e saiu do quarto, ele explicou em árabe, com Hanna traduzindo para nós, que tinha duas esposas e 11 filhos. Seu filho mais velho tinha 16 anos; o mais novo, quatro. Ele estava desempregado há mais de dois anos e por isso seu filho mais velho tivera de sair da escola.[1]

A esposa do homem voltou com um pacote de bananas bem maduras; deu a volta pelo quarto oferecendo uma a cada um de nós. Aquelas pessoas eram bem pobres, mas também orgulhosas — sentiam-se obrigadas a nos oferecer hospitalidade, compartilhando o que tinham, por mais escasso que fosse. Vi-me profundamente emocionado e, quando terminamos nossa breve visita, perguntei se poderia orar pela família. Eles concordaram e nós fizemos uma rápida oração. Era o mínimo que podíamos fazer, deixar o nome de Jesus naquele quarto.

Ao sair, passamos pela cozinha que não tinha telhado. Sobre o fogo, num canto, estava uma chaleira, cozinhando a refeição do dia. As mulheres tinham acabado de assar pão e nos ofereceram um pouco. Certamente é prazeroso, em qualquer cultura, o gosto do pão quente saído do forno! Observei que a família criava algumas galinhas, uma cabra e tinha dois cavalos de carga bem magros. Obviamente estavam fazendo todo o possível para ganhar a vida e sustentar os filhos. Al comentou que o primitivismo da situação o fazia lembrar da forma como os pioneiros provavelmente viveram no oeste americano, 150 anos antes. Só que aqueles pioneiros tinham um futuro bem mais brilhante à sua frente.

Quando voltamos para a *van*, Al perguntou:

– Existem cristãos neste campo?

– Não, ele é 100% de muçulmanos – disse Hanna. – Mas nós sempre nos oferecemos para orar com eles, e normalmente eles gostam.

– Onde vocês obtêm os fundos?

– Um pouco da congregação. Um pouco de amigos da igreja. E a Bolsa do Samaritano vai contribuir com 15 mil dólares por mês durante seis meses. Isso nos tem permitido expandir o programa.

De volta para a cidade, não pudemos deixar de refletir que os nossos esforços pareciam limitados demais se comparados às necessidades ao nosso redor. Entretanto, a luz estava brilhando, e quem sabia o que Deus poderia fazer como resultado dos esforços daquela congregação pequena, porém fiel, no centro da cidade de Gaza?

CAPÍTULO

TRINTA E CINCO

UM ASNO ZURRA POR GAZA

Gaza, dezembro de 2002

Eram quatro da tarde, horário marcado para o início do programa, e o salão principal do hotel na praia de Gaza tinha, talvez, umas cem pessoas espalhadas por centenas de cadeiras de plástico. O pastor Hanna não parecia tão preocupado enquanto supervisionava os detalhes finais do programa. Os convites para o evento haviam sido enviados nos três dias anteriores.

– Não adianta mandar convites antes – explicou Hanna. – As pessoas esquecem. E além disso, não há muitas outras opções em Gaza neste momento.

Hanna nos mostrou o convite. Estava num envelope com um CD-ROM que continha trechos do filme *Jesus*, o texto do livro *More than a Carpenter [Mais que um carpinteiro]*, de Josh McDowell, um Novo Testamento e "As Quatro Leis Espirituais". Não pude deixar de me lembrar dos três preocupados homens daquela igreja seis anos antes, que queriam realizar uma campanha evangelística. Naquela época, não tinham um plano de acompanhamento. Agora a Igreja Batista de Gaza estava pronta. Havia livros e outros meios de divulgação, homens e mulheres que podiam conduzir reuniões de acompanhamento e grupos na igreja para que as pessoas pudessem tornar-se parte da comunidade.

Al e eu saímos do hotel para um pátio que dava para o mar Mediterrâneo. Homens em três barcos pescavam a cerca de 300 metros da praia. Um deles jogava a rede na expectativa do que poderia pegar. Provavelmente, não muito – os peixes bons estavam mais ao largo, mas as patrulhas israelenses impediam os barcos de pescarem lá. Muitos pescadores locais haviam deixado a atividade, e os restaurantes raramente serviam peixe fresco agora.

Oramos pela reunião evangelística. O alvo daquela era particularmente as pessoas que se intitulavam cristãs, mas que por um motivo qualquer estavam inativas em alguma das igrejas locais. Não tínhamos idéia de quantas pessoas se encaixariam naquela categoria – talvez mil, quem sabe mais? Certamente outros poderiam ser atraídos também.

– Senhor, que tua mão esteja sobre este evento – oramos. – Que o teu Espírito mova os corações e que haja muitos frutos colhidos esta noite.

Quando o programa começou, às 16h35, o salão estava quase cheio com umas 400 pessoas. Rimos, dando-nos conta de que estávamos atuando em Gaza, em ritmo árabe.

A primeira hora foi dedicada a música e testemunhos. Um grupo de crianças entoou um cântico especial que Labib Madanat, que tinha vindo de Jerusalém para o evento, traduziu para nós:

> Tua paz vai além do entendimento e habita em nós.
> E nunca, nunca nos deixará.
> O inimigo diga o que disser,
> Tua paz nunca nos deixará.

O coro vinha em seguida:

> Paz, paz ao povo de Deus,
> Onde eles estiverem,
> Onde eles estiverem.

Labib explicou que aquele cântico se tornara muito popular nos acampamentos que a Operação Criança Palestina realizava para crianças muçulmanas. Era um programa patrocinado pela Sociedade Bíblica Palestina. A poesia contrastava nitidamente com os cânticos que glorificavam o martírio, entoados com freqüência pelas crianças de Gaza.

Outro cântico evocava um profundo sofrimento:

> Quem sente minha dor?
> Quem sente minha fraqueza?
> Somente tu, Jesus.

Nossos olhos foram atraídos para um dos cantores, um jovem que tocava violão e cujo cântico parecia vir do fundo de sua alma. Sim, aquelas pessoas entendiam de sofrimento e fraqueza.

O orador principal foi Kamal, um evangelista da Jordânia. Era originário de Nazaré e fez uma brincadeira a respeito de Natanael, que havia perguntado: "Pode vir alguma coisa boa de Nazaré?"[1]

— As pessoas de lá precisam de um milagre para crer — disse Kamal. — São cabeças-duras. Bem, eu sou um desses milagres.

Kamal contou um pouco de sua história, de como havia trabalhado numa boate e tido experiência com drogas, à procura da felicidade. Não a encontrando, começou a procurar a verdade. Para ilustrar aquela busca, levou-nos pelas Escrituras, buscando o conselho de Moisés, Daniel, Isaías, Miquéias, João Batista e Maria. Concluiu com Jesus, que disse: "Vinde a mim".

Kamal fez um convite enérgico e mais de cem pessoas se levantaram para dizer que estavam entregando a vida a Cristo. *A luz brilhava um pouco mais.* Os funcionários e os líderes da Igreja Batista de Gaza estariam ocupados durante semanas fazendo o acompanhamento de cada um daqueles que preencheram os cartões de resposta.

~

Mais tarde naquela noite, encontramos aquele jovem que tinha prendido tanto a nossa atenção enquanto cantava no evento evangelístico. Com muita calma, falando por intermédio de um intérprete, Rami contou como sua infância terminou quando ele tinha nove anos, durante a primeira intifada.

— Éramos uma família pobre, porém grande, uma família forte. Meu irmão Kader, que se ainda estivesse vivo estaria agora com 32 anos, era muito esperto. Trabalhava com a venda de ouro.

Mas Kader, o herói de Rami, fora morto aos 18 anos. Houve uma manifestação perto do mercado — jovens e meninos atiravam pedras nos soldados israelenses. No trajeto para comprar alimentos, Kader foi alcançado pela manifestação. Pegou uma pedra e atirou, atingindo o capacete do capitão. Imediatamente, vários soldados saíram em sua perseguição. Kader desceu rápido uma das ruas secundárias, escolheu uma casa qualquer e escondeu-se debaixo de uma cama — não havia outro lugar.

Os soldados não tiveram problemas para encontrá-lo. Rami podia imaginar o horror do momento quando começaram a espancar seu irmão com porretes.

— Parem! — disse um dos comandantes, e entregou-lhes um grande saco vazio. — Coloquem isso nele para que o sangue não respingue em nós.

E então o espancamento continuou.

Rami ouvira dizer que o primeiro ministro de Israel, Yitzhak Rabin, dissera aos soldados que "quebrassem os ossos" de todos os jovens palestinos em quem batessem. *Quantos de seus ossos eles quebraram?*, ele queria perguntar ao irmão.

Enquanto o espancavam, os soldados quiseram saber sua religião. Quando ele respondeu: "cristão", arrastaram-no para fora até um jipe e o amarraram disposto como uma cruz no capô, depois desfilaram com ele pelas ruas de Gaza. Quando finalmente chegaram ao quartel militar, ele foi jogado no chão de concreto.

— Ele precisa de atendimento médico — disse alguém. Mas nenhum médico teve permissão para cuidar dele. O adolescente morreu ali no chão.[2]

— Trevas tomaram conta de meu coração — disse Rami a respeito daquele incidente.

Em alguns meses sua mãe ficou doente e morreu. Depois outro irmão começou a atacar os soldados com coquetéis molotov. Foi detido e passou cinco anos e meio na prisão.

— Eu tinha uma enorme raiva dentro de mim. Precisava de alguém maior do que eu para me ajudar a conter aquele tipo de raiva. Ninguém se importava comigo naquela época. Tornei-me solitário. Meu pai ficou muito fraco. Eu tinha de ficar com ele, alimentá-lo, cuidar dele. Mas sentia muita raiva porque meu pai não estava comigo para me encorajar e porque eu não estava com meus amigos.

Rami decidiu que encontraria uma forma de se vingar dos que haviam matado seu irmão e eram responsáveis, em seu modo de ver, pela morte de sua mãe. Estava concluindo os estudos secundários quando seu pai morreu. Não compareceu aos exames obrigatórios exigidos para ingresso na faculdade. Começou a beber.

— Nasci para um estilo de vida mundano proveniente de um útero de tristeza — disse ele.

Que declaração profunda!, eu pensei.

Rami sabia que precisava de ajuda e deu os primeiros passos quando um padre católico o incentivou a estudar e retomar os exames, depois o ajudou a aprender secretariado e conseguiu um emprego para ele no Ministério de Antiguidades.

— Eu sabia que você não era muçulmano, mas alguma vez você se juntou a grupos como o Hamas ou a Jihad Islâmica? — Al perguntou.

— Eu queria matar judeus. Pensava em me tornar muçulmano.

— O que o impediu?

— Eu não sabia nada a respeito da minha religião [cristã].

Admitiu que havia um imenso vazio espiritual em sua vida. No verão de 2001 foi a uma conferência chamada Summerland, "só porque estava entediado". O evento foi patrocinado pela Igreja Batista de Gaza.

— Fui todos os dias. No terceiro dia, o Senhor falou comigo por intermédio do Espírito Santo. Foi quando aceitei o Senhor Jesus e minha vida mudou.

— Por favor, fale-nos da mudança em sua vida — instigou Al.

Apesar de ter aceitado o Senhor, ainda havia um pouco daquelas trevas em meu coração em relação aos judeus. Havia batalhas interiores. Comecei a estudar a Palavra de Deus e a ir à igreja. Aos poucos minha vida começou a mudar. Então li na Bíblia: "Amem seus inimigos. Orem por eles e abençoem os que perseguem vocês". Fiquei irritado e fechei o livro. Aquilo era muito forte, muito difícil.

Foi quando ele conheceu Abu Yahya, gerente da Livraria do Mestre, que trabalhava em contato muito estreito com o pastor Hanna e era membro da Igreja Batista de Gaza.

— Ele foi um dos que me ajudaram a crescer em meu relacionamento com o Senhor e me ensinou a amar as pessoas. Ele me disse: "Você tem de orar". Orei longas noites para poder aceitar os judeus. Um dia (menos de um ano atrás) quis ir visitar minha irmã em Jerusalém. Tinha de conseguir permissão do governo israelense. Eu fui. Estava preocupado, muito tenso. Mas estava orando. Então vi os soldados com suas grandes armas. Vi o rosto do primeiro soldado e houve luz. Eu sabia que o amava. Ele me revistou com rispidez. Mas eu estava feliz. Havia paz em meu coração. Fizeram-me sentar numa cadeira. Com rispidez. Eu olhava para todos eles e queria dizer-lhes que queria beijá-los, a todos eles.

Al sorriu.

— No estilo árabe, no rosto! — disse ele. Rami sorriu e assentiu.

Aquele era o poder do evangelho. Aquela era a esperança para o Oriente Médio. O coração de um homem, cheio de ódio, fora substituído por um novo coração, cheio do amor de Deus.

— Daqui, para onde você vai? Deus mostrou o que deve fazer com sua vida?

— Quero ser um homem de Deus. Estou batendo a portas. Talvez pastor — não, ministro, não pastor. Quero ser um grande cristão. O Senhor quer me modelar para que eu possa pregar a Palavra de Deus ao mundo, aos muçulmanos, judeus, cristãos.

— O seu testemunho é um retrato do que acredito ser a única solução para esta área — disse eu a Rami. — Um retrato do que Deus pode fazer, mas cada indivíduo precisa permitir que ele o faça.

Mais tarde, depois que Rami se foi, Al e eu refletimos novamente em como a luz quase se extinguira na igreja batista alguns anos antes. Agora, com a campanha evangelística e jovens convertidos como Rami, havia esperança de que a luz brilhasse mais. Então haveria menos trevas, menos desespero e menos violência.

~

Qual seria a verdade a respeito de Gaza? Ao ouvir líderes de grupos terroristas e porta-vozes israelenses, a impressão que se tinha era de que nenhum deles jamais ouvira de fato o outro lado. O que de concreto sabíamos era que pessoas estavam morrendo todos os dias em conseqüência dos combates — 13 só nos quatro dias em que estivemos em Gaza.

O sol havia se posto, deixando apenas uma estreita faixa laranja no ocidente. No alto, acima de nós, podíamos ouvir o ganido dos F-16s. Depois eles voaram para o sul e ouvimos várias explosões, iguais às que ouvimos em nosso primeiro dia em Gaza, só que mais distantes. Aquele era o quarto ataque em cinco dias. Al parecia agitado. Tentei assegurar-lhe de que aquilo não era nada em vista do que eu havia experimentado em Beirute, mas para ele aquilo não era consolo.

Cerca de 20 minutos depois ouvimos sirenes. Dois carros chegaram em alta velocidade ao complexo do Hospital Al Ahli, bem ao nosso lado, parando à porta da sala de emergência. Em seguida chegou uma ambulância. Estava escuro e difícil de enxergar. Ao que tudo indicava, uma criança com as pernas esfaceladas estava sendo levada para a sala de emergência. Outro homem mais velho entrava mancando no prédio, apoiado em algum companheiro. Não podíamos distinguir quem era o terceiro paciente que entrou numa maca, mas podíamos ver um homem — talvez marido ou pai da paciente — muito agitado. Chutava o carro que o trouxera e gritava. Logo formou-se uma multidão e vozes estrondosas reverberaram no complexo.

Mais carros chegaram e outra ambulância, todos trazendo pacientes feridos. Então alguém saiu e falou ao homem agitado. Tudo se aquietou por um momento. Então um grito de agonia irrompeu do homem. Ele correu para dentro do pátio, emitindo uivos de uma angústia tal que nossas almas estremeceram. Uma maca surgiu carregando um corpo coberto por um lencol. A ambulância recebeu o corpo e saiu, para o necrotério, presumimos.

Ficamos pensando se no dia seguinte aquele homem estaria usando um terno com uma flor na lapela, convidando-nos para ser muçulmanos.

~

Enquanto fazíamos as malas na manhã seguinte, preparando-nos para sair de Gaza, um asno começou a zurrar no lado de fora. Al deu uma olhada pela janela e o viu no meio da rua, recusando-se a andar, bloqueando o trânsito e zurrando. Que simbólico! Tudo em Gaza, até os asnos, pareciam estar chorando.

Na noite anterior, tínhamos ouvido o horripilante grito de angústia de um homem que perdera um ente querido. Seu grito era igual ao de milhares de palestinos e israelenses. Milhares haviam morrido naquela intifada e para cada um, mães e pais, irmãos e irmãs, maridos e esposas tinham chorado. Qual o propósito de tanto sofrimento? Um pedaço de terra? Aquilo era tudo? Não, era por muito mais. Era por dignidade, justiça, ambição, resistência, direitos humanos e religião.

O salmo 88 parecia uma oração adequada para aquela manhã: "Ó Senhor [...] a ti clamo dia e noite. Que a minha oração chegue diante de ti; inclina os teus ouvidos ao meu clamor". Certamente aquele era o clamor de milhares ali. "Puseste-me na cova mais profunda, na escuridão das profundezas. Tua ira pesa sobre mim". Devia ser o que sentiam naquele momento, tanto palestinos como judeus.

Dentro de poucos dias os cristãos celebrariam o Natal. Lembrei de outro versículo sempre lido nos cultos de Natal: "A luz brilha nas trevas, e as trevas não a derrotaram" (Jo 1.5). Deus fará sua luz brilhar por intermédio de seu povo e as trevas não a derrotarão. Estávamos tentando fazer a nossa pequena parte, fazer a luz brilhar para o Hamas e a Jihad Islâmica. A Igreja Batista de Gaza estava fazendo sua parte, alimentando a luz ao visitar famílias muçulmanas destituídas em campos de refugiados e realizando campanhas evangelísticas. A livraria cristã da cidade de Gaza estava fazendo sua parte – muitos entraram e viam a luz. O Hospital Al Ahli, administrado pela Igreja Anglicana, estava fazendo brilhar a luz para milhares de doentes e feridos.

A luz, apesar de fraca, brilhava em Gaza, mas as trevas tentavam derrotá-la. Será que não se davam conta de que aquela luz era sua única esperança?

CAPÍTULO

TRINTA E SEIS

ENTRANDO ÀS ESCONDIDAS EM BELÉM

Belém, dezembro de 2002

Al e eu queríamos muito visitar nossos amigos da Faculdade Teológica de Belém, mas a cidade estava sob toque de recolher. Se fôssemos pela única entrada oficial, os soldados nos fariam voltar.

— Existe um jeito de entrar — disse Bishara pelo telefone. Ele me explicou como instruir o motorista, que nos pegaria fora de Gaza. Indicou-me um local nos arredores de Beit Jala. — Ligue-me pelo telefone celular de Al um pouco antes de vocês chegarem e vou pegá-los com nossa *van*.

Mais tarde naquele dia, entramos pelo túnel que contorna Jerusalém, pegamos a primeira saída e dobramos de volta para a estrada que leva à Escola Esperança, bem na parte externa da fronteira de Beit Jala. Um enorme monte de terra e pedras bloqueava a estrada que conduzia à cidade velha. No alto daquele monte de entulho vários motoristas de táxi, corajosos o suficiente para desafiar as autoridades militares, competiam vigorosamente por corridas. Vários deles se apressaram morro abaixo para nos ajudarem com as malas.

— Tem alguém nos esperando — disse eu quando um dos homens tentou puxar uma valise de minha mão. Eu podia ver uma bandeira branca feita à mão com uma cruz preta, num mastro colocado na *van* estacionada no outro lado da pilha de terra e pedras. Outros dois homens agarraram várias das nossas malas e começaram a arrastá-las pelo monte de terra. Depois pediram uma gorjeta — cinco dólares, um dólar, pelo menos. Suplicavam — estavam com fome; tinham filhos para alimentar; era o único jeito de ganharem dinheiro. Depois de carregar a *van* com as malas, fomos bloqueados por vários táxis. Al havia dado cinco dólares americanos a um deles por ter carregado suas duas malas. O motorista agradecido dirigiu o trânsito para garantir que nos livrássemos do congestionamento de táxis antes do pôr do sol.

A um quarteirão de distância as ruas estavam vazias. Era como se estivéssemos andando por uma cidade fantasma. Cinco minutos depois, optando pelas ruas e passagens secundárias para evitar a estrada principal Jerusalém-Hebrom, arrastávamos nossas malas escada acima para os quartos de visitas da faculdade, no quarto andar.

Fora, o vento uivava. De minha janela eu podia ver as árvores balançarem e roupas que pareciam poder arrancar os varais de várias casas atrás da escola. Duas crianças brincavam num pátio que não podia ser visto das estradas principais. Não havia outros sinais de vida. Para completar o quadro de abandono só faltavam folhas mortas varridas pelo vento. Aquela cena deu novo significado ao conhecido cântico de Natal: "Pequena vila de Belém, repousa em teu dormir".

A faculdade estava deserta. Doris nos recebeu e começou a esquentar a chaleira para fazer chá. Bishara juntou-se a nós. Lá estava outro casal de voluntários que chegara dos Estados Unidos e estava morando num apartamento no porão. Com Al e eu, a população total da escola agora chegava a sete.

~

Após uma refeição leve, fomos ao escritório de Bishara, no prédio da administração. A estrada principal em frente à faculdade estava escura como breu. A energia elétrica de todos os semáforos e da iluminação pública fora cortada meses antes. À luz do dia, víamos o estrago que os tanques tinham causado. O toldo de metal da frente de uma loja do outro lado da rua estava caindo aos pedaços. Vários postes de luz estavam tombados. As marcas dos tanques estavam impressas nas ruas e calçadas. Sem nenhum carro nas ruas, a cidade transmitia uma sensação agourenta.

Em frente à mesa de Bishara há dois sofás onde – quando a escola está aberta – as pessoas da faculdade e da comunidade sempre param para tomar um cafezinho e conversar.

– Passamos muitas noites como esta – disse Bishara enquanto preparava o café. – É muito quieto e triste passar por todas as salas às escuras e sem uso. Estamos nos atrasando cada vez mais em nossos estudos. Se perdermos muitas semanas mais, não vamos poder realizar a cerimônia de formatura neste ano escolar.

– Como as pessoas estão lidando com o toque de recolher? – perguntou Al.

– Muitos não suportam mais. Simplesmente arrumam as malas e vão embora, vendem tudo e vão para a América do Norte, América do Sul, Austrália – para qualquer lugar onde tenham parentes. É fácil sair, se você pensa em ir para sempre. Mas se os cristãos continuarem saindo... O problema é que a igreja está morrendo. É aí que ela está realmente sofrendo, porque perde membros o tempo todo. Estão buscando um futuro melhor para seus filhos. Atualmente, sob o toque de recolher, todas as crianças estão impedidas de ir à escola.

– Até que ponto seus alunos foram afetados pela ocupação?

– Um deles, Michel, escapou por pouco de ser atingido por um míssil. Foi atender ao telefone segundos antes do míssil atingir o local onde ele estivera. A família correu para fora e outro míssil atingiu a casa deles, destruindo-a. Nada além disso aconteceu aos nossos alunos.

– Mas isso já é demais! – observei.

A faculdade colocara a Sociedade do Pastor a postos para dar ajuda a famílias locais que precisavam de alimentos e cuidados médicos.

– Sempre que o toque de recolher é suspenso, pessoas aparecem aqui à procura de ajuda – disse Bishara. – Damos o que podemos. Para os que precisam de ajuda imediata, tenho pacotes de alimentos e cupons que podem ser trocados por comida em três lojas diferentes. Valem 200 shekels e lhes permitem conseguir comida suficiente para duas ou três semanas. No mês passado nós ajudamos 170 famílias dessa forma. Para uma ajuda contínua, usamos a Sociedade do Pastor.

O projeto Compaixão Já, da Portas Abertas, dava um pouco do dinheiro para aquela ajuda.

Bishara contou-nos a respeito de George, pai de sete filhos. A família vivia num apartamento de um só quarto, perto da Igreja da Natividade, onde ficou confinada durante quarenta dias seguidos durante cerco. Os soldados vasculharam o local várias vezes.

– A família pertence à Igreja Immanuel e participa de muitas atividades semanais ali. Mas tanto o marido como a esposa perderam seus empregos. Demos-lhes, por intermédio de sua igreja, cem dólares por mês, que usaram para pagar pequenas prestações de contas atrasadas e mensalidades escolares dos filhos.

Mais histórias iam surgindo. Júlia, uma viúva de 70 anos e que vivia sozinha, tinha muitas contas atrasadas e nenhum recurso para os tratamentos médicos necessários. A Sociedade do Pastor ajudou, mas o que mais significou para Júlia foi a assistente social que ficava algum tempo ouvindo-a.

– Está programado para que ela receba acompanhamento regular de visitas domiciliares para garantir que sua situação não piore.

O que muitas pessoas locais mais queriam era emprego.

– Muitas famílias têm um agudo sentimento de vergonha quando pedem ajuda de qualquer espécie – explicou Bishara. – Por exemplo, Victor e sua esposa têm três filhos pequenos. Ele estava desempregado havia quase dois anos e seu nível de desespero era muito alto. Apesar disso, manifestou genuína preferência por um emprego remunerado a receber uma doação. Está sendo recomendado para um programa de trabalho, que colocará centenas de pessoas para trabalhar em organizações na área de Belém limpando, consertando e restaurando a cidade.

Sem dúvida o programa não podia ser posto em operação até que o toque de recolher fosse suspenso.

~

O tempo estava nublado na região de Belém, ocultando os prédios de Gilo e as colinas ao nosso redor. Os minaretes de duas mesquitas pareciam tocar a parte inferior das nuvens e através das névoas vislumbravam-se suas luzes. Durante a noite, ouvíramos a chuva batendo nas venezianas. O vento ainda era forte, ameaçando trazer mais chuva ainda, mas o clima estava otimista na Faculdade Teológica de Belém, com notícias de que o toque de recolher seria suspenso por seis horas, a começar das 10 horas daquela manhã.

Havia uma atividade frenética. Charles, o voluntário americano, pegara a *van*, que levava desfraldada a bandeira cristã feita à mão, para buscar empregados em suas casas. Vários professores estavam preparando as salas de aula para aulas. O cozinheiro se aprontava na cozinha para preparar uma refeição quente para os professores e alunos. Várias pessoas da equipe de apoio respondiam a telefonemas e faziam fotocópias no prédio da administração, enquanto no porão o pessoal da Sociedade do Pastor se preparava para o inevitável influxo de pessoas à procura de ajuda.

A notícia de que a escola estava aberta espalhou-se via mensagens veiculadas no rodapé das telas de televisão pela estação local. Às 10h30, cerca de metade dos 55 alunos conseguira chegar. Com os professores, eles se encontraram numa sala no porão para ouvirem o deão da faculdade, Salim Munayer, que tinha viajado de sua casa em Jerusalém até Belém, anunciar quais classes estariam se reunindo. Antes que se despedissem, Bishara leu Romanos 8.31: "Se Deus é por nós, quem será contra nós?" Depois encorajou seus ouvintes:

— Essas palavras nos trazem grande conforto. Deus veio até nós e viveu em nosso meio. Um dos nomes de Jesus é "Deus conosco". Lembremo-nos de que ele está conosco hoje.

Lembrou os alunos a respeito de uma festa aberta, planejada para duas mil pessoas no dia 21 de dezembro em um hotel local — um evento anual que a faculdade realizava para celebrar o Natal na comunidade.

— Nada pode nos impedir de comemorar o aniversário de Jesus — disse ele. Bishara havia nos dito que eles estavam trabalhando nos preparativos para a festa, que seria dali a duas semanas, apesar de haver muita dúvida se a situação política melhoraria e se o toque de recolher seria suspenso.[1]

— Precisamos encher nossa vida de oração — disse Salim — e glorificar a Deus nesta situação.

E assim, antes do início das aulas, alunos e professores dedicaram dez minutos de oração em conjunto. Um dos professores, também pastor local, encerrou a reunião com uma apaixonada súplica em árabe. Apesar de não compreender as palavras, pude sentir os pedidos que expressavam tudo o que estávamos sentindo.

No momento em que os alunos se dirigiam para as classes, Al e eu decidimos aproveitar a oportunidade para dar uma volta sem compromisso pela cidade. Dirigimo-nos para o sul, na estrada Jerusalém-Hebrom. No cruzamento com a rua El Murida, a apenas um quarteirão da escola, havia um congestionamento de táxis e carros que tentavam virar ou atravessar o cruzamento. Com as luzes do semáforo pendendo inutilmente sobre sua cabeça, um guarda de trânsito voluntário tentava orientar os carros enquanto uma mulher muçulmana, coberta com um *jilbab* preto, observava, entretida.

Era óbvio por que o semáforo não funcionava. Havia uma grande caixa elétrica na cerca de aço forjado em frente ao prédio onde ficava o Patriarcado Latino. A caixa estava carbonizada. Na esquina estava estacionado o que restara de um carro incendiado. Enredamo-nos pelo trânsito e continuamos descendo a estrada para vermos os restos do gabinete da administração local da Autoridade Palestina. Era impossível dizer a altura original do prédio — seus andares estavam esmagados uns sobre os outros. Oito meses antes, F-16s o haviam destruído. Rabiscadas na parede cinza da frente do complexo estavam estas palavras em inglês: "A Ocupação Mata".

Descemos pela rua Al-Mukata'ah e andamos pelas estreitas passagens onde cerca da metade das lojas estavam abertas. Para a maioria, as compras se restringiam a alimentos e outros itens indispensáveis. As ruas estavam apinhadas de homens e mulheres apressando-se para aproveitar ao máximo as seis horas de liberdade. Ninguém sabia quando os residentes seriam novamente soltos de suas prisões domiciliares. Nas últimas três semanas, disse Bishara, o toque de recolher tinha sido suspenso, em média, apenas uma vez em cada quatro dias.

A Loja de Presentes de Johnny, pegada ao hotel Alexander, era a única aberta entre várias da rua da Manjedoura, por isso Al decidiu fazer algumas compras de Natal, escolhendo para a família e amigos algumas lembranças feitas de oliveira. Pelo fato de Al ter conhecido Johnny em sua visita anterior, perguntou-lhe como iam as vendas. Johnny acabou nos servindo chá com um galho de menta por ele plantada em seu quintal. Ele nos disse que estava ansioso para ir embora e levar o filho, que estava sentado num canto lendo, para a América.

– Comprei o hotel e esta loja porque o negócio ia melhorar antes do ano 2000. Ampliei o hotel construindo mais quarenta quartos. Agora ele está fechado. Ninguém quer vir a Belém.

Al comprou vários enfeites e uma caixa de madrepérola e madeira marchetada para a esposa. Ao devolver o troco, Johnny nos agradeceu, dizendo que aquela era sua primeira venda em 17 dias.

Começou a chover novamente quando voltávamos às pressas à faculdade para nos juntar aos alunos e professores para o lanche. Durante a refeição simples, mas cordial, conversamos com vários alunos. Louiza, uma estudante quarto-anista que falava excelente inglês, vivia na parte velha de Jerusalém. Naquela manhã ela fora barrada no posto de fiscalização de entrada em Belém, apesar de o toque de recolher estar suspenso.

– É apenas para eles [os residentes em Belém] e não para você – explicou o soldado de forma grosseira. E assim ela teve de escalar o muro de pedra do complexo católico de Tantour e caminhar por um terreno lamacento para chegar à escola.

– Este é o meu último ano – explicou. – Quero concluir o curso e obter meu diploma.

Com ela estavam dois jovens, e ela traduziu para nós o que eles diziam. Walid estava no quarto ano. Morava com quatro irmãos e três irmãs em Beit Sahour.

— Espero trabalhar com os jovens em minha igreja — disse ele quando lhe perguntamos quais seus planos depois de formado. — Por enquanto quero estudar a Palavra de Deus para poder ensinar a Bíblia.

Fahdi nos disse que acreditava que as provações que ele e todos os moradores de Belém estavam passando eram como fogo que os purificava e acabaria produzindo o bem.

— O nosso sofrimento é disciplina de Deus, porque nós o deixamos e seguimos nosso próprio caminho.

— Em que a ocupação militar afetou você e sua família? — perguntou Al.

— Os soldados chegaram e revistaram nossa casa à procura de armas — relatou o rapaz. — Eles me perguntaram: "Você tem alguma arma?" Eu disse: "Sim, eu tenho a Bíblia, Jesus Cristo e o poder do Espírito Santo". Não gostaram da minha resposta. Um soldado jogou minha Bíblia, como se fosse lixo. Mas depois foram embora. Outro soldado bateu o nosso carro contra o carro de meu primo.

— O que você irá fazer quando se formar?

— Espero que Deus me use para levar meu povo tão perto de Cristo quanto ele me levou.

Às 13 horas os alunos subiram as escadas para mais aulas. Mas logo depois um jipe do exército israelense, com uma luz laranja e agourenta girando na capota, passou vagarosamente, anunciando pelos alto-falantes:

— O toque de recolher está vigorando.

— Pensei que estivesse suspenso até 16 horas — disse Al.

Bishara encolheu os ombros. A vida era assim mesmo. As aulas terminaram imediatamente e alunos e professores se apressaram em voltar para suas casas. Às 14h15 da tarde as ruas estavam vazias.

Uma chuva pesada caía sobre Belém e batia contra o prédio da escola vazia. Teria sido deprimente se não tivéssemos nos lembrado das palavras dos estudantes. Comentamos a respeito da atitude de Fahdi. Ele dissera que estava armado com a Bíblia e com o poder do Espírito Santo. Havia esperança para a Cisjordânia enquanto estudantes cristãos fossem corajosos e estivessem preparados para resistir e proclamar sua esperança em Cristo.

CAPÍTULO

TRINTA E SETE

UM JOGO PERIGOSO

Belém, dezembro de 2002

– Você precisa conhecer Nawal – disse Bishara. Al e eu estávamos conversando com ele no escritório a respeito do impacto produzido por alguns graduados pela Faculdade Teológica de Belém. Entre outros, conhecêramos homens como Hanna Massad, pastor da Igreja Batista de Gaza e Jack Sara, pastor da Igreja Aliança de Jerusalém, mas queríamos ver outros tipos de ministério, particularmente entre as mulheres.

Por isso, durante outra suspensão do toque de recolher, Al foi a Beit Sohour, à casa de Nawal Qumsieh e seu marido. Eles moravam no segundo andar de um prédio de dois andares. Ele estava sentado numa espaçosa sala de estar que dava acesso a uma sala de jantar enquanto Nawal falava da época que freqüentara a Faculdade Teológica de Belém e de como, durante dez anos, tentara, com pouco sucesso, evangelizar os que a rodeavam. Entretanto, após a milagrosa cura e nascimento de Jacó, o telefone de Nawal começou a tocar constantemente. Entusiasmada, ela explicava como as pessoas faziam seus pedidos:

– Você poderia orar por meu filho? Por favor, ore por minha filha. Ore por meu marido. Eu estava surpresa; milagres aconteciam. Deus os fazia! Por isso agora, durante a insurreição, recebo muitos telefonemas.

– Fale-me sobre eles – disse Al.

– Uma mãe telefonou de Beit Jala. Estavam bombardeando perto de sua casa e sua filha estava tendo um colapso nervoso e chorava de medo. Fiz com que ela colocasse a menina ao telefone e orei com ela. Pedi-lhe que orasse para que Jesus protegesse a ela e à sua família. Na manhã seguinte, a menina me ligou e disse:

— Vi Jesus na noite passada. Eu estava com medo, mas ele chegou ao meu lado e disse: "Não fique mais com medo porque estou protegendo você. Estou tomando conta de você e sua família". O medo acabou!

Em seguida, ela começou a animar as outras meninas e meninos e a falar-lhes que Jesus está tomando conta de Beit Jala. Muitos, muitos milagres como esse estão acontecendo.

Pelo fato de Nawal ter insistido que as mulheres falassem a seus maridos antes de se encontrar com elas algumas portas foram-lhe fechadas. Porém muitas outras foram abertas. Nawal deu um exemplo:

— Certo marido era ateu. Sua esposa queria que eu orasse por ela a respeito de um problema e ele disse: "Não me importo que você tente", e foi trabalhar. Fui à casa dela e abrimos a Palavra de Deus e comecei a ler para ela. De repente, o marido voltou. Ela ficou surpresa — disse que o marido nunca voltava quando saía para o trabalho. Ele queria ouvir o que eu estava dizendo. Sentou-se na sala ao lado e ouviu a nossa conversa. Ele tinha mais fome espiritual do que a esposa.

A principal necessidade daquelas pessoas era uma questão universal.

— Eles precisam de amor! Fui orar por uma mulher que tinha graves dores de cabeça. Depois de orarmos, ela perguntou:

— Deus mostrou a você algo a meu respeito?

— Sim — respondi. — Ele me mostrou o quanto ele a ama. — Ela rompeu em lágrimas.

— Deus me ama? — perguntou ela. — Por quê? Ninguém me ama. — É o que muitas pessoas aqui acreditam — que ninguém as ama. Que ninguém as quer.

— Jesus ministrou a pessoas por intermédio de suas necessidades. Foi em busca de pessoas doentes e não das saudáveis — doentes no espírito, doentes emocionalmente. Na maior parte, é o que temos aqui em Beit Sahour. Temos pessoas tristes. Muitas não acreditam que Deus as ama. Pensam que Deus ama o povo judeu, mas que não ama o povo árabe, que não são o povo escolhido e que, por isso, não merecem o amor de Deus. Todo o povo árabe pensa dessa forma, especialmente os muçulmanos.

— Como você lida com isso?

— Leio a Bíblia para elas, os versículos a respeito de quanto Deus ama o mundo. Explico a obra da cruz, de como ele ama a você e a mim, tanto que foi à cruz – por todos, mesmo os criminosos. Assim, todos são amados por Deus, mas compete a você aceitar ou não seu amor. A maioria das pessoas com quem falei aceita o amor de Deus, porque é isso que procuram, é disso que precisam. Algumas me perguntaram por que eu não lhes falo a respeito de julgamento. Essas pessoas já sabem sobre o julgamento. Já estão no inferno vivendo esta situação. O que precisam entender é o amor de Deus. Uma pessoa disse-me que nunca ouvira falar da palavra *amor*, que sabia apenas a respeito do amor sexual. Todos desejam saber que Jesus os ama, mesmo na condição em que estão, em seu estado e circunstâncias.

E o que Nawal faz depois que as pessoas respondem ao amor de Cristo?

– Eu lhes dou Bíblias e costumamos ter reuniões nas redondezas.

Devido ao toque de recolher, essas reuniões não eram então freqüentes. Quando o toque de recolher for suspenso, Nawal não fará a típica reunião ao estilo ocidental, onde se faz um convite geral para um estudo bíblico.

– Se ministro a uma mulher em sua casa, ela não quer que ninguém de fora saiba o que está acontecendo. Não quero forçá-la a vir a reuniões e compartilhar isso com outras mulheres, por isso lhe digo: "Voltarei na próxima quarta-feira, certo?" E ela fica livre para convidar outras mulheres – vizinhas, tias, primas, qualquer pessoa que precise de ajuda. Às vezes vêm duas ou três pessoas, às vezes seis, dez ou 12. Ministro a todas que vierem.

Durante o toque de recolher, quando Nawal não podia se reunir com as mulheres da vizinhança, ela passava muito de seu tempo em oração.

– Estou orando por uma melhora financeira para o povo – explicou ela. – Esta área costumava viver do turismo, mas há dois anos não existe nada. A maioria dos homens não tem trabalho. [O marido dela estava sem trabalho há dois anos.] Por um lado isso é bom para que olhemos para Deus. Mas é muito difícil – se você vê seu filho com fome e não pode dar-lhe de comer, sente-se mal. Meu marido e eu temos a oportunidade de ir para a América e viver com nossos filhos e ter uma vida confortável. Mas fico aqui só pelo trabalho de Deus. Deus me quer aqui.

A fé daquela mulher, expressa na forma de uma total dependência em relação à liderança do Espírito Santo, estava permitindo que o amor de Deus se espalhasse por sua comunidade. Queríamos saber se ela tinha algo a dizer para a igreja do Ocidente.

– Tenho dito a Deus: "Essas pessoas de fora têm de ouvir o nosso clamor". Estamos clamando porque nos sentimos sozinhos. Porque somos um povo árabe e sentimos que não somos bem-vindos em nenhum lugar. Mas o povo israelense, ah, eles são bem-vindos. Sentimos que somos totalmente rejeitados, mesmo os cristãos. É como se não fôssemos seres humanos.

Nawal expressou uma justificada tristeza diante do fato de que parte do corpo está sendo ignorada.

— Digamos que somos o dedo daquele corpo. Estamos feridos. Por que o corpo não ajuda? Eles não fazem nada, nem sequer dizem: "Amamos vocês". Tantas vezes clamo a Jesus do fundo do meu coração. As mulheres me dizem que precisam de ajuda em remédio ou alimentos e tudo o que posso dizer é que orem a Jesus, e que vou orar com elas e que Jesus as ama. Esse é o trabalho da igreja, do corpo de Cristo. Acredito de todo coração que Jesus ama o povo palestino. Jesus sofre por eles. Jesus chora por eles e quer ajudá-los. Mas não o pode fazer sem a igreja — ela é suas mãos, suas pernas, seus olhos.

Depois, quando Al me contou sua visita a Nawal, eu lhe disse o quanto estava triste em ouvir aquelas palavras. Concordamos que Nawal tinha razão, que Deus ama sua igreja, *cada* parte do seu corpo, esteja ele no Ocidente ou no Oriente Médio, seja ele palestino ou judeu. Nawal estava fazendo exatamente o que a igreja precisava fazer na região, mas ela era apenas uma pessoa. Precisávamos de milhares de outras Nawals. Talvez então houvesse esperança para a paz. Mas se o resto do corpo não ajudasse, como isso poderia acontecer?

~

Rizek Sleibi parecia estressado, e isso era compreensível porque o toque de recolher fora dado dez minutos antes e ele estava preocupado em chegar à casa a salvo, temendo a possibilidade de encontrar uma patrulha. Era psicólogo e dirigia o centro Al-Aman da Faculdade Teológica de Belém — um centro de aconselhamento que a escola ajudara a estabelecer para prestar assistência a famílias palestinas traumatizadas pelo conflito.

Estávamos discutindo com ele a saúde emocional das crianças de Belém, motivo de particular preocupação entre os líderes da comunidade. Al e eu havíamos conversado rapidamente com Salomão Nour, diretor da Escola Esperança desde 1992, a respeito de como as crianças estavam reagindo lá:

— Estamos tendo grandes problemas de comportamento — admitiu ele. — Tenho tido de pedir aos professores que tenham mais paciência com os alunos e compreendam que eles estão sofrendo em conseqüência do terrível trauma emocional.

O dr. Sleibi concordou com Salomão.

– As circunstâncias em Belém têm pressionado a vida normal das crianças e estudantes e deixado a todos com pouco ou nenhum senso de segurança pessoal – explicou, acrescentando que estão manifestando sintomas clássicos de distúrbio de estresse pós-traumático. Falando em termos clínicos, acrescentou:

– O agente causador do estresse envolve ameaça à vida, medo intenso, desamparo e depressão.

Ele me entregou um trabalho que havia escrito sobre traumas infantis e saiu apressado.

Sentamo-nos no duro banco de madeira do saguão do prédio da administração e lemos a avaliação dele. As crianças da escola primária estavam perdendo o controle do intestino e da bexiga, choravam com freqüência e chupavam o dedo. Estavam sempre reencenando os acontecimentos traumáticos que haviam testemunhado ou experimentado. As crianças mais velhas se queixavam de dores de cabeça e de problemas de visão e audição. Brigavam com os colegas ou se isolavam deles e tinham distúrbios do sono.

– Relatório bastante sensato, não é? – Bishara saiu do escritório e nos viu lendo o documento do dr. Sleibi. – Estamos testemunhando o desenvolvimento anormal de toda uma geração de crianças.

Sentindo um arrepio, observei:

– Elas serão a próxima geração de homens-bomba. O que poderíamos fazer para reverter essa tendência?

– Foi por isso que desenvolvemos este programa de seminários de treinamento de psicólogos, assistentes sociais e professores. E estamos fazendo alguns outros programas.

Por exemplo, haviam iniciado a Operação Bênção, que trazia médicos do Ocidente durante alguns dias para realizar operações; distribuíam caixas de sapatos da Bolsa do Samaritano, apesar de a remessa mais recente ter ficado retida no porto de Tel Aviv; os alunos da Faculdade Teológica de Belém realizavam um curso bíblico de férias, às vezes com a ajuda de voluntários de uma igreja da Califórnia.

– Mas isso não basta – admitiu Bishara, balançando a cabeça.

Eu sabia que a Sociedade Bíblica Palestina, sob a liderança de Labib Madanat, tinha um projeto chamado Operação Criança Palestina, que havia iniciado programas inspiradores em mais de 50 comunidades para cerca de 15 mil crianças – muçulmanas e cristãs. No programa havia um teatro de fantoches, canto coral e um palhaço que fazia truques de mágica. No final do programa, cada criança recebia doces. Durante uma hora as crianças podiam esquecer de suas difíceis circunstâncias, mas durante o processo tinham um vislumbre do amor de Cristo.

Havia um número cem vezes maior de crianças que não podiam desfrutar sequer daquele programa de uma hora. Aqueles meninos haviam aprendido a cantar a conhecida citação de Yasser Arafat: "Vamos chegar a Jerusalém mesmo que sejam necessários milhões de mártires". Mas alguns deles estavam enxergando uma alternativa. Labib mostrou-me um relatório no qual um obreiro dizia: "Os meninos são literalmente como esponjas secas. O que vier pode preenchê-las. Se não fizermos nada, o diabo o fará".

Sob as nuvens negras que ameaçavam com mais chuva, as crianças saíram de casa para fazer uma brincadeira perigosa. Nos dois extremos da rua em frente à Faculdade Teológica de Belém, bandos de crianças rolaram barris de lixo e juntaram outros entulhos para construir uma frágil barricada contra os jipes e tanques que inevitavelmente desceriam a rua. Bishara, que observava conosco, explicou que o exército tinha de tomar cuidado quando se aproximava daquelas barreiras. Talvez houvesse uma bomba escondida em um dos tubos ou barris. Por isso, os veículos do exército tinham de parar para investigar e, em alguns casos, chamar reforços para remover materiais potencialmente letais. Claro, naquele dia eles encontrariam somente barris vazios. Que embaraçoso! Os meninos ririam em seus esconderijos, satisfeitos por terem — pelo menos em sua imaginação — "derrotado" o exército israelense.

Naquela tarde nenhum soldado interrompeu a brincadeira deles. Os meninos acenderam uma pequena fogueira no cruzamento que conduzia para o sul e continuaram espiando a rua na direção do abrigo do túmulo de Raquel, prontos para fugir e se esconder nas vielas estreitas do seu campo de refugiados, se os soldados viessem à procura deles. Eu podia imaginar o tédio e a raiva deles. Passavam a maior parte do tempo engaiolados em apartamentos sem poder liberar sua frustração. Que esperança alguém podia lhes oferecer? *Senhor, deve haver uma resposta.*

CAPÍTULO

TRINTA E OITO

UM MODELO A SER SEGUIDO

Petach Tikva, Israel, dezembro de 2002

Eu não parava de pensar naquelas crianças. Qual seria o sonho delas? Era uma pergunta terrivelmente perturbadora, mas havia pessoas que nos animavam a ver outro quadro.

Karen Alan, uma jovem recém-casada, testemunhara um horrível ataque suicida triplo em 1997, época em que trabalhava para a escola Rei dos Reis. Atualmente, estava empregada no escritório do Musalaha, sendo responsável por ajudar a coordenar encontros no deserto, conferências, retiros e outros eventos que reuniam cristãos palestinos e judeus messiânicos em Jesus.

A possibilidade de um ataque nunca se afastava do pensamento dos israelenses.

– Recentemente me vi outra vez a apenas um minuto de distância do bombardeio de um ônibus e ia exatamente naquela direção. E o meu marido esteve muito perto de um carro-bomba e de um atirador.

– Como você continua trabalhando com essa ameaça de violência por todo lado? – perguntou Al.

– Esse tipo de tragédia é muito comum por aqui, e é possível encontrar muitas pessoas traumatizadas pelo simples fato de "ouvirem falar de bomba". Desde que conheci irmãos e irmãs nos dois lados que sofreram e continuam sofrendo em situações de formas ainda piores do que minha própria experiência, consigo ver algum sofrimento além do meu. Muitas pessoas estão de tal forma envolvidas em seu próprio sofrimento que pensam serem as mais injustiçadas. Desse modo ficamos presos. Fui chamada para ser um construtora de pontes e sei que minha identidade é, acima de tudo, a de uma cidadã do céu.

— Portanto o Musalaha é o lugar perfeito para você trabalhar!

— O que o Musalaha faz é essencial. Existe grande separação e segregação entre os cristãos de Israel e os das áreas palestinas. Há muita incompreensão e atrito entre os líderes de ambas as comunidades de cristãos devido à interação pessoal tão pequena e, claro, devido a teologias opostas. Se conseguíssemos juntar os dois lados, este seria, de fato, o melhor testemunho para Cristo que alguém poderia dar aqui.

De todos os ministérios em Israel, o que mais me atraía era aquele Parecia o mais ambicioso e também o mais arriscado. Não foi um projeto promovido por missionários estrangeiros, mas sim uma idéia que nasceu da comunidade cristã local. Naquele ministério não se falava apenas de problemas entre palestinos e judeus, mas havia um esforço de juntar os dois lados e dar meios para a reconciliação deles. As histórias eram dramáticas. Quem não seria tocado pela experiência de homens como Yitzhak e Wa'el, que transpuseram as lacunas da língua e da cultura num encontro no deserto?

Contudo, aquilo parecia idealista demais. Mesmo entre os cristãos, havia realidades desafiadoras que os dividiam. Eu tinha consciência de que havia cristãos de ambos os lados que não se dispunham a ter contato com irmãos ou irmãs do outro lado, que talvez até questionassem a validade de sua fé. Se os cristãos não podiam vivenciar a união, que esperança havia para a forte divisão entre muçulmanos e judeus?

Na tentativa de obter uma resposta àquela questão, Salim Munayer nos convidou para um rústico acampamento com cerca de 20 famílias. Eu estava curioso para saber o que acontecera desde que pastores e presbíteros de ambos os lados tinham se reunido na Holanda, oito meses antes.

— Nós nos reunimos uma vez desde abril — Salim nos dissera.

Aquela noite seria a segunda reunião.

— Essas reuniões de acompanhamento são muito importantes. Deve-se trabalhar de fato nisso, porque se não for feito, as pessoas voltam à antiga forma de pensar.

Muito do que aconteceu na Holanda foi a portas fechadas.

— No segundo dia, concordamos que precisávamos nos arrepender — disse Salim. — Todos participaram, arrependendo-se do ódio, do rancor, da contaminação do coração. Todos choraram. Foi um momento de grande purificação.

O acampamento em Petach Tikva, perto de Tel Aviv, era um tanto rústico, exceto pelas dependências de esportes. A área mais importante era um complexo de quatro quadras de basquete, o único ponto de encontro de esportes de Israel, com completo padrão de iluminação. De alguma maneira era difícil imaginar o passatempo nacional da América sendo praticado na Terra Santa.

As famílias chegaram durante a tarde, carregando filhos e sacolas de fraldas. Houve abraços e os tradicionais beijos nos rostos. Muitos participantes, tanto judeus como árabes, vieram de Israel mesmo. Ficamos nos perguntando se algum líder da igreja palestina viria da Cisjordânia, particularmente de Belém, que ainda estava sob toque de recolher.

Howard, um presbítero da Congregação Messiânica de Berseba, reconheceu Botrus, advogado e presbítero da Igreja Batista Árabe de Nazaré. Os dois homens se abraçaram e imediatamente começaram a colocar as notícias em dia. Howard disse a Al que as reuniões na Holanda tinham sido "um alívio para todos, uma oportunidade para sair da tensão e apenas ficarmos juntos". Para Botrus, a viagem à Holanda marcara a primeira vez que ele havia interagido com irmãos judeus desde o tempo de faculdade.

– Esse encontro o ajuda a ver o outro lado – disse ele enquanto entrávamos no alojamento. – Existe algo mais importante do que meras barreiras nacionais. Somos irmãos e irmãs em Cristo. Isso é o mais importante.

Enquanto cerca de 40 crianças eram reunidas numa grande sala, onde o pessoal da JOCUM (Jovens Com Uma Missão) se dispôs a dirigir um programa especial, os pais relaxavam diante do fogo na lareira de pedra, amenizando o frio da sala de reuniões. Já se havia passado uma hora do início programado para as 15 horas, mas ninguém parecia ansioso. Como havia sido na Holanda, o grupo começou com adoração sob a direção de David Loden e Jack Sara. O momento de adoração foi encerrado com o cântico "Ele é a nossa paz. Nós seremos um. Ele é a nossa reconciliação".

Não houve necessidade de quebrar o gelo. Cada casal ansiosamente tomou sua vez, informando o grupo das preocupações com família e ministério. Lisa Loden relatou que um dos presbíteros de sua igreja estava sofrendo de uma doença nos rins. Um pastor pediu oração pela cura de um obreiro da igreja, de 18 anos que acabava de ser diagnosticado com câncer. Várias igrejas estavam planejando campanhas para o Natal. Um pastor de Nazaré informou que sua igreja, após anos de declínio, estava mostrando sinais de vida e crescimento. Um presbítero louvou a Deus pela cura do seu filho:

– Depois de quatro anos de oração, a resposta veio quando oramos por ele na Holanda!

Durante alguns segundos a traiçoeira intifada pareceu sumir da mente de todos na sala. Estavam unidos pelas preocupações comuns compartilhadas por todos os cristãos – por saúde e segurança de todos os familiares, pelos esforços de campanha, pelo crescimento de suas congregações. Claro, não podiam fugir à realidade da vida fora daquelas paredes. Nihad, um pastor de Belém, lembrou-lhes ao contar:

– Ontem eu não podia imaginar que estaria aqui. Sob o toque de recolher, os militares negam a maioria dos pedidos. Mas milagres ainda acontecem. Permitiram que eu e minha família saíssemos para esta reunião.

Depois pediu oração por sua família e pelos cristãos em Belém.

– É muito desanimador. Estamos agora em nossa quarta semana de toque de recolher. É difícil, especialmente para uma pessoa como eu que está sempre em ação.

Várias pessoas na sala balançaram a cabeça num gesto de assentimento – muitos daqueles líderes sentiam o mesmo desejo de ser atuantes no serviço cristão. Houve também impacto sobre as famílias:

– Meus filhos estão perdendo aulas. Na primavera passada deixaram de ir à escola durante três meses. Atualmente, minha esposa está ensinando em casa.

Ele continuou, relatando a condição da igreja em Belém.

– Quinhentas famílias cristãs foram embora este ano. Muito mais fizeram pedido para emigrar. No ano que vem, um terço dos cristãos terão ido. O ministério é difícil. Eu gostaria de saber que sermão devo pregar às pessoas. Hesito em fazer apelos. O que vou dizer às pessoas? E ainda é mais importante preparar as pessoas do que o sermão. Preciso de sabedoria para saber o que dizer àquelas pessoas. Que Deus tenha misericórdia de nós e abrevie estes dias.

Foi um momento de humilde franqueza, que comoveu cada coração na sala. Um dos pastores messiânicos levantou-se e pôs o braço ao redor daquele irmão:

– Quero orar por você.

Com fervor, todos começaram a orar por Nihad, sua família e sua igreja, pelos cristãos de Belém, pela paz na nação e por todas as necessidades e preocupações que tinham sido levantadas. O tempo pareceu parar. Ninguém percebeu que o jantar foi servido com meia hora de atraso.

O sol se punha, era início do sábado e, como convinha ao sentimento da família naquela reunião, David e Lisa Loden dirigiram o ritual tradicional que inicia o dia de descanso nos lares judeus. Lisa acendeu duas velas, depois abanou as mãos sobre elas para receber o sábado. Em seguida cobriu os olhos e recitou em hebraico:

– Bendito és tu, Senhor nosso Deus, Rei do universo, que nos santifica pelo sangue de Yeshua e nos manda sermos luz para as nações.

Depois David levantou uma taça de vinho e recitou o *kidush* (santificação), tirado de Gênesis 1-2: "Passaram-se a tarde e a manhã; esse foi o sexto dia. Assim foram concluídos os céus e a terra, e tudo o que neles há. No sétimo dia Deus já havia concluído a obra que realizara, e nesse dia descansou. Abençoou Deus o sétimo dia e o santificou, porque nele descansou de toda a obra que realizara na criação. Bendito és tu, Senhor nosso Deus, Rei do universo, que crias o fruto da videira".

Seguiu-se um cerimonial do lavar das mãos e depois David abençoou dois pães, espargindo sal sobre eles como lembrança de que nós, como cristãos em Yeshua, devemos ser o sal da terra: "Bendito é tu, Senhor nosso Deus, Rei do universo, que da terra produzes o pão". Depois partiu os pães e deu um pedaço para cada mesa. A seguir foi o momento de participarmos de um suntuoso jantar de frango, arroz, espaguete e massas.

David e Lisa Loden fizeram um rápido relato das condições em que vivem os judeus messiânicos em Israel. David disse que apesar de não gostar de usar a palavra *perseguição*, todo judeu messiânico experimenta alguma forma de aborrecimento.

– Tenho sido acusado de tudo, desde roubo e farsa até de pagar para que pessoas sejam batizadas – todo tipo de absurdos.

Algumas igrejas têm sofrido mais que as outras. Uma sinagoga messiânica foi alvo de uma bomba incendiária em 1997. Manifestantes judeus ortodoxos zombaram de judeus messiânicos do norte da Galiléia quando eles estavam se reunindo para batizar 13 adultos. As casas de vários líderes messiânicos foram atacadas com bombas incendiárias. Felizmente ninguém morreu. Houve também incidentes de judeus messiânicos que foram expulsos de seus apartamentos ou perderam seus empregos, normalmente por pressão dos judeus ortodoxos.[1]

Mas David assegurou-nos de que as coisas estavam melhorando.

— Oficialmente, temos o que é conhecido como liberdade religiosa e de expressão. Os maus tratos de qualquer forma não acontecem oficialmente. De fato, sofremos muita pressão por parte das autoridades religiosas, particularmente do rabinato e do sistema religioso judaico ortodoxo. Tem havido recentemente um grau mais alto de tolerância, porque há mais consciência entre o povo em geral de que os judeus messiânicos existem de fato, e de que muitas pessoas estão bastante cansadas de toda essa coerção religiosa.

Claro, os judeus messiânicos sofrem com o restante da população israelense. Vários homens-bombas têm atacado em áreas populosas de Betânia.

— Quatro ou cinco de nossos conhecidos estavam bem perto desses ataques — explicou David. — Vocês não podem imaginar a cena, os sons e o cheiro. Não vamos entrar em detalhes. Eu gostaria, contudo, de contar-lhes uma história.

— Havia uma jovem não-cristã que, enquanto servia no exército, conheceu e apaixonou-se por um jovem da nossa igreja. Ele orou muito por ela e nós também oramos. Ela estava de folga do exército durante alguns dias e foi a um *shopping* em Betânia. Um homem-bomba explodiu-se em frente ao *shopping*, matando 22 pessoas. Ela, é claro, ouviu e viu tudo, ficando profundamente chocada. Saiu do *shopping* por um trajeto alternativo. Trancou-se no apartamento, sentou-se aos prantos, abriu a Bíblia e leu o Novo Testamento do início ao fim. Naquele mesmo dia entregou sua vida ao Senhor. Tivemos o privilégio e a bênção de fazer o casamento desse casal, batizando-os, também de ver o nascimento do seu primeiro filho. Mesmo nas mais terríveis circunstâncias, Deus está operando. Por isso a nossa congregação está crescendo tão rapidamente. Por isso as congregações das igrejas árabes na Cisjordânia e em Israel estão superlotadas.

Muitos membros da congregação de Beit Asaf têm participado dos eventos do Musalaha. A esposa de David, Lisa, e um dos co-pastores dele, Evan Thomas, fazem parte da coordenação do ministério. Lisa participou da primeira conferência para mulheres em 1995 e vem organizando o lado feminino desse movimento desde então. O que as mulheres árabes e judias descobriram foram as semelhanças em sua fé.

— O modo como nos expressamos pode ser bem diferente — disse Lisa — mas a nossa experiência pessoal com Deus é bastante semelhante. Tenho estado em outras associações onde as mulheres árabes nunca tiveram um encontro com uma crente em Jesus e, para elas, parece estranho que uma mulher seja judia e mesmo assim creia em Jesus. Pensam que se você é crente em Jesus, então tem de ser cristã e não mais se identificar como judia. Podemos também nos identificar umas com as outras como mulheres – somos mães; somos filhas; somos mulheres que lutam por um lugar na sociedade. Essas são questões comuns. É essencial que nos aproximemos em virtude dessas coisas que temos em comum porque, em outras esferas de nossa vida, as forças procuram dividir, separar e causar dissensão, suspeita e medo.

~

Foi planejado um estudo bíblico para as duas últimas horas da noite. Mas aquele estudo seria incomum devido ao assunto a ser discutido.

– Parte do processo de reconciliação é aprender junto a respeito de certos temas bíblicos sobre os quais podemos concordar ou discordar – disse Salim à guisa de introdução. – Nossa tarefa é tratar os assuntos de uma forma que construa união. Foi por isso que primeiro passamos tempo construindo relacionamentos. Construímos confiança e temos experimentado amor fraternal. Isso nos dá uma base para apresentar diferentes perspectivas e lidar com opiniões diferentes. Por isso, hoje à noite teremos o que espero seja o primeiro de uma série de estudos bíblicos. Queremos explorar tópicos como profecia, assuntos da terra, autoridade governamental e justiça.

Enquanto cada pessoa da sala recebia uma folha com questões na frente e no verso, Salim disse:

– Em nossa última reunião, muitos participantes manifestaram o desejo de estudar a palavra *Israel* e discutir a questão: Quem é o povo de Deus? Não é possível cobrir o assunto todo esta noite – a palavra *Israel* ocorre cerca de 2.300 vezes nas Bíblias em inglês; 2.267 em hebraico. Escolhemos vários pontos relacionados ao tema. Não estou propondo uma posição, mas dando algumas diretrizes para um estudo conjunto. Vamos nos incentivar e nos edificar mutuamente no espírito de verdade e amor.

Examinamos rapidamente o papel e instantaneamente nos demos conta de que aquilo poderia ser uma discussão explosiva em qualquer cenário, mas especialmente naquele momento na Terra Santa, entre pastores palestinos e judeus, com a segunda intifada em curso. As questões poderiam produzir fortes reações em ambos os lados:

Quem são os descendentes de Abraão? Qual era sua identidade e qual foi o sinal da aliança? Qual era a relação dos não-judeus com a aliança entre Abraão e Deus?

Quais são os herdeiros da aliança? Ela poderia ser redirecionada? Em caso afirmativo, o que acontece com as promessas ao "povo de Deus"?

Como Deus identifica o seu povo? Quem é o "Israel de Deus" hoje? Quem está incluído? Quem está excluído?

Foram listadas passagens da Escritura para cada questão e eu sabia que muitas mais poderiam ser incluídas. Durante séculos, estudiosos as haviam debatido em cenários mais "seguros". Teses de doutorado haviam sido escritas sobre aqueles temas. Mas ali os interesses eram bem maiores. Eu já sabia que alguns de meus amigos palestinos sentiam-se como cidadãos de segunda classe no reino de Deus. E alguns judeus messiânicos estavam convencidos de que as promessas do Antigo Testamento a respeito da terra eram somente para eles, não para a igreja toda. E, certamente, não para os palestinos!

O espírito da reunião já havia sido estabelecido durante os momentos de adoração, compartilhamento e oração. Na maior parte do tempo as mulheres ficavam quietas enquanto os homens discutiam, seguindo a tradição do Oriente Médio. Às vezes as intervenções tornavam-se veementes, mas em nenhum momento qualquer participante perdeu o controle.

A primeira questão era simples:

– Quem foi Abraão?

– Obviamente ele não foi judeu! – disse um pastor.

– Ele é identificado, principalmente, como um homem de fé – disse outro.

Salim, como moderador, perguntou então a respeito da descendência de Abraão. Um pastor notou que ela era sempre singular. Outro, que estava sempre ligada à terra.

– E qual é a definição de descendência? – perguntou Salim.

Nesse ponto as coisas ficaram um pouco mais interessantes. Um palestino disse:

– Pessoas que têm a fé de Abraão. Vejam Gênesis 17. Na aliança da circuncisão, todos os varões de sua casa foram circuncidados.

Um líder messiânico:

– Os filhos de Abraão – foi o que Abraão compreendeu. Ele estava pensando somente num herdeiro.

Os comentários vieram rápidos e intensos e eu não podia distinguir quem estava falando. Contudo, ninguém interrompia qualquer um que estivesse falando – o espírito na sala era suave, mas com intensidade intelectual. Salim tinha a intenção de dividir em grupos menores para um estudo mais sistemático, mas os homens e mulheres não o ouviam. Apesar de haver certos saltos de um assunto para outro, todos queriam ouvir todas as opiniões e ponderar todas as evidências.

Alguém mencionou Romanos 4:

– Como Paulo definiu a descendência de Abraão? Ele é o pai de Judeus e não-judeus – de todos os que crêem.

Um lado dizia que a fé substituiu a circuncisão. O outro dizia que se tratava de uma questão de identidade baseada no nascimento e na circuncisão física.

– A promessa à descendência não pode ser cancelada – disse um pastor – porém pode ser estendida.

David Loden levantou-se para dizer:

– A questão é obediência. Fomos expulsos da terra duas vezes porque temos vivido em desobediência a Deus. Jeremias 3.14 diz: "Voltem, filhos rebeldes!" Eu acho essa palavra "rebeldes" suave demais. Literalmente, devia ser lida: "Voltem, filhos *perversos*".

Botrus compreendeu a inferência e perguntou:

– Então onde está a voz profética de judeus messiânicos chamando a nação ao arrependimento e à justiça?

Um pastor messiânico respondeu:

– Se não fôssemos cristãos, poderíamos ter uma discussão muito longa a respeito de injustiça nos dois lados e não chegaríamos a conclusão nenhuma.

Aquilo levou a uma tensa discussão sobre terrorismo e questões de retidão e justiça. Um pastor palestino indagou por que os mais fortes defensores dos palestinos eram esquerdistas e ateus, e não cristãos. Um pastor messiânico quis saber por que não ouvia os cristãos palestinos falarem contra o terrorismo e ataques suicidas.

A tensão estava aumentando. Salim acalmou o público, dizendo:

– Não temos comunicação suficiente entre os dois lados, mas estamos tendo também dificuldades dentro de nossas comunidades.

Botrus disse:

– Acredito que nós aqui, judeus e árabes, somos a esperança da terra. O meu desejo é que eu o compreenda e você me compreenda. Sempre que há um ataque suicida, nós, como igreja, oramos pelas famílias.

Salim concordou:

– Estamos imersos no sofrimento do nosso povo. Ambos sofremos. Não precisamos decidir quem está sofrendo mais.

Nihad, lutando para conter as lágrimas, levantou-se e disse:

— Eu não sou cidadão deste mundo. — Houve silêncio na sala enquanto ele recobrava a compostura. — Por isso posso falar sem linha partidária. Quando vocês dizem: "Eu sou palestino", ou "Eu sou judeu", estão falando de política. Sofro ao ouvir cristãos justificando por que Israel está em Belém. Prego contra os bombardeios. Não os justifico. Não sou palestino.

— Você é um cidadão dos céus! — disse David Loden.

A sala inteira explodiu em aplausos e Nihad disse, sorrindo:

— É isso! Eu e vocês pertencemos a outro reino, e essa é a base da nossa unidade!

Quando o grupo se reuniu num círculo para orar, Salim lembrou a todos:

— Por enquanto vamos manter a confidencialidade. Tenham cuidado quanto ao que vão dizer a respeito desta reunião devido ao contexto no qual conversamos.

~

Al e eu refletimos sobre as inesquecíveis seis horas. Certamente muitas idéias e opiniões tinham sido ventiladas, mas tudo acontecera num espírito de amor e cuidado construído em duas reuniões anteriores onde se estabelecera a confiança. Quando as famílias se dispersaram havia cordialidade e a sensação de que aquela era uma ocasião histórica. O resto da região pode não dar muita atenção, mas eu sentia que Deus estava satisfeito com o que acontecera naquela noite.

Mais tarde, nos apertados escritórios do Musalaha em Jerusalém, perguntamos a Salim:

— E qual é o futuro para este trabalho de reconciliação?

— Primeiro, tivemos principalmente só evangélicos de ambos os lados envolvidos. Agora temos pessoas das igrejas tradicionais participando. Católicos, ortodoxos e luteranos estão envolvidos conosco. Teremos no próximo verão o nosso primeiro acampamento para palestinos e judeus com idade entre 10 e 14 anos.[2] O próximo passo é envolver não-cristãos. Cada um de nós de ambas as comunidades está em contato com não-cristãos. Por isso, sempre que nos reunimos, nossos amigos, vizinhos e colaboradores sabem que estamos reunindo pessoas do outro lado. Essas pessoas nos perguntam que tipo de impacto causamos sobre a outra sociedade. Por isso gostaríamos, talvez no próximo ano, de realizar uma conferência somente para não-cristãos.

— Será que vai funcionar? A abordagem de vocês é indiscutivelmente cristã.

– Nosso pensamento é que queremos ser um modelo. Queremos trazer mais pessoas para o processo até atingirmos uma massa crítica que se torne um movimento. Já produzimos algum impacto. Há dez anos a reconciliação não era nem discutida. Agora existe consciência e outros grupos estão tentando fazer o mesmo.

– Concordo com você. Temos freqüentemente comentado que precisamos de modelos que outros possam reproduzir. O Musalaha precisa tornar-se um movimento. Isso é algo que exclusivamente a igreja está posicionada a fazer.

Havia algo mais em minha mente e achei que aquele era o lugar certo para fazer a pergunta:

– O que a igreja do Ocidente pode fazer para ajudar?

Salim suspirou e disse:

– Eu gostaria que a igreja compreendesse as lutas que os palestinos enfrentam. Temos de lidar com o judaísmo. Temos de lidar com o islamismo. E temos de lidar com o que somos, com o nosso nacionalismo. Além disso, temos de lidar com o cristianismo ocidental.

Pedi-lhe que explicasse.

– Aqui está o problema. Qual é o veículo de ocidentalização aqui no Oriente Médio? Ele está principalmente em Israel. São os judeus. Isso coloca um ponto de interrogação sobre os cristãos palestinos, porque suas crenças e estilo de vida podem dar a entender que gostam mais do lado israelense do que do palestino, e assim, são tidos como traidores de sua comunidade. Acrescente-se a isso outros grupos cristãos que manifestam antipatia pelos palestinos. É difícil lidar com isso.

Salim não entrou em detalhes, mas eu sabia que ele estava falando de organizações que aprovavam automaticamente quaisquer ações de Israel, acima de qualquer reivindicação feita pelos palestinos, cristãos ou não.

Assim, haveria esperança para aquelas crianças que violavam o toque de recolher em Belém ao construir barreiras na rua para escarnecer dos soldados israelenses? E quanto às crianças de Israel, que viviam com medo de estar no ônibus errado quando um homem-bomba subisse a bordo e que enfrentavam a perspectiva certa do serviço militar e ter de enfrentar amigos, moradores da terra? Os políticos não estavam resolvendo os problemas. As nações do mundo estavam publicando resoluções que eram ignoradas.

Poderia alguém fazer algo melhor? A reunião do Musalaha mostrou-nos a resposta. A igreja era a única resposta para o Oriente Médio, mas não por ter um programa melhor ou uma visão mais política. Isso ela não tinha. O que ela possuía era uma forma de reunir pessoas de ambos os lados baseada na obra de um homem cujo nascimento dois mil anos atrás seria celebrado em poucos dias. Sua luz ainda brilhava por intermédio de cristãos ali na Terra Santa. Muitos não compreendiam a luz. Muitos cobriam os olhos e se recusavam a reconhecê-la. Outros atacavam a luz e tentavam apagá-la. Mas certamente havia aqueles que se deram conta da falência de um processo de paz que não surtira efeito durante 50 anos. Aqueles que estavam dispostos podiam ver a resposta — palestinos e judeus reunindo-se ao pé da cruz.

CAPÍTULO

TRINTA E NOVE

E AGORA?

Gaza, outubro de 2003

Uma multidão reuniu-se em torno do aparelho de TV para assistir quando o filme chegou ao ponto alto. No momento em que os soldados romanos pregaram Jesus à cruz, um silêncio caiu sobre o grupo. Muitos daqueles curiosos palestinos haviam sido ensinados, como muçulmanos, que Jesus não foi, na realidade, crucificado, mas levado ao céu e substituído na cruz por Judas Iscariotes.

O Ministério da Cultura Palestino tinha organizado uma feira do livro num *shopping center* de Gaza e 15 livrarias locais expuseram um sortimento variado de recursos sobre nacionalismo palestino, ensino do inglês, tecnologia, programas de computador e, especialmente, islamismo. Entre eles estava uma mostra da Livraria do Mestre, expondo e vendendo materiais cristãos. Por cinco *shekels* (cerca de um dólar americano) as pessoas podiam comprar um pacote contendo o livro *Mais que um carpinteiro*, de Josh McDowell, um Novo Testamento e uma versão em VHS do filme *Jesus*. Foram vendidos mais de cem pacotes, mas era a imagem de Jesus crucificado, morto e ressuscitado que atraía multidões. Depois de cada exibição do filme, as pessoas permaneciam ali para conversar com o pessoal da Sociedade Bíblica Palestina e folhear Bíblias e outros livros cristãos.

Um jovem continuou a voltar todos os dias.

— Não posso levar nenhum desses livros para casa — disse ele desculpando-se. — Minha família os destruiria.

Em vez disso, depois de cada discussão, ele ia para casa e vasculhava na Internet para aprender mais sobre Jesus, retornando no dia seguinte com novas perguntas.

Sendo aquela uma sociedade predominantemente muçulmana, alguns visitantes ficavam agitados pela mostra da livraria cristã, mas a maior parte estava curiosa. Empregados do *shopping* até traziam pessoas ao quiosque e insistiam com os funcionários para que lhes falassem sobre a Bíblia. Vários grupos escolares estiveram por lá e aprenderam que o Alcorão reconhece que a Torá (Antigo Testamento) e o *Injil* (Novo Testamento) são divinos. Então os funcionários da livraria ensinavam que a Bíblia é a Palavra de Deus e apresentavam o evangelho. Uma menina do curso fundamental ouviu e depois disse:

— Se ficar um pouco mais com vocês, vou sofrer uma lavagem cerebral; isso tudo é muito atraente de se ouvir.

Durante dez dias, 6.200 pessoas viram a exposição. No último dia, um homem que havia visitado a mostra várias vezes veio ajudar os funcionários a empacotar os livros e limpar as prateleiras.

— Vou sentir falta de ver vocês todos os dias — disse ele.

O pessoal o convidou para visitar a Livraria do Mestre a qualquer momento que quisesse. Era óbvio que ele havia experimentado o amor de Jesus. Bem depois que os livros e as discussões teológicas estivessem esquecidos, o amor que ele experimentara seria lembrado.

Colorado Springs, novembro de 2003

Como encerrar esta história? Não há um "viveram felizes para sempre". O conflito no Oriente Médio não está resolvido. Não há sinal de acordo de paz.

– Precisamente o que você realizou? – perguntou-me Al. – Quais os resultados do seu trabalho?

Eu sei o que muitos leitores querem. Suas exigências não explicitadas são: "Mostre-nos os terroristas que se arrependeram! André, onde está o plano de paz que você intermediou? Que impacto você teve sobre Yasser Arafat e os líderes do Hamas como resultado de suas conversas com eles?" Mas não posso mostrar resultados mensuráveis. Posso apenas fazer esta pergunta: E se eu *não* tivesse ido? Tomemos apenas o relatório que acabamos de ler, vindo de Gaza. Em dez dias, aproximadamente 6.200 pessoas tiveram contato com a boa nova. Só Deus sabe o que aconteceu naqueles corações.

E se não houvesse uma livraria em Gaza? Não teria havido uma mostra na feira do livro e aquelas 6.200 pessoas não teriam tido a oportunidade de ver a luz. E por que existiu aquela livraria? Porque um homem, Labib Madanat, teve uma visão. Como ele teve a visão? Percebendo que se poderia falar a muçulmanos fundamentalistas sobre o cristianismo e que eles podiam ouvir. E por que aqueles líderes do Hamas ouviram? Porque fui vê-los em seu momento de necessidade.

Suponha que eu não tivesse ido a Marj al-Zohour. Talvez Deus tivesse mandado outra pessoa. Mas esta é a questão: Cada um de nós precisa responder ao chamado de Deus. É a vontade de Deus alcançar os palestinos com a boa nova de Cristo? Então devemos ir. Mais importante, devemos fortalecer a igreja la para que possa disseminar o evangelho.

Eis outro cenário. Suponha que não houvesse uma faculdade cristã em Belém. Quem seria o pastor da Igreja Aliança de Jerusalém se Jack Sara, treinado na Faculdade Cristã de Belém, não fosse o pastor? Quem estaria recebendo os telefonemas de mulheres cristãs e muçulmanas emocionalmente perturbadas que precisam de uma amiga como Nawal Qumsieh para indicar-lhes a graça de Cristo? Sem a Faculdade Teológica de Belém, ela não estaria no ministério. E quem teria treinado o pastor Hanna Massad? Sem o pastor Hanna, existiria ainda a Igreja Batista de Gaza? Em caso negativo, como Rami teria encontrado paz para sua alma atormentada?

Essa escola foi o resultado de um sonho e do incrível e difícil trabalho de Bishara Awad. Mas alguém precisava apoiá-lo, orar com ele e por ele e contar esta história para que outros pudessem envolver-se e ajudá-lo de muitas maneiras práticas, incluindo o apoio financeiro. Qualquer cristão pode fazer isso e, felizmente, muitos agora o fazem por Bishara.

Obreiros estrangeiros não poderiam ter feito o que aqueles homens e mulheres fizeram? Neste momento (novembro de 2003) Israel não estava dando visto para obreiros cristãos. Provavelmente, sem liderança local treinada, a igreja teria se dispersado e se tornado ineficiente. A luz ficaria bem fraca. Talvez tivesse se apagado completamente.

Pensem em Salim Munayer – nenhum estrangeiro poderia ter organizado os esforços de reconciliação do Musalaha.

Olhe para Doron Even-Ari, diretor da Sociedade Bíblica de Israel, e Labib Madanat, seu parceiro na Cisjordânia e Gaza – eles têm muito mais oportunidades para ministrar em Israel e na Palestina do que qualquer obreiro estrangeiro teria.

Hanna, Bishara, Salim, David e Lisa Loden, Nawal, Jack, Labib, Doron e muitos outros nomes – eles são a força da luz em Israel, Cisjordânia e Gaza. São a única esperança para o Oriente Médio porque são a luz de Jesus.

Mas não podem fazer isso sozinhos. Necessitam do resto do corpo de Cristo. As partes fortes precisam ajudar os membros mais fracos.

Al pensou em minhas apaixonadas declarações. Por fim, perguntou:

– E o que devem fazer os cristãos do Ocidente?

Nossos irmãos e irmãs nos disseram do que precisam. Primeiro, e mais importante, eles nos pediram para orarmos! Tem acontecido a mesma coisa durante meus 50 anos de ministério; aonde quer que eu vá para encorajar meus irmãos, eles têm sempre pedido oração.

Deixe-me reiterar o ponto que acabei de colocar. Em relação ao nosso trabalho nos países comunistas, a questão é a mesma: E se não tivéssemos feito? Nunca dei muito valor ao nosso trabalho exceto o valor espiritual. Mas quem sabe o que teria acontecido à igreja na União Soviética e no Leste Europeu se não tivéssemos ido e se não tivéssemos orado. Devido a nossas orações e nossas ações, muita coisa aconteceu, pelas quais ninguém – nós certamente não – pode receber qualquer crédito.

A oração é uma parte essencial do trabalho da Portas Abertas e milhares estão orando pelo Oriente Médio. A oração liga-nos com o corpo. Ela nos ajuda a nos identificar com os que sofrem e lutam como cristãos em situações difíceis. A oração leva os problemas à única fonte que pode realmente fazer diferença, mas precisa ser oração inteligente, e não: "Deus abençoe as missões onde quer que estejam no mundo hoje". A oração inteligente é quando se abre o coração e os ouvidos. Uma forma de começar é orar sempre que você vê notícias do Oriente Médio. Ore pelas famílias que sofrem devido a mortes em ambos os lados. Ore pelo evangelho a ser pregado entre os judeus e palestinos. Ore pelos homens e mulheres sobre os quais você leu neste livro – para que os ministérios deles produzam fruto. Talvez você possa também orar por aquele jovem muçulmano fundamentalista assustado que pode estar se preparando para um ataque suicida – que Deus fale à sua alma, talvez por intermédio de um cristão local suficientemente corajoso para contar-lhe a boa nova, que Jesus morreu por ele.

Os cristãos palestinos não estão pedindo muito – apenas um pequeno espaço em nosso coração. Tanto Bishara como Labib me disseram:

– Não deixem de amar Israel, mas amem-nos também.

Não há espaço em nosso coração para ambos? Isso me leva para o meu próximo ponto. A oração deve nos levar para o lugar e para as pessoas pelas quais oramos. Quando você ora, deve achar que Deus quer responder sua própria oração fazendo algo. Todos nós podemos doar. As missões mencionadas neste livro sempre podem beneficiar-se da nossa ajuda: as sociedades bíblicas do Líbano, Israel e Palestina; o trabalho de Naji Abi-Hashem, por intermédio da Venture Internacional; o Seminário Batista Árabe, no Líbano; Escola Esperança, em Beit Jala; Faculdade Teológica de Belém; Sociedade do Pastor; congregação Beit Asaf, em Betânia; Musalaha; Hanna Massad e a Igreja Batista de Gaza, por intermédio da Missão para Gaza. (Veja o apêndice para informação de contatos com esses ministérios.)

Você pode também ajudar por intermédio do ministério da Portas Abertas. Estamos comprometidos em colaborar com a igreja no Oriente Médio através de projetos que apóiam muitos desses ministérios. Neste ano, a pedido de igrejas messiânicas, vamos começar a dar treinamento de discipulado para jovens, principalmente àqueles que terminaram recentemente o serviço militar.

E para terminar, você pode ir! Não sou animado com turismo, mas se você está planejando ir à Terra Santa para ver os lugares bíblicos, por que não também pensar em visitar algumas pedras vivas? Encontre seus irmãos e irmãs. Quero enfatizar este ponto – o que eu fiz você também pode fazer. Não é preciso nenhuma habilidade especial. Vá a um culto dos cristãos locais no sábado ou no domingo, seja de uma igreja messiânica ou palestina. Seria um imenso estímulo para eles e para você!

~

Gostaria de saber onde ouvi esta história pela primeira vez. Para mim, ela capta a essência do conflito no Oriente Médio e aponta poderosamente para a solução. Encerro o livro compartilhando-a como ouvi:

Certo homem tinha dois filhos. Um era rico e o outro, pobre. O filho rico não tinhas filhos, enquanto o pobre foi abençoado com muitos filhos e filhas. Um dia o pai adoeceu. Certo de que não viveria uma semana mais, no sábado, ele convocou os filhos ao seu lado e deu a cada um deles metade de suas terras como herança, morrendo em seguida. Antes do pôr do sol os filhos, respeitosamente, enterraram o pai.

Naquela noite o filho rico não pôde dormir. Pensava: *O que meu pai fez não foi justo. Eu sou rico; meu irmão é pobre. Tenho muito pão, enquanto os filhos do meu irmão comem um dia e confiam em Deus quanto ao dia seguinte. Eu devo mudar a divisa que o nosso pai colocou no meio das terras para que meu irmão fique com uma parte maior. Ah, só que ele não pode me ver; se ele me ver, ficará envergonhado. Devo me levantar bem cedo, antes de o sol nascer e mudar o marco!* Com isso, adormeceu e seu sono foi calmo e seguro.

Enquanto isso, o irmão pobre não podia dormir. Inquieto em sua cama, dizia para si mesmo: O *que meu pai fez não foi justo. Aqui estou eu cercado pela alegria de muitos filhos e filhas, enquanto meu irmão enfrenta diariamente a humilhação de não ter filhos para levar adiante seu nome e nenhuma filha para confortálo na velhice. Ele deve ficar com as terras de nossos pais. Talvez isso o compense em parte por sua indescritível pobreza. Ah, mas se eu lhe der a terra, ele ficará humilhado; devo levantar-me de madrugada, antes de sol nascer e mudar a divisa que nosso pai fixou!* Com isso adormeceu e seu sono foi seguro e calmo.

No primeiro dia da semana, bem de madrugada, muito antes de o sol nascer, os dois homens se encontraram junto à antiga divisa. Romperam em lágrimas abraçados, e naquele ponto foi construída a *nova Jerusalém*.

Organizações

Neste livro são mencionados os ministérios abaixo. Se você deseja saber mais a respeito deles, pode contatá-los em:

- Seminário Batista Árabe: www.abtslebanon.org
- Sociedades bíblicas:
  - Líbano: www.biblesociety.org.lb
  - Israel: www.biblesocietyinisrael.org
  - Cisjordânia e Gaza: www.pbsociety.org
- Faculdade Teológica de Belém, incluindo oportunidades de voluntariado: www.bethlehembiblecollege.edu
- Congregação Messiânica Beit Asaf de Betânia: www.beit-asaph.org.il
- Musalaha: www.musalaha.org
- Escola Esperança de Beit Jala: www.hope-school.8k.com
- Hanna Massad e a Igreja Batista de Gaza, contate:

  Christian Missionto Gaza, 3433

  Ellesmere Dr.,

  Corona, CA 92882
- Naji Abi-Hashem e Venture Internacional, contate:

  Venture International
P.O. Box 7396
Tempe, AZ 85281-0014
info@VentureFTF.org
- Portas Abertas-Brasil: www.portasabertas.org.br

Notas

Introdução

1. Publicado no Brasil com o título *O contrabandista de Deus*. Belo Horizonte, Betânia, 2ªed. 2003. (N. do T.)

Capítulo 1: O horror

1. Em 1999 a faculdade teve o nome mudado para Faculdade Bíblica de Israel.

2. Veja o livro *The calling*, do Irmão André com Verne Becker.

3. Judeus que crêem em Jesus (chamado Yeshua) como o Messias.

Capítulo 2: Um terrorista nada maluco

1. Palavra árabe que significa "livrar-se de" ou "despertar abruptamente de um sono". A primeira intifada começou em 1987 e durou perto de seis anos.

2. Veja o livro *The calling*, do Irmão André com Verne Becker, publicado no Brasil com o título *Desafiando os limites da fé*. São Paulo, Mundo Cristão, 1998. (N. do T.)

3. No dia seguinte, quando ele nos apanhou para a reunião com o xeque Al-Shami, Abdul contou-nos que já havia lido metade de *O contrabandista de Deus* e perguntou se poderíamos conseguir-lhe mais livros sobre o cristianismo. Dezoito meses depois, nós o encontramos novamente e lhe demos mais livros cristãos em árabe, além de uma Bíblia em árabe. Ele disse que havia lido, juntamente com o irmão mais velho, *O contrabandista de Deus* e visitado a livraria cristã na cidade de Gaza.

Capítulo 3: Onde estava a igreja?

1. Kibbutzin são pequenas fazendas coletivas em Israel onde várias famílias vivem juntas e associam recursos na agricultura e outros empreendimentos.

2. D.H. VOGEL, ed., *Paul Schneider, der Prediger von Buchenwald*. Berlim, Evangelische Verlagsansalt, 1961.

Capítulo 4: Chorando pelo Líbano

1. Para um dos melhores relatos sobre a guerra no Líbano, ver Robert Fisk, *Pity the Nation:* The abduction of Lebanon (New York, Simon e Schuster, 1990); ver também Thomas L. Fiedman, *From Beirut to Jerusalem* (New York, Random House, 1989, 1990 e 1995).

Capítulo 6: A necessidade de zelo com sabedoria

1. *Marhaba* significa "olá" em árabe.

Capítulo 7: Um plano para a paz

1. Após terminar seu doutorado, Naji estabeleceu-se em Seattle, Washington, onde está trabalhando em aconselhamento e ensino. Passa cerca de quatro meses por ano em ministério ativo no Líbano e no Oriente Médio. Entre outras atividades, leciona no Seminário Batista Árabe e dá aconselhamento para fortalecer indivíduos e famílias.

Capítulo 8: Confusão total

1. V. Fisk, *Pity the Nation*, p. 437.

Capítulo 10: Não tenho poder

1. V. William Dalrymple, *From the Holy Mountain* (New York, Henry Holt, 1997), p. 217.

Capítulo 11: Encontro com um aiatolá

1. Esta cena foi inspirada por histórias de vários reféns. As fontes incluem Terry Anderson, *Den of Lions* (Ballantine Books, 1993); Brian Keenan, *An Evil Cradling* (Vintage, 1992); Sis Levin, *Beirut Diary* (Inter Varsity Press, 1989); John McCarthy e Jill Morrell, *Some Other Rainbow* (Bantam, 1993) e Terry Waite, *Taken on Trust* (Harcourt Brace, 1993).

2. O título *Sayyid* indicava que Fadlallah era descendente do profeta Maomé por intermédio do imã Husayn. O aiatolá (que em árabe significa "sinal de Deus") é um líder xiita reconhecido como professor, juiz e administrador. O título é a posição mais alta entre os muçulmanos xiitas e é conferido por aclamação informal.

3. Os xiitas são um componente menor dos muçulmanos, porém mais radical do que os sunitas, que formam a maioria. Os sunitas simplesmente seguem o comportamento modelar e os ensinamentos de Maomé. Ver Don McCurry, *Healing the Broken Family of Abraham:* New Life for Muslims (Colorado Springs, Ministries to Muslims, 2001), 85-88.

4. Informação de citação e origem a respeito de Fadlallah obtida de R.Scott Appleby, ed., *Spokesmen for the Despised* (Chicago, University of Chicago Press, 1997), p. 83-181.

5. Palavra árabe para "Muito obrigado".

Parte 3: Cisjordânia e Gaza

1. Ver Benny Morris, *Righteous Victims* (New York, Knopf, 1999), p. 189-258.

2. Para mais informações sobre a população cristã em Israel, Cisjordânia e Gaza, ver Betty Jane Bailey e J. Martin Bailey, *Who Are the Christians in the Middle East* (Grand Rapids, MI,

Eerdmans, 2003). Os autores escrevem: "Dentro das fronteiras de Israel fixadas em 1948, existem hoje cerca de 105.000 cristãos, aproximadamente 2% da população total [...] As maiores comunidades cristãs em Israel são os católicos gregos (melquitas) e gregos ortodoxos [...] Na Palestina (incluindo Gaza, Cisjordânia e a parte ocupada de Jerusalém oriental) estima-se que haja 76.000 cristãos, que representam 3% da população total. Mais da metade desses cristãos pertence a paróquias gregas ortodoxas [...] Em Gaza, onde o cristianismo data da pregação do apóstolo Filipe [...] existem hoje somente cerca de 2.000 cristãos" (p. 152-53).

Capítulo 13: Uma pedra certeira

1. Bishara e sua mulher, Salwa, conseguiram *status* de residentes permanentes em Israel depois que Salwa solicitou permissão para reencontrar a família, permissão que lhe foi concedida.

Capítulo 14: Eu quero ver pedras vivas

1. Para mais informações sobre esse evento determinante na história palestina, ver Benny MORRIS, *The Birth of the Palestinian refugee Problem, 1947-1949* (Cambridge University Press, 1987), (p. 113-15); ver também MORRIS, *Righteous Victims*, p. 207-9. Benny Morris é professor de história na Universidade Ben-Gurion de Berseba, Israel.

Capítulo 15: O que se espera que façamos?

1. Um *dunam* equivale a mil metros quadrados.

2. Um relato minucioso da primeira intifada pode ser encontrado em MORRIS, *Righteous Victims*, p. 561-610.

3. Ibidem, p. 565.

4. Ibidem. Ver também Amira HASS, *Drinking the Sea at Gaza* (New York, Henry Holt, 1996), p. 145-48. Seus números diferem dos de Morris, porém ela apresenta a mesma situação. Como repórter do jornal israelense *Ha'aretz* para assuntos palestinos, Hass escreve: "Os palestinos dos territórios ocupados recebem em média 93 litros *per capita* por dia (101 litros em Gaza e 85 na Cisjordânia); os israelenses que vivem nos territórios recebem 280 litros por dia" (p. 145).

5. Para detalhes sobre essas duas guerras, veja MORRIS, *Righteous Victims*, p. 259-346.

Capítulo 16: Reunindo os dois lados

1. Essa história é uma reconstrução dramática. Yitzhak e Wa'el são personagens criados para este livro, mas sua história é baseada na de participantes reais no Musalaha e em entrevistas realizadas por Barbara Baker para o serviço de notícias da Portas Abertas.

2. Um tecido grande usado pelos árabes para cobrir a cabeça.

Capítulo 17: Qual será o resultado deste sofrimento?

1. Como exemplo, ver Beverly MILTON-EDWARDS, *Islamic Politics in Palestine* (London, I B. Tauris, 1996), p. 103-4, 123.

2. Ver MORRIS, *Righteous Victims*, p. 577.

3. Para ver trechos da declaração do Hamas, ver Walter LAQUEUR e Barry RUBIN, eds., *The Israel-Arab Reader*, 6ª ed. (New York, Penguin, 2001), p. 341-48. O texto completo da declaração pode ser encontrado em www.palestinecenter.org/cpap/documents/charter.html.

Capítulo 18: Cada barraca é uma mesquita

1. O imã dirige as orações na mesquita. O título é também usado para líderes muçulmanos.

Capítulo 20: Uma refeição com terroristas

1. Em julho de 2003, Yossi Beilin, ex-Ministro da Justiça israelense e articulador do Acordo de Oslo e do Plano de Genebra, disse-me pessoalmente que "a deportação do Hamas para o Líbano foi um grande erro".

Capítulo 21: Até onde avançar?

1. Ver Anton LAGUARDIA, *War Without End* (New York, Thomas Dunne Books, 2001, p. 290-95). LaGuardia foi correspondente no Oriente Médio baseado em Jerusalém para o *Daily Telegraph* e foi a Hebrom cobrir a história. Escreve: "Quase tantas pessoas foram mortas fora da mesquita quanto dentro dela. Aconteceu um confronto sangrento fora do próprio hospital onde, por alguma razão, um pelotão de soldados decidiu fazer uma aparição provocativa" (p. 292).

Capítulo 22: O que vi hoje são pessoas que buscam a Deus

1. *Barbershop quartet* é um grupo vocal formado geralmente por homens que cantam sem acompanhamento canções sentimentais. Esse tipo de grupo é muito comum nos EUA.

2. Tem sido sugerido que Goldstein pretendia exatamente essa reação. Em *From Beirut to Jerusalem*, Thomas Friedman escreve: "Baruch Goldstein, estou convencido, julgava que a única forma de romper aquele silêncio não seria um ato de terrorismo comum; não bastaria apenas matar algumas crianças ou mulheres grávidas palestinas. Não, era preciso algo exorbitante, indescritível, que levasse multidões de palestinos a reagirem, o que, ele esperava viesse a desencadear uma contra-reação em massa dos israelenses e, de repente, as maiorias silenciosas, em vez de ficarem passivas e inertes, mobilizar-se-iam iradas, atirando-se umas às outras. Por isso ele explodiu um dos mais sagrados locais do islamismo" (Anchor Books, 1995, p. 559).

Capítulo 24: Que tipo de pessoa o livro produz?

1. Tradicionalmente, o caminho que Jesus percorreu até a cruz.

Capítulo 25: O Hamas gostaria de um cessar-fogo

1. Ver FRIEDMAN, *From Beirut to Jerusalem*, p. 106-25.

2. A expressão *Abu Amar* significa "Pai do Construtor" e era usada por pessoas que Arafat considerava amigas.

3. Ver a Declaração de Balfour em LAQUEUR e RUBIN, eds., *The Israel-Arab Reader*, 16. Ver

também MORRIS, *Righteous Victims*, p. 73-76.

4. Citado em Hanna MASSAD, "*The Theological Foundation for Reconciliation between the Palestinian Christian and the Messianic Jews*" (Ph.D. diss., Fuller Theological Seminary, 1999), p. 158-59.

Capítulo 26: Chamado para uma diplomacia mais sublime

1. O xeque Yassin foi morto por um míssil israelense em 22 de março de 2004. O dr. Abdulaziz Rantisi foi imediatamente nomeado sucessor de Yassin na liderança do Hamas. Rantisi foi morto por um míssil israelense em 17 de abril de 2004. Não se nomeou oficialmente um sucessor para Rantisi, mas vários meios de comunicação israelenses relatavam que o novo líder do Hamas era Mahmoud Zahar (ver Haretz, 26 de abril de 2004). Zahar era o último dos fundadores originais do Hamas ainda vivo.

Capítulo 27: A livraria do mestre

1. De fato, mais tarde Mahmoud Zahar me disse que havia visitado a livraria.

Parte 4: A segunda intifada

1. Os números foram obtidos no *site* do Conselho de Estratégias para o Oriente Médio: www.mepc.org/public_asp/resources/mrates.asp

2. Durante os quase seis anos da primeira intifada, houve um total de 80 israelenses e 1.070 palestinos mortos. Apenas no primeiro ano da segunda intifada (dezembro de 2000 a dezembro de 2001), 232 israelenses e 904 palestinos foram mortos. Ver B'TSELEN, Centro Israelense de Informação para Direitos Humanos nos Territórios Ocupados em www.btselem.org.

3. Parece que uma tribo muçulmana conhecida por sua violência fez a maior parte dos disparos em Gilo. Ver David NEFF, "Thugs in Jesus´ Hometown" [Assassinos na cidade natal de Jesus"], *Christianity Today* (Dezembro de 2003), 60-61. Neff estava revisando o livro *A Season in Bethlehem: Unholy War in a Sacred Place*, de Joshua Hammer.

Capítulo 30: Não é suicídio – é um ato religioso

1. Amanda RIPLEY, "Why Suicide Bombing Is Now All the Rage", *Time* (15 de abril de 2002).

Capítulo 32: Milagre na Holanda

1. Romanos 12.10-21.

2. Ver *Facts and myths about the messianic congregations in Israel [Fatos e mitos sobre as igrejas messiânicas em Israel]*, pesquisa realizada por Kai KJAER-HANSEN e Bodil F. SKJOTT (Jerusalém: Conselho Cristão Unido de Israel, 1999).

Capítulo 33: O que você prega na iminência de um bombardeio?

1. Alison obteve suas experiências num jornal. Ver Alison Jones NASSAR e Fred STRICKERT, *Imm Mathilda: A Bethlehem Mother's Diary* (Minneapolis: Kirk House, 2003).

Capítulo 34: A luz brilha um pouco mais

1. A escola não é grátis. Apesar de custar apenas alguns dólares, é mais do que muitas famílias podem pagar.

Capítulo 35: Um asno zurra por Gaza

1. Ver João 1.46

2. Ver www.lebnet/~bcome/palestine/xian.html, que relatou a morte de três homens em Gaza em 2 de fevereiro de 1988; ver também www.en.falastiny.net/books/massacres.

Capítulo 36: Entrando às escondidas em Belém

1. Uma semana depois, a festa de Natal foi cancelada devido à continuação do toque de recolher e às restrições de viagem.

Capítulo 38: Um modelo a ser seguido

1. Ver artigos da revista da Portas Abertas em www.portasabertas.org.br.

2. O Musalaha patrocina uma reunião anual para líderes jovens. Um dos líderes sugeriu que realizassem um acampamento para jovens. Isso foi feito de 28 de julho a 1 de agosto de 2003, e participaram 20 israelenses e 20 palestinos.

Bibliografia

ANDERSON, Terry. *Den of Lions*. New York, Ballantine Books, 1993.

APPLEBY, R. Scott, ed. *Spokesmen for the Despised:* Fundamentalist Leaders of the Middle East. Chicago, University of Chicago Press, 1997.

ARMSTRONG, Karen. *Jerusalem:* One City, Three Faiths. New York, Ballantine Books, 1996.

AVNERY, Uri. *My Friend, the Enemy*. London, Zed Books, 1986.

AWAD, Alex. *Through the Eyes of the Victims:* The Story of the Arab-Israeli Conflict. Belém, Bethelem Bible College, 2001.

BAILEY, Betty Jane, and J. MARTIN. *Who Are the Christians in the Middle East?* Grand Rapids, Eerdmans, 2003.

BARGHOUTI, Mourid. *I Saw Ramallah*. Trans. Adaf Soueif. New York, Anchor Books, 2000.

BENTLEY, David. *Persian Princess @ magi.com*. Belleville, Ontario, Canada, Guardian Books, 2002.

BISHARA, Marwan. *Palestine/Israel:* Peace or Apartheid. London, Zed Books, 2001.

BLUMENFELD, Laura. *Revenge: A Story of Hope*. New York, Washington Square Press, 2002.

CAREY, Roane, ed. *The New Intifada:* Resisting Israel's Apartheid. New York, Verso, 2001.

CHACOUR, Elias. *Blood Brothers*. New York: Chosen Books, 1984.

Com Mary E. JENSEN. *We Belong to the Land:* The Story of a Palestinian Who Lives for Peace and Reconciliation. San Francisco, Harper San Francisco, 1990.

CHAPMAN, Colin. *Whose Promised Land?* The Continuing Crisis over Israel and Palestine. Grand Rapids, Baker, 2002.

DALRYMPLE, William. *From the Holy Mountain:* A Journey among the Christians of the Middle East. New York, Henry Holt, 1997.

DIAMANT, Anita, e Howard COOPER. *Living a Jewish Life:* Jewish Traditions, Customs, and Values for Today's Families. New York, HarperPerennial, 1991.

DOLAN, David. *Israel at the Crossroads:* Fifty Years and Counting. Grand Rapids, MI, Revell, 1998.

ELLISEN, Stanley A. *Who Owns the Land?* Portland, OR, Multnomah, 1991.

FISK, Robert. *Pity the Nation:* The Abduction of Lebanon. New York, Touchstone Books, 1990.

FRIEDMAN, Thomas L. *From Beirut to Jerusalem.* New York, Anchor Books, 1995.

____ *Longitudes and Attitudes:* Exploring the World after September 11. New York, Farrar Straus Giroux, 2002.

GORDIS, Daniel. *If a Place Can Make You Cry:* Dispatches from an Anxious State. New York, Crown, 2002.

HASS, Amira. *Drinking the Sea at Gaza:* Days and Nights in a Land under Siege. Trans. Elana Wesley e Maxine Kaufman Lacusta. New York, Henry Holt, 1999.

HIRO, Dilip. *Sharing the Promised Land:* A Tale of Israelis and Palestinians. New York, Olive Branch Press, 1999.

HOLLIDAY, Laurel. *Children of Israel, Children of Palestine:* Our Own True Stories. New York, Pocket Books, 1998.

HOURANI, Albert. *A History of the Arab Peoples.* New York, Warner Books, 1991.

LA GUARDIA, Anton. *War without End:* Israelis, Palestinians, and the Struggle for a Promised Land. New York, Thomas Dunne Books, 2003.

LEVIN, Sis. *Beirut Diary.* Downers Grove, IL, InterVarsity, 1989.

LEWIS, Bernard. *The Middle East:* A Brief History of the Last 2,000 Years. New York, Scribner, 1995.

What Went Wrong? The Clash Between Islam and Modernity in the Middle East. New York, Oxford University Press, 2002.

LODEN, Lisa, Peter WALKER, and Michael WOOD, eds. *The Bible and the Land:* An Encounter. Jerusalém, Musalaha, 2000.

MILLER, Judith. *God Has Ninety-Nine Names:* Reporting from a Militant Middle East. New York, Simon e Schuster, 1996.

MILTON-EDWARDS, Beverly. *Islamic Politics in Palestine.* London, I. B. Tauris, 1999.

MORRIS, Benny. *The Birth of the Palestinian Refugee Problem, 1947–1949.* Cambridge, Cambridge University Press, 1987.

Righteous Victims: A History of the Zionist-Arab Conflict, 1881–1999. New York, Knopf, 1999.

MUNAYER, Salim J. *In the Footsteps of Our Father Abraham.* Jerusalem, Musalaha, 2002,

_____ ed. *Seeking and Pursuing Peace: The Process, the Pain, and the Product.* Jerusalem, Musalaha, 1998.

PATAI, Raphael. *The Arab Mind.* New York, Hatherleigh Press, 2002.

PHILPOTT, Ellie. *My Enemy, My Friend.* Tonbridge, Kent, England, Sovereign World, 2002.

_____ *Travellers on the Narrow Road.* Tonbridge, Kent, England, Sovereign World, 1999.

RAHEB, Mitri. *I Am a Palestinian Christian.* Minneapolis: Augsburg, 1995.

REUTERS. *The Israeli-Palestinian Conflict:* Crisis in the Middle East. Upper Saddle River, NJ, Prentice Hall, 2002.

RITTNER, Carol, Stephen D. SMITH, and Irena STEINFELD, eds. *The Holocaust and the Christian World.* London, Kuperard, 2000.

SCHIFF, Ze'ev, and Ehud YA-ARI. *Israel's Lebanon War.* Ed. and trans. Ina FRIEDMAN. New York, Simon e Schuster, 1984.

SENNOTT, Charles M. *The Body and the Blood:* The Middle East's Vanishing Christians and the Possibility for Peace. New York, Public Affairs, 2001.

SHIPLER, David K. *Arab and Jew:* Wounded Spirits in a Promised Land. New York, Penguin Books, 2002.

SHLAIM, Avi. *War and Peace in the Middle East:* A Concise History. New York, Penguin Books, 1995.

STERN, Jessica. *Terror in the Name of God:* Why Religious Militants Kill. New York, HarperCollins, 2003.

WAITE, Terry. *Taken on Trust.* New York, Harcourt Brace, 1993.

WALLACH, John e Janet. *Arafat:* In the Eyes of the Beholder. London, Mandarin, 1990.

YAD VASHEM. *The Holocaust.* Jerusalem, The Holocaust Martyrs' and Heroes' Remembrance Authority.

Ficção

STONE, Robert. *Damascus Gate.* New York, Scribner, 1998.

URIS, Leon. *Exodus.* New York, Bantam, 1959.

The Haj. New York, Bantam, 1985.

QB VII. New York, Bantam, 1972.

WILENTZ, Amy. *Martyrs' Crossing.* New York, Ballantine Books, 2001.

Brevíssima história

Menos de quarenta anos após Cristo ter subido ao céu, os romanos debelaram uma revolta dos judeus e destruíram o segundo templo de Jerusalém. Uma segunda revolta em 135 d. C. resultou na expulsão dos judeus de Jerusalém. Muitos deles se espalharam por várias partes do mundo, mas a terra não ficou vazia. Árabes, muitos deles cristãos, já estavam vivendo na região e outros mais migraram para a Judéia, a Samaria e a Galiléia.

Em 638, Jerusalém foi conquistada por guerreiros muçulmanos e em 692 o Domo da Rocha foi completada no ponto onde se acredita que Abraão entregou Isaque em oferenda, onde o Santíssimo foi posicionado em dois templos judeus e onde se supõe que Maomé tenha subido ao céu em sua viagem noturna. Durante a Idade Média, a região e principalmente Jerusalém foram palco de conflitos entre exércitos muçulmanos árabes e cruzados cristãos.

Em 1882, a primeira onda de judeus veio da Rússia fugindo de perseguições, voltando a se instalar na região. No final do século XIX nasceu o movimento Sionista sob a inspiração de Theodor Herzl. O movimento alegava que os judeus só estariam a salvo se tivessem seu próprio país, na Palestina ou em outro local. Em 1917, a Declaração de Balfour sacramentou o apoio britânico à criação de um estado nacional judeu na Palestina. A Grã-Bretanha assumiu o controle da Palestina após a Primeira Guerra Mundial.

Ao longo dos anos, grupos árabes e judeus guerrearam várias vezes pelo controle da região. Enquanto isso, a pressão sobre os judeus aumentou na Alemanha e se espalhou por toda a Europa, após as conquistas nazistas. O resultado foi o Holocausto, em que seis milhões de judeus morreram. Após a Segunda Guerra Mundial, muitos sobreviventes judeus dirigiram-se para a região palestina controlada pelos britânicos e a pressão por um estado judeu cresceu. Em 1947, a ONU votou pela divisão da Palestina em dois estados, um para judeus, outro para árabes, permanecendo Jerusalém como uma cidade neutra. Imediatamente irrompeu uma luta entre as duas partes e, nos pontos onde as forças judias prevaleceram, os palestinos fugiram, tornando-se refugiados no Líbano, na Jordânia e em Gaza.

Israel declarou-se estado independente em 14 de maio de 1948. Exércitos dos estados árabes vizinhos promoveram um ataque imediatamente, mas Israel repeliu a invasão. Quando a luta cessou, a Jordânia ocupava a Cisjordânia, o Egito e a Faixa de Gaza, e Israel controlava o resto da região. Uma paz relativa durou até 1956, quando Israel atacou o Egito e conquistou grande parte da Península do Sinai. Posteriormente, sofrendo pressões de todo o mundo, Israel se retirou. Em um encontro entre árabes realizado no Cairo em 1964, criou-se a OLP – Organização pela Libertação da Palestina. A guerra irrompeu de novo em junho de 1967 e, em seis dias espetaculares, Israel derrotou sumariamente as forças do Egito, da Jordânia e da Síria. No processo, conquistou Jerusalém Oriental, a Cisjordânia, as Colinas de Golan, Gaza e o Sinai.

A partir de 1967, estes foram alguns acontecimentos importantes:

- **1969** Yasser Arafat se elege presidente da OLP.
- **1970** O exército da Jordânia derrota guerrilheiros da OLP em uma guerra civil. Yasser Arafat transfere sua operação para Beirute.
- **1973** Egito e Síria atacam Israel no Yom Kippur. Embora pegos de surpresa, os israelenses conseguem controlar a invasão.
- **1975** Uma guerra civil irrompe no Líbano.
- **1979** Egito e Israel assinam um tratado de paz.
- **1982** Israel invade o Líbano e expulsa a OLP, que se exila em Túnis.
- **1987** A primeira insurreição palestina, também chamada Intifada, eclode na Cisjordânia e em Gaza.
- **1993** Após negociações secretas entre Israel e a OLP, foi assinado em Washington o Acordo de Oslo, que incluía um plano para transferir Gaza, Jericó e porções da Cisjordânia para o controle palestino. Esse evento marca o final da primeira intifada.
- **1995** Yitzhak Rabin, que assinou o Acordo de Oslo com Yasser Arafat, é assassinado por um fanático religioso judeu.
- **1996** Yasser Arafat é eleito presidente da Autoridade Palestina.
- **2000** Fracassa o encontro de paz em Camp David. Ariel Sharon visita o Monte do Templo, desencadeando a Intifada de Al-Aqsa.

A Missão Portas Abertas

Portas Abertas é um ministério com características próprias dirigido à Igreja Perseguida, o único com mais de 300 organizações associadas no mundo todo desenvolvendo projetos significativos nas linhas de frente em cerca de 50 nações.

Desde 1955, Portas Abertas realiza programas completos e de grande influência em muitos dos países onde os cristãos sofrem por sua fé em Jesus Cristo.

Portas Abertas declara-se um ministério de resistência à falta de fé, resistência ao pecado e resistência à perseguição.

Como começou a Portas Abertas

Em 1955, André, um jovem evangelista holandês, é convidado para o Festival da Juventude Comunista na Polônia. Ele sente-se impressionado ao ver o entusiasmo e a devoção de moços a um credo sem deus. O sentimento dele é que Deus o estava chamando para um trabalho: servir a cristãos em países sob restrição e discriminação, oficial ou informal. Hoje, o ministério é chamado *Portas Abertas com o irmão André*. Conta com o apoio de milhares de cristãos e tem escritórios em todo o mundo.

Declaração de missão

Fortalecer e preparar o Corpo de Cristo que vive sob ou enfrenta restrição e perseguição em razão de sua fé em Jesus Cristo e encorajar seu envolvimento no evangelismo mundial através dos seguintes meios:

- Prover Bíblias e literatura, meios de comunicação, treinamento de liderança, desenvolvimento sócio-econômico e oração intercessória;

- Preparar o Corpo de Cristo que vive em áreas ameaçadas ou instáveis para enfrentar a perseguição e o sofrimento; e
- Instruir e mobilizar o Corpo de Cristo que vive no mundo livre para que se identifique com os cristãos ameaçados e perseguidos e se envolva de forma ativa na assistência deles.

Fazemos isso porque cremos que quando um membro sofre, todos os outros sofrem com ele (1 Co 12:26), todas as portas estão abertas e Deus capacita o seu Corpo a ir ao mundo todo pregar o Evangelho.

Faça a diferença!

1. Orando: a oração é a maior contribuição que um cristão pode oferecer.
2. Indo: você pode fazer parte de uma equipe de mensageiros voluntários.
3. Doando: além de orar, você pode ser um integrante do trabalho sem sair de casa. Você pode doar e, assim, sustentar economicamente o serviço à Igreja Perseguida.

Contato

Portas Abertas
Servindo cristãos perseguidos

Site: www.portasabertas.org.br

E-mail: atendimento@portasabertas.org.br

Telefone: (0–11) 5181 3330

Fax: (0–11) 5181 7525

Missão Portas Abertas

Caixa Postal 55.111

CEP 04733-970 São Paulo SP

Conheça outras obras da Editora Vida

O Israel de Deus

Esse livro concede uma visão esclarecedora do conteúdo das promessas de Deus da redenção para o Israel do Antigo Testamento, mostrando também a relevância desse povo para a igreja de Cristo.

Islã sem véu

Por que adeptos dessa religião provocaram a morte de centenas de inocentes, e tudo isso em nome de Deus? Essa é uma prática que faz parte do estilo de vida muçulmano? Essas e outras perguntas são respondidas com clareza por quem conhece profundamente o islamismo.

À sombra do templo

Escrita num estilo de fácil compreensão, essa obra apresenta os principais acontecimentos, instituições, crenças e personagens do judaismo da Antigüidade e o modo pelo qual marcaram o cristianismo desde o seu início. Como Enoque, eles efetivamente andaram com Deus.

Heróis da vida cristã

Essa obra apresenta a trajetória de 14 homens e mulheres cuja vida foi totalmente consagrada a Deus. Eles buscaram uma caminhada intensa com Deus, almejaram uma vida espiritual mais profunda e obtiveram notável progresso na vida espiritual e na intimidade com Cristo.

Visite o *site* www.editoravida.com.br para ler um trecho desses livros.

A Bíblia em ordem cronológica

Edward Reese e Frank R. Klassen

Ler a palavra de Deus é sempre agradável e fascinante. A cada texto lido somos impactados pelas verdades eternas inspiradas por Deus. A leitura de *A Bíblia em ordem cronológica* é uma experiência absolutamente única. Ela apresenta os fatos bíblicos na ordem em que ocorreram, possibilitando novas descobertas e ampliando ainda mais a paixão pelas Escrituras. É um prazer sem igual observar e compreender a ação de Deus ao longo da história, de eternidade a eternidade. *A Bíblia em ordem cronológica*: a Bíblia como você nunca leu!

- Todos os versículos das Escrituras foram dispostos conforme seu lugar na cronologia.

- Os salmos foram inseridos na época de sua composição.

- A história de Israel e a história de Judá, no período do reino dividido, são apresentadas em colunas paralelas, com a vida de cada rei posicionada em sua época e lugar.

- Todas as passagens duplicadas aparecem juntas.

- As profecias estão ordenadas no contexto em que foram proferidas pela primeira vez.

- As epístolas estão ordenadas pela data em que foram escritas.

- A datação abrange todos os eventos bíblicos desde a Criação até o fim dos tempos.

- A Bíblia inteira é apresentada na forma de esboço.

Visite o *site* www.editoravida.com.br para ler um trecho desses livros.

Esta obra foi composta em Goudy Old Style e Myriad e impressa
em papel *Offset* 63 g/m² por Digital Page
para Editora Vida.